第三者的誕生

出軌行為的再思

Esther Perel
埃絲特・沛瑞爾——著
洪保鎮——譯

THE STATE OF AFFAIRS

RETHINKING INFIDELITY

時報出版

獻給

傑克

我愛他已經三十年

及

任何曾經愛過的人

致謝

是什麼原因促使我寫一本有關人性中最具爭議性這一部分的書?人生中能觸及深刻人性激情的事件並不多，而自從我完成第一本書《情欲徒刑》以來，這一課題一直讓我無限著迷。那是個作家們還能單純書寫的美好年代，因為網際網路尚未使溝通方式變得如此激進。大約十年過去了，現在你要寫一本書，可以一邊寫一邊受到人們的關注。我在撰寫本書的整個過程中，都一直在與我的讀者對話。感謝你們，給我提供了許多富有啟發性的意見。

不過你們當中還有幾位則是在線下給我不少助益。簡單地說，少了你們幫助，我將無法完成此書。這是因為我總是一邊寫一邊想，一邊想一邊說。在這方面，我很慶幸能擁有許多良朋好友、優秀同事及熱心的陌生人。我在此向大家衷心致意，儘管這並不足以表達我深切的感激之情。

對我的主編兼合作者愛倫・達莉（Ellen Daly），如果我曾見過天才，那一定是你。你清楚引導我的來路，指點我的去向，讓我不至於偏離航道。你總是給我指引，就如我的私人衛星定位系統，讓我能夠重新計算前方的路徑。對我的共同編輯兼詩人勞拉・布魯姆（Laura Blum），你就像是部活生生的同義詞詞典，在所有人中我最喜歡和你一同咬文嚼字，詳細構思。對哈珀柯林斯出版社這位毫無畏懼的編輯蓋爾・溫斯頓（Gail Winston），感謝你再次給予我信任。對莎拉・曼格斯（Sarah Manges），我們這段探險之旅始於一個大膽的提議，你在編輯方面的貢獻尤其珍貴。對我的作家經紀人崔西・布朗（Tracy Brown），我對你全然信賴，你擁有難得的特質，這本著作就是見證。

如果缺乏我那群敏銳的讀者，我將不敢讓這本書付之梨棗。你們的評語向我指出書中裂縫，並投以明光。對凱特琳・法蘭克（Katherine Frank），所有提筆寫作的治療師都應該有你這樣一位具有創意和觀點深刻的文化人類學家從旁指導。對彼得・法蘭克爾（Peter Fraenkel），你是令人珍惜的同行，也是獨特而敏銳的評論家。還有史提夫・安德雷亞斯（Steve Andreas）、黛安娜・弗莎（Diana Fosha）、蓋伊・維奇（Guy Winch）、艾薇瓦・格特林（Aviva Gitlin）、道格・博朗哈維（Doug Braun-Harvey）、丹・麥金農（Dan McKinnon）、依恩・柯納（Ian Kerner）、馬姬・妮克斯（Margie Nichols）、卡羅・格利根（Carol Gilligan）與維吉尼亞・高德納（Virginia Goldner），你們都是卓越的臨床家、教師和思想家，我亟需你們的權威性回饋。對潔西・康布絲（Jesse Kornbluth）、漢娜・羅辛（Hanna Rosin）、大衛・伯恩斯坦（David Bornstein）與派翠西亞・柯恩（Patricia Cohen），你們都有精妙文筆，協助我寫出清晰易懂的文字。對丹・薩瓦格（Dan Savage）與特里・雷爾（Terry Real），我們總是那麼心意契合。對大衛・路易斯（David Lewis）、丹尼爾・曼迪（Daniel Mandil）、艾莉娜・巴拉諾夫（Irina Baranov）與布萊爾・米爾（Blair Miller），你們總是目光敏銳，精細入微。對黛安娜・亞當斯（Diana Adams）與艾德・威瑟（Ed Vessel），我在撰寫非單一伴侶制內容時尤其感謝你們的指導。對奧莉維亞・納特（Olivia Natt）與潔西・貝克（Jesse Baker），你們的意見令本書增添了年輕人的寶貴觀點。

我還得感謝我的團隊。對我的研究實習生馬里卡・波米克（Malika Bhowmik），你的出色表現令人激賞，將我的混亂無序變為條理分明。說到次序，得感謝林西・拉多斯基（Lindsay Ratowsky）與阿曼達・迪科（Amanda Dieker），你們讓我能騰出時間專心寫作。在初期，還有四位才華出眾的學生給我幫忙，他們是布塔尼・麥坎（Brittany Mercante）、安娜貝拉・摩爾（Annabelle Moore）、妮可・阿諾（Nicole Arnot）與亞力山大・卡斯迪羅（Alexandra Castillo），我期待你們事業有成。對佐拿・巴默（Jonas Bamert），很感謝你所做的研究。對布魯斯・米爾納（Bruce Milner），謝謝你把在伍斯托克的鄉間小屋讓我住，使我擁有一個平靜優美的寫作環境。

我還得感謝我的家庭。對我的父母，他們教會我要大膽發言，他們悲傷的背叛經歷讓我了解，即使不能完全復元，但療癒的希望總是存在。對我的丈夫傑克．索爾（Jack Saul），我們共同分享了愛情與人生的經歷，你是我知識的對話者。撰寫一本書需要很大空間，感謝你的慷慨貼心。對亞當（Adam）與諾姆（Noam），我希望這本書能給你們提供一些婚姻關係的智慧。跟你們談論千禧一代愛情的艱難困阻，讓我跟上時代，並且樂趣無窮。

對我的案主和所有讓我了解你們私人生活的各位，你們扮演重要的角色，這絕非誇大其詞。你們的信任至關重要。正是透過你們的故事，我們才能有所連結和發現意義。在我旅行、工作和個人交流的過程中，我經歷許多極為豐富的對話。我要表示衷心感謝，儘管我未必能全部說出你們的名字。在整個艱苦創作期間，最美好的是我從未感到孤獨，現在這本書已經完成，我迫切希望能即刻與大家再次交流。

序

有一種簡單的犯禁行為，足以奪走夫妻之間的美好關係、幸福、認同感，這種行為就是：婚外情。這是一種極為普遍的行為，但是人們對其理解卻十分膚淺。

過去三十年來，我都在探索現代夫妻之間愛情與渴望的錯綜複雜之處，我是這方面的治療師、作家、培訓師及講師。我的第一本書《情欲徒刑》，探討長期婚姻關係中情慾與渴望的本質，其中一章討論了外遇行為。令我訝異的是，每次我在以這第一本書為主題發表演講或接受訪問時，無論是在世界哪個角落，外遇這個課題都最受大家所關注。這個現象讓我思索不已。《情欲徒刑》探討在帶有承諾的婚姻關係中，人們依然存有渴望的矛盾困境，這本《第三者的誕生》則在追尋人們的渴望在婚姻之外的落點。

話雖如此，這並非只是一本單純關於外遇的書。婚外情讓我們對婚姻關係所學甚多，認識到我們在期望什麼，想要什麼，覺得自己應當得到什麼。婚外情打開一個獨特的窗口，我們從中可窺見有關愛情、誘惑與承諾的個人觀及文化觀。我從多個角度檢視這些不正當的愛情，希望身為讀者的你，能對現代婚姻的種種型態進行誠實、有啟發性及不盲從的探索。我希望激發你與愛人之間的對話，共同討論忠誠、渴望、妒忌和占有、袒露內心和原諒等課題。我鼓勵大家多叩問自己內心，說出不敢說的話，不要害怕挑戰涉及性愛與情感的所謂正確觀點。

我身為治療師的角色，是創造一個安全空間，讓大家能以同情的態度來探索各種不同的經驗；而身為作者，我也是抱持相同目標。因此，這本書並非在於提供如何克服婚外情危機的實用技能，不過若你正面對這類危機，無論你處境如何，我都希望這本書能對你有所幫助。我的目的是為這課題引入一種更具建設性的對話，促使所有婚姻關係變得更誠實、更堅韌，並且更為牢固。

當前有關婚外情的對話，都傾向於兩極化、指責及短視。我們的文化對性愛已經更開放，但是婚外情卻始終蒙著一層羞恥和神祕的霧霾。我希望這本書有助解除這種沉默，讓大家以新的途徑思考和談論人類這最為古老的行為之一。有關婚外情的預防與療癒的討論已經不少，但有關其意義和動機的討論卻是不多，至於我們能如何從中有所學習及婚外情如何改變我們的婚姻關係這類話題則更為罕見了。

有些人會全然排斥這個話題，認為不值一提。他們告訴我，事實就是事實。飛機已經墜落，扛起生還者趕快逃跑就是。然而，卻有越來越多人來找我，因為他們想知道到底發生何事，婚姻為何墜毀，是否能夠預防。他們想要了解，想要從中學習，想要再次飛翔。對於所有這些人，我希望能夠從大家通常避而不談的部分展開對話，共同應付外遇事件所引發的種種艱難問題。

在接下來的篇章中，我們將探討婚外情的多個面向——討論背叛行為的痛苦和破壞性，也討論犯禁行為中因自我發現而帶來的刺激感。我將分析婚外情帶來的擴展性機會及所附帶的迫切危險這兩者之間的張力。出軌之愛一方面令人感到自由和強大，另一方面卻會造成傷害，我們從這二元性之中能了解些什麼？

我的討論也將擴大範圍，將家庭、社區和文化也包含在內。我希望能將這種最為私人的經驗，放入更廣闊的歷史和社會脈絡之中一併討論。

針對這個最具煽動性的課題提出另一種不同的討論方式，我了解必須冒著某些危險。我相信外遇行為根植於我們文化心理的深層，並且對此提出質問。毫無疑問必然有人會將我的觀點視為危險的不敬，或者認為我的道德準則出了問題。雖然我傾向於迴避直截了當的譴責以便進行充分的探討，但我並不認同瞞騙行為或對背叛者從輕發落。我每天在診室裡，面對的都是受盡創傷的人。了解外遇行為與為外遇行為辯解，完全是兩碼事。然而，對於大部分情況，除了最極端者之外，僅僅提出指責都於事無補。

現在我稍微說明我是如何收集這本書中的資料。這不是一份具有充分證據的科學調查，也不是透過各個婚外情網站收集數據而完成的社會學研究。我的方法比較類似人類學家和探索者。我與人交談，我也聆聽別人說話。本書的原始材料來自我的治療面談、培訓工作、在各地的演講、非正式交談，還有數以百計的人寫給我的書信以及在我的網站、部落格、TED演講與臉書頁中的留言。

在我的心理治療實務中，過去八年來我完全只處理外遇夫妻的個案。我與這些人共同深入挖掘這個課題。由於我會與夫妻共同面談，也會個別單獨面談，因此我不只能感受遭背叛者的痛苦，也能聽見出軌者的心聲。

婚外情與祕密是形影不離的，因此本書包含許多祕密。許多時候，我若要說出某人的祕密，但又不出賣另一人，這幾乎是不可能做到的事。某些細節如果會明顯透露是有關哪件慘痛事件，我為了保密一定會加以隱藏。本書中的每一個人都經過細心掩飾，以保護他或她的身分，但我依然盡量保留每個事件所涉情感的準確性。

最後，我想在此表達我的感謝之情。在進行研究與撰寫本書時，我得到許多思想家、作家和專家的啟發和指導，但其中一部著作讓我這本書受惠最深。這部著作就是較早那本同名作品《第三者的誕生：出軌與承諾的探討》（*The State of Affairs: Explorations in Infidelity and Commitment*），它提升了這項課題在嚴肅學術研究中的價值。我在閱讀書中一篇又一篇思想深刻的文章後，更有勇氣挖掘外遇這一主題，並以包容和多層次的方式探究其心理面向。

無論我們是否贊同，拈花惹草的行為是必然存在的事實。無論有多少教導我們如何在婚姻關係中「杜絕婚外情」的書籍文章，都無法減少男人與女人在婚外浪蕩的行為。無論是幸福婚姻，還是惡劣婚姻，甚至在私通行為可能面對死刑的情況下，外遇都會發生。即使在婚前已經謹慎協商婚外性行為的開放式婚姻關係中，外遇依然發生；即使大家擁有分手或離婚的自由，不忠行為也未曾消失。我沉浸於這一課題多時之後，領悟到其中並無單一真理，也缺乏一種分類法能全面描述激情與背叛的嚴峻考驗。我唯一能確定告訴大家的，是書中所述全無虛構。

——埃絲特・沛瑞爾・紐約市，二〇一七年一月

導讀
外遇可以是毀滅也可以是淬鍊，了解比放手更具療癒力

心向性健康管理中心　曾寶瑩主任（美國ACS性學家、性治療師、性心理博士）

「老公性上癮，出差就找女人，治不好我就要離婚。」說話的女人正在和老公辦離婚，因為她生完孩子以後不做愛，老公在每個出差的城市都有性伴侶，不固定的地點也一定會叫小姐，被老婆發現後發誓絕不再犯，卻又立刻破戒，老婆受不了想離婚。「結婚以後老公都不硬，我真的很想做愛。」這個女人說她不想外遇，所以找了說好只做愛不戀愛的前男友上床，老公卻偷看她手機對話紀錄對她說：「你外遇，我們離婚。」這兩對夫妻和我會談時，出軌的一方都堅持自己深愛伴侶、不想離婚，和別人上床是維護婚姻的下下之策，他們和性伴侶約法三章，就是不希望床上運動毀了婚姻。「如果可以和太太（先生）做愛，我就不會這麼做了。」他們在出軌前都試過各種方式消解慾望，自慰、靜坐、運動、沖冷水澡、用工作麻痺自己……，但時間一久、被另一半拒絕的次數越多，心裡的積怨也越深。心情焦躁，一點小事都會演變成激烈爭吵。「為什麼

要讓你？你連上床都不肯（行），拒絕我、逃避我，根本不在乎，我又何必再忍耐。」夫妻關係緊繃，離婚證書早擺在手邊。

為了恢復平靜，雖然知道被發現後果一定很慘重，但再吵下去，下場也一樣，才會冒險和別人上床。他們都告訴我：「就是不想外遇才這麼做。」每次做過愛，他們就能和伴侶和平相處。對出軌者而言，出軌是為了維護婚姻，但他們的伴侶卻無法接受這樣的理由。「就是背叛外遇啊，他怎麼能說是為了我們好呢？我一直拒絕他是我不對，但也不能因為這樣去跟別人睡，不做愛會死嗎？夫妻間又不是只有性。」夫妻間當然不是只有性，但這也正是他們出軌的原因：「我們之間是愛，跟別人只是性。」這些對話在會談時反覆出現，出軌者希望伴侶了解自己的愛從沒改變，被出軌者則心情混亂，搞不懂到底是誰對不起誰、要恨對方還是恨自己。

你曾經歷過外遇掙扎？如此逼不得已的性活動算不算外遇？如果這兩個女人找你商量，你會給什麼建議？「可以不要想嗎？我絕對不會外遇，也不會被外遇！」很抱歉，那恐怕只是我們對愛情的理想幻覺。沒有人是想著要外遇才結婚的，就算代價慘痛，婚外情還是會不斷發生。協助過無數伴侶走過外遇風暴的婚姻專家埃絲特・沛瑞爾告訴我們：「沒有人能避免外遇。」即使大家擁有分手或離婚的自由，不忠行為也未曾消失，就連協議好不約束彼此的開放式關係，仍舊難逃外遇的衝擊。那麼，難道真要不婚不戀才能避免外遇？如果遇上了，又該怎麼求生？作為婚姻治療師，埃絲特・沛瑞爾花了整整八年時間，專心協助外遇伴侶面對傷痛。她不僅貼近外遇者、承接被外遇者、聆聽外遇家庭中子女和親人的心聲，為了完整勾勒外遇的真實面貌，她甚至追蹤了第三者與第三者兒女的心路歷程。她把這些外遇真實、深刻的經驗與心得，都寫進了《第三者的誕生》這本書裡。

在書中，埃絲特・沛瑞爾帶領我們進入心理治療的安全空間，放下批判、專心傾聽、深度理解。在她的描述中，我們可以看見現代夫妻如何在失去活力的僵化婚姻中，透過網路聊天、一夜情、長期性伴侶或是穩定外遇關係中，感受到「活著」、「拓展自我」、「發現自我」的刺激感和生命力，她告訴我們，一味要求出軌者認錯贖罪，可能只會把他們推回枯槁的關係之中，另外再壓上沉重的罪惡感，讓婚姻的滋味更加苦澀，沒有活力的人很難修復親密關係，不斷道歉也沒辦法讓受傷的伴侶再度快樂。在她的治療經驗中，她相信要走過外遇傷痛，最好的方式不是定罪贖罪、發誓不再犯，而是把外遇當成一扇了解婚姻和自我的窗口，協助外遇者去承認、接受自己在外遇中，發現全新自我時所感受到的喜悅，以及自由自在時所展現的強大生命力。如此才能進一步去檢視，為什麼他／她在婚姻關係中不能像在外遇關係中一樣狂野、奔放，真實的反思才能認清自己在婚姻中的失落，也才能和伴侶開始發展修復的歷程，不再只是道歉賠罪，而是讓彼此再愛一次。

埃絲特・沛瑞爾相信「外遇危機也可能帶來某些好的轉機」，外遇會帶來傷痛，也會帶來拓展自我和婚姻的機會。關鍵在於經歷外遇的伴侶，是不是能看見自己在期待什麼、期望什麼、想要什麼、覺得自己應當得到什麼。就像許多性生活貧瘠的夫妻，在外遇妒火中重新感受到對伴侶的強烈慾火，重新恢復性生活，性慾甚至比以往更強烈，占有慾讓愛情再度恢復活力。有時候，就算婚姻生活平靜穩定，伴侶之間鮮少爭吵，幸福男女還是會出軌。那樣的出軌，和伴侶不夠好無關、和婚姻關係失衡無關、和因為吵架所以出外尋找溫柔知音無關，也和最近大家很熱衷的焦慮型依附人格無關，當然更和基因遺傳無關，這些擁有令人羨慕的婚姻關係卻依然偷腥的男女，之所以出軌是因為他們被一股「自我追尋」的慾望所驅使。不是伴侶不夠好，而是他們對於在外遇中的陌生自我，感到興奮，外遇為他們帶來永遠不可能的生活，和現在和可預見的未來，全然不同的生活。埃絲特・沛瑞爾提醒我們，人的自我是由許多不同面向所組成的，如果某部分的自我在平凡的日常生活中需要甦醒，道德譴責、婚姻禁令、慘痛代價都很難限制人對於自我實現的渴望。

然而，在現代一夫一妻的婚姻制度中，愛情、婚姻、家庭緊緊相扣，進入長期關係中，就必須和那個曾經讓你目眩神迷的愛人，一起成為家庭管家，分工合作組織起平穩生活，平凡日常滿足了某部分的自我，卻也會讓另一部分的自我亟欲追尋發展空間，就像在家裡待著無聊的孩子，會想要冒著危險到田野裡奔跑，對這些實際來到她會談室裡尋找外遇解藥的男女而言，開放關係或許能讓他們的生命更加圓滿。但，有些人可以同時愛兩個，另外一些人卻完全做不到，而這樣的兩組人，卻常愛上彼此，宣誓成為彼此唯一所有，然後在封閉關係裡努力壓抑其他層面的渴望，直到致命誘惑出現，成為解除死亡感，令人忍不住一咬再咬的毒蘋果。為了療癒外遇傷痛，埃絲特．沛瑞爾會帶領外遇男女真實而深刻的面對自我，看清楚外遇和渴望之間的關係，因為出軌者愛上的並不是「另一個情人」，而是他／她渴望伴侶成為的「那個情人」，甚至是伴侶在進入日常生活以前，和他／她戀愛的原貌。風趣的、性感的、美麗的、俊俏的、體貼的、野性的……這些需要能量與活力的迷人特質，可能都在日復一日的長期關係中，因為疲乏、懶散、疏忽、舒適而逐漸丟失了，如果伴侶可以放下婚姻，或許就能恢復對彼此熱烈的吸引力。在這種狀態下，埃絲特．沛瑞爾提出，就像婚姻制度是為了符合需求而被發明出來的一樣，或許現代婚姻制度也到了該被檢討的時刻。這些伴侶，可以考慮分居或離婚，重新成為戀人；把關係打開來，在一對一之外接納更多不同親密度的情人；或是在伴侶之間重新建立一種新的情感對話，在關係中加入恐懼、憂傷、脆弱的元素，接受外遇是隨時可能發生的，讓關係不再安穩如昔。這些選項都是愛，只是和他們熟悉習慣的期望大不相同。

在這本書中，埃絲特．沛瑞爾帶領我們深入去感受外遇風暴中，出軌者與被出軌者的真實心境。在她細膩攤開的外遇故事中，我們可以身歷其境去感受，出軌者如何在刺激興奮、活力充沛、懊悔愧疚、痛苦自責中來回跳躍、苦苦掙扎。也能去感受，在被外遇者憤怒的面孔下，心底深處盤旋的是驚嚇、悲傷、不堪與落寞。明知道聽了會更痛，還是要追問，怎麼開始、多久一次、你爽不爽、對方爽不爽……只因為趕不走「或許我們之間也是謊言」的自我懷疑。在她訴說的故事中，外遇風暴立體鮮明，風暴中的主角也不再只是「傷人的渾蛋」和「受傷的笨蛋」，在痛苦之餘還有更多的人性糾結。穿過一場場外遇風暴，隨著她深刻精準的反思，我們也可以看見，外遇並不只有毀滅的力量，在摧殘的同時，也可能為個人和婚姻創造轉變，外遇的痛苦有時反而能淬鍊出婚姻的愛意。面對外遇時，創傷男女最該放下的或許不是傷痛，而是對外遇的習慣性反應模式：外遇就是背叛、背叛的就是有罪、有罪的人只能贖罪。這樣的慣性能讓電影產生張力，卻沒辦法讓人減少傷痛。走過外遇風暴，「了解」或許比「放手」更具療癒力。在外遇中看清自己和伴侶的真實渴望，讓外遇不再只是譴責憐憫的僵化故事，進入靈魂深處，問自己真正愛什麼、痛什麼、捨不得什麼，外遇就有機會成為一扇窗口，讓伴侶雙方看見婚姻中被掩埋的可能與不可能。

沒有人希望被外遇所傷，但如果生命之輪無可避免的向你碾來，我期望這本書裡的故事、心情和智慧，也能讓你把外遇痛苦化為成長養分，外遇可以是毀滅也可以是淬鍊，祝福你在愛情裡幸福快樂。就算踩到地雷，也能爆破成一朵朵美麗煙花。

第一部

外遇場景

THE State OF Affairs

第一章

外遇：需要開啟新的對話

愛有時會以絕望的背叛方式呈現，這種人性的矛盾其實緊緊相扣，要解釋個中緣由實在太花時間，也許這永遠也解釋不清。

——康拉德，《回憶片斷》

此時此刻，在世界任何角落，總有人對伴侶不忠，或正逢伴侶有出軌行為，總有人正想要來一段婚外情，或正在勸導某個深受其苦的朋友，也總有人本身就是婚外情中的第三者。夫妻關係中，婚外情比任何事更令人恐懼，更遭人非議，卻也更具有吸引力。打從一開始出現婚姻制度以來，出軌行為就隨之存在，人們也一直對此行為心存忌諱。在歷史長河中，這一行為時常受法律嚴禁、或飽受爭議、或被政治化、或被妖魔化。雖然受盡千夫所指，但是外遇卻始終頑強不息，繼續存在，人們對婚姻恐怕都無法如此堅持。它是如此嚴重，以至於《聖經》的十誡中竟然有兩條戒律跟它有關，一是不可有此行為，一是心中亦不可有此貪想。

在每個社會、每個地區、每個時代，無論如何施加刑罰阻嚇，不少男男女女依然會不顧婚姻制度的限制，投身婚外情之中。在任何地方，男女的結合一是通過正式的婚姻制度，另一就是通過私密的外遇。對於這個源遠流長，人們普遍避而不談，但卻都普遍奉行的禁忌行為，我們該如何理解？

過去六年來，我一直都在跟人討論這個話題，不只在我診室的隱密空間裡談論，也在飛機上、晚餐中、開會時、美甲廊裡談論，和同事或有線電視工人談論，也少不了在社交媒體上談論。無論在匹茲堡或布宜諾斯艾利斯，在德里或巴黎，我都在做一項開放式的問卷調查，以了解今日的婚外情現象。

在世界各地，每當我提到「外遇」這個字眼時，人們的反應差異很大，有人憤怒譴責，有人表示無奈接受，有人謹慎給予同情，也有人熱切嚮往。在保加利亞，有一群女性似乎認為，丈夫在外拈花惹草是不幸的事，但也無可厚非。在巴黎，我在晚餐聚會上提到這個話題，馬上引來一陣騷動，原來有那麼多人都曾面對外遇事件，無論有外遇的是本人或其伴侶。在墨西哥，婦女對女方婚外情增加感到自豪，認為這是對沙文主義文化的社會反抗，此文化一向允許男性擁有「兩個家」，一個給家庭，一個給情婦。外遇雖然普遍存在，但其代表的意義（我們如何定義外遇，為此遭受什麼痛苦以及如何談論外遇等）最終都牽涉到外遇發生的時代和地區。

讓我問你：當你想到「外遇」時，第一個在你腦海中閃過的字眼、聯想和影像是什麼？如果我問的是「婚外情」或「浪漫愛情」，你這些想法是否有所不同？如果我問的是「幽會」、「放縱」、「勾搭」或「性伴侶」，你又會做如何想？你的反應會傾向反對還是理解？你主要同情哪一方？是受害者、出軌者、第三者還是子女們？如果你的生活中出現這類事件，你的反應是否會改變？

對婚外情審判其對錯，在我們的文化心態中一向根深柢固。在我生活和工作的美國，有關對話往往引起本能的、批判性的或偏激的反應。

一個會說，「外遇？這是破壞協議的行為。一次不忠，以後也難免會不忠。」

另一個則說，「怎能這麼說呢，單一伴侶制並非自然行為。」

第三個接著反駁，「這都是廢話，我們不是發情的貓兒，我們是人類，已經成年的大人。」

在美國市場上，出軌行為是以一種譴責加上挑逗的方式加以推銷。雜誌封面刊登情色圖片，內容卻是虛偽的說教。我們的文化對性愛抱持開放態度已經有點過火，但一說到外遇，即使是思想最開放的人往往也難以接受。奇怪的是，我們堅持反對的態度使外遇不至於過分張揚，但是卻未曾揭示外遇事件其實極其普遍。我們不能阻止外遇發生，但是卻都能一致認定不應該有外遇。政治人物有外遇時，選民會一面大聲疾呼要求公開道歉，一面又不放過審視任何猥瑣的細節。無論是身居高位的政壇或軍隊菁英，抑或是鄰家大嫂發生婚外情，其中都充滿自戀心態、隱瞞欺騙、傷風敗俗、背信棄義的意味。因此外遇絕對不是簡單的犯禁行為，也不是隨興的放縱。

當代對外遇這個課題的觀點可綜述如下：外遇是夫妻關係出現差錯的徵象。如果你在家裡可獲得所有需要，就沒有理由到外頭尋找。男性不忠，是由於無聊及害怕親密關係；女性不忠，是由於寂寞及渴望親密關係。忠實的伴侶是成熟、信守承諾、務實的；不忠的伴侶是自私、不成熟、缺乏控制力的。婚外情會傷害當事人，絕對無助於婚姻，也絕對不能容忍。要重建信任與親密感，唯一的途徑是坦白承認、悔改和赦免。此外，離婚主要是基於自尊，而非原諒對方。

當前這種採取說教態度的對話方式，傾向於將「問題」歸咎於夫妻或個人的缺點，卻迴避了這個現象所引起的其他更大問題。外遇顯露了許多婚姻的問題——不只是你的婚姻，也包括婚姻制度本身。它也促使我們思考當今盛行這種「理所應得」的文化心態，這種心態認為我們享有某些特權是理所當然的。我們真的認為可以阻止不忠行為擴散，讓外遇只限於發生在少數害群之馬身上？成千上萬背叛伴侶的人不可能都基於病理原因而發生外遇，不是嗎？

支持或反對？

形容通姦行為的中性詞語並不多。長久以來，我們都是採取道德的責難作為主要工具來遏制一時的衝動，以致我們若不使用這些詞語，就沒有其他詞語可用於討論這個課題。這些可資運用的語言，裡頭都深藏著外遇所代表的禁忌與創傷。如果由詩人來說，他可能會用「情人」或「冒險者」來形容出軌者，但一般人多數會偏向使用「騙子」、「說謊者」、「背叛者」、「性成癮者」、「拈花惹草者」、「色情狂」、「好色之徒」、「蕩婦」等等詞彙。這一堆詞彙的共同點就是都認定這是罪惡的行為，這些詞彙不但反映我們的批判態度，也強化了我們這種態度。英文的「adultery」（通姦）這個詞語，源自拉丁文，本是腐敗之意。雖然我極力在這個課題上維持平衡觀點，但同時也意識到我將經常使用的這些詞彙含帶偏見。

即使在治療師當中，平衡而無偏見的對話也是罕見的。大家在討論婚外情時，主要都是在說明它所造成的傷害，並著重探討預防或療癒過程。臨床治療師借用犯罪語言，給當事人加上標籤，將忠實的配偶稱為「受害者」，將出軌者稱為「犯錯者」。通常，治療師更關注遭背叛一方，並會對不忠者提供詳細的彌補意見，以協助受傷伴侶克服心理創傷。

婚外情曝光具有巨大的毀滅威力，因此也難怪多數人都要表明立場。每回我告訴他人，我正在寫一本關於外遇的書時，對方通常都會立即回應：「你是支持還是反對？」似乎我們只能二選一，別無他途。我的答案是「我支持」。在這個不易理解的答案背後，我其實是懇切期待能針對外遇及其伴隨的兩難困境，展開一種更深入且更少批判性的對話。愛與慾望錯綜複雜，不能只是簡化為好與壞，受害者與作惡者。直白的說，不指責並不等於寬恕，對婚外情給予理解也並不是為肇事者尋找藉口。如果對話只是為了判定對錯，我們就完全沒有機會對話了。

而且，我們也沒有機會理解像康拉德（Conrad）這樣的人，他是一位溫和的男性，七十來歲。我在洛杉磯某次演講後，他走過來問我，「如果妻子已經忘記你的名字，這還算是不忠嗎？」他解釋說，「她患有阿滋海默症。」「她住在療養院已經三年，我每週探望她兩次。過去十四個月，我也和另一位女性約會。她的先生住在同一層樓。我們相處時感到莫大的慰藉。」康拉德可能是我所見過的「不忠者」中最溫文有禮的，但他顯然不是唯一面對這個處境的人。許多人即使欺騙伴侶，但依然對伴侶愛護有加，正如也有許多人雖然受到背叛，但依然深愛這位欺騙他們的伴侶，並想方設法維繫婚姻關係。

為了這些人，我決心為外遇行為尋找一個更關懷、更有效的對待方式。人們往往將婚外情視為心理創傷，總是覆水難收。當然，許多婚外情確實會為婚姻關係帶來致命打擊，然而也有一些婚外情卻激起了當事人亟需的轉變。背叛的傷害深入骨髓，但這是可以療癒的。婚外情也可能為夫妻帶來新的意義。

由於我相信外遇危機也可能帶來某些好的轉機，因此常有人問我，「那你是否會建議關係惡劣的夫妻來一場婚外情呢？」我的回答是，許多人罹患重病後，人生會經歷正面的重大轉變，然而我不會建議人們試試患上癌症，同樣的也不建議人們來一場婚外情。

你是否曾受外遇事件影響？

我開始涉獵外遇課題時，常問現場觀眾，有誰經歷過婚外情？完全沒人舉手，但這並不意外。很少人會公開承認有外遇，或者伴侶有外遇。

我牢記這點，並且把我的問題改為，「有誰生活中曾受外遇事件影響？」結果大家紛紛舉手，這在每次演講中都屢試不爽。有位婦女看見朋友的丈夫在火車上親吻某位美麗陌生人，她現在的困擾是應否將這件事告訴朋友。有位少女發現父親在外頭另有情人，時日之久可能還在她出生之前。有位母親提到她的媳婦時，說她不明白為什麼兒子要與那個「蕩婦」在一起，而且不再邀請她星期天來吃晚餐。各種祕密與謊言迴盪在各代人之間，只留下得不到回應的愛以及受創的心。外遇並非只是兩個人或三個人的故事，而是牽連到整個的人際網絡。

出軌者未必敢於公開舉手坦言其行為，但是他們會私下告訴我。有些人會在聚會之後拉我去一旁說話，也有人到我診室造訪，訴說他們的祕密和懷疑，犯禁的慾望和禁忌之愛。

這些故事大多平淡無奇，不像刊登在報章頭條那些煽動人心的新聞：沒涉及嬰兒、沒涉及性病、沒跟蹤舊情人而勒索金錢這類情節（我想那類夫妻應該是去找律師，而非治療師）。當然，我確實見過不少自戀者、雜交者及粗心、自私、存心報復的人。我見過極致的瞞騙情況，不知情的一方終於發現伴侶有第二個家庭、祕密銀行帳戶、淫亂行為，還有表裡不一的生活，因此飽受打擊。我曾坐在男女雙方前面，整個治療過程中聽他們說盡各種謊言。然而我更常見到的是，許多有責任感的男士和女士，擁有共同的過去和價值觀（包括單一伴侶制的價值觀），他們的故事更謙卑，順著更有人性的軌跡逐漸展開。他們所涉及的是孤單、多年來缺少魚水之歡、憤怒、悔恨、疏於照顧婚姻、逝去的青春、渴望關懷、班機取消、喝得太多——這些才是日常生活中外遇事件的要素。他們當中許多都對其行為深感矛盾，才前來向我尋求協助。

出軌的動機很廣泛，導致的反應與結果也各有不同。某些婚外情的動機是出於抵抗，另一些則完全沒有抵抗的意涵。某些人跨出婚姻的邊界只不過是一時衝動，另一些則是準備移居他鄉。某些婚外情只是輕度反叛，只是出於無聊之舉、好奇之心或為了確認自己的吸引力是否依然存在。弔詭的是，還有許多人出軌卻是為了保護其婚姻。當婚姻關係變得粗暴惡劣時，犯禁行為卻可能帶來新的生機。出軌行為就如警示燈亮起，敦促我們關注夫妻關係，但也可能是為苟延殘喘的夫妻關係敲響最後一記喪鐘。婚外情是背叛的行為，同時也表達了內心的渴望與失去的痛苦。

因此，我會從多個視角看待外遇事件。我嘗試了解並以同理心對待雙方的觀點——這類事件對一方造成什麼影響，對另一方又有何意義？有時我也會考慮邀請其他相關者來共同處理問題，包括情人、子女和朋友。婚外情是兩位（或以上）當事人以截然不同的方式共同經歷的事件，於是一個故事會變成了好幾個，大家各說各話，因此我們需要一個框架來容納所有這些不同而矛盾的說法。若是採取非此即彼的態度，並無助於雙方的理解與和解。若只關注出軌造成的破壞，會顯得過於簡化且於事無補；反之若忽視其傷害而只強調人類探索新奇事物的習性，結果也好不了多少。對於多數個案，最好還是採用兩面兼顧的處理方式。我們需要一個敘事橋梁，協助當事人釐清外遇的多面向經驗，包括其動機、意義和後果。有人或許會認為，嘗試理解不忠未免過於厚待這一行為，但這正是治療師的任務。

在某個尋常的日子，我的第一個案主是三十六歲的奈傑（Nigel），他跟隨妻子從英國來到紐約。他知道她有婚外情，但不打算與她發生衝突。「我需要重建這個婚姻，需要挽救這個家。」他說，「我關注的是我們兩人的幸福。我知道她在與別人交往，但我所想的是，她會不會回心轉意再愛上我？」

隨後來見我的是德麗雅（Delia）和羅素（Russell），他們曾是大學情侶，後來各自結婚生子，多年以後透過 LinkedIn 再度聯繫。就如德麗雅所說，「我們可不能花一輩子來幻想如果我們結婚，人生將會是如何。」現在他們已經知道要怎麼做，但是卻面臨道德困境。羅素對我說，

「我們都接受了不少治療，了解婚外情很少能持續長久，但我認為，我和德麗雅的情況與他人不同。這不是一時興之所至，我們一生相愛，只是中間受到阻隔，我難道應該放棄這個與我一生所愛的女人相守的機會，不正視自己的感受，就只為了保護一段並不怎麼轟轟烈烈的婚姻？」

接著是費拉（Farrah）和朱迪（Jude），一對三十多歲的女同志戀人，在一起已經六年。朱迪不滿的是，她們同意開放各自的關係之後，費拉還是發生一段祕密戀情。「我們同意彼此可以和其他女性上床，不過必須據實告訴對方。」朱迪述說道，「我以為開放關係可以保護我們，但是她最終還是說謊。我還能做什麼呢？」即使開放的關係，也不能保證不會欺騙對方。

午餐休息時，我就讀電郵。其中一封來自芭芭拉（Barbara），她六十八歲，來自明尼蘇達州，最近剛守寡。「就在我還處於哀傷期時，我發現了丈夫長期有婚外情的證據。現在我得面對一些意想不到的問題，比如，我是否應該告訴我的女兒？更糟的是，我丈夫在社區裡深受愛戴，我還經常收到邀請參加他的追思會，這些追思會的參加者也包括我所有的朋友。我覺得深陷困境之中，我一半希望不讓他的名聲受損，另一半卻感到痛苦，希望說出真相。」在電郵中，我們談到發現這個事件，就足以改變我們對他人整個人生的觀點，其威力是如此巨大。而一個人在遭受背叛，又守新寡的雙重失喪情況下，要如何才能重建其人生和身分特質？

蘇斯（Susie）的簡訊則充滿理直氣壯的怒氣，她為母親感到憤憤不平。「她是完美的人，儘管父親長期有婚外情，她還是守在他身邊，直到他去世。」我心想，她是否曾想到從另一個角度來解說這個故事？也許她父親是真心愛著另一個女人，但卻選擇留下，為了這個家庭而犧牲自己？

亞當（Adam）是一位年輕治療師，他參加我的培訓課程後，傳給我一個臉書簡訊。他寫道，「我一直都認為不忠是羞恥的行為，這些人應該守規矩，尊重他們的婚姻伴侶，別在背後搞鬼。然而，我在討論過程中，卻猛然有所醒悟。我們所在的討論室雖然安全而舒適，我卻感到不安，不斷改變坐姿，彷彿椅墊中燒著煤炭，促使我面對真相。我一直忽視一個事實，就是我的父母相遇時，他們都已經結婚。事實上，我母親就是為了離開有家暴行為的丈夫而去接受我父親的諮商。他們發生了婚外情，我才會來到這個世上。三十四年前，我的父母正是由於出軌行為，結果找到了他們願意彼此相守一生的伴侶。」亞當原本黑白分明的想法，無論在其個人經歷或專業上，都受到了干擾。

我當天的最後一位案主是莉莉（Lily），三十七歲，是一位廣告業務員。她不斷延後其最後通牒已經將近十年，只是一直在等待她的情人與妻子離婚。他們的婚外情開始至今，男方已經多生了兩個孩子，而莉莉則覺得她的生育能力正在日漸衰退。她向我吐露她的祕密，「我上個月去把我的卵子冷凍起來，但我不想告訴他，我必須盡量善用我的能力。」她每次來找我諮商，都顯露出她的矛盾心態。某一週她肯定的說，他是有意在拖延時間，下一週卻又抓緊每一線希望，認為他真正愛的是她。

在吃晚餐時，我收到一個「緊急」簡訊。傑森（Jackson）面臨崩潰，需要立即跟我談話。他妻子剛發現威而鋼藥罐中的藥片少了許多，所以把他踢出門口。他說，「坦白說，對妻子說謊讓我覺得難過，但是每次我想跟她求歡時，這個我所深愛的女人卻一臉嫌惡的樣子，這令我非常難以忍受。」傑森的性幻想非常多姿多彩，但是他妻子卻完全缺乏性慾，並且多次重複告訴他。經過多年被拒絕之後，他只得將性幻想運用在其他地方。他說，「我其實應該誠實告訴她，但代價太大了。我的性需求固然重要，但並不比每天吃早餐時看到我的孩子們重要。」

我聆聽了這許多故事，感覺到自己的震驚、批判、關心、愛護、好奇、時而興奮時而冷靜，有時在短短一小時內就經歷了所有這些情緒。我和他們一同哭泣，感到充滿希望也感到絕望，並對每一個涉及的人都感同身受。這是因為我每一天都看到這個行為可能帶來的毀滅性後果，我也覺察到當前對這一課題的對話方式是如何的不足。

探視人類內心的窗口

婚外情能夠教導我們許多有關夫妻關係的內涵。它能開啟一道門，讓我們深入檢視價值觀、人性以及性慾的力量。婚外情促使我們必須努力應對這些令人不安的問題：是什麼東西足以把人拉出他們辛勤建立的防線之外？性的背叛為何如此傷害人心？婚外情是否都是自私和軟弱，其中是否有些是屬於可以理解、可以接受、甚至是大膽和勇敢的行為？對於未曾經歷婚外情的一般人，我們是否能夠從外遇的激動感受中，找到某些能為夫妻關係帶來生機的力量？

祕密的愛情是否最終都會公開？激情是否都有結束的一天？是否有某些滿足感，即使是美滿的婚姻也無法給予的？我們如何在情感需要和性慾需要之間尋找其難以捉摸的平衡點？單一伴侶制如何漸漸失去其價值？何謂忠貞？我們可否在同一時間愛上多個人？

我認為，這些對話是任何親密的成人關係中都應該存在的。然而，多數夫妻都是等到發生婚外情時，才首次談到這類話題。人生的劫難會促使我們思考事物的本質。我要鼓勵你，別等到暴風雨來臨，應該在風平浪靜時就討論這些問題。在彼此信任的氣氛下，談論哪些因素導致我們跨越圍牆，以及涉及哪些對失去的恐懼，實際上能夠促進親密感和責任感。我們的慾望，即使是最不正當的慾望，其實都是我們人性的特質。

雖然將婚外情簡單視為性與謊言的做法也滿誘人，但我還是寧願將外遇行為當成一個入口，讓我們一探夫妻關係的複雜景觀，從中了解我們為約束夫妻關係而設立的界限。外遇讓我們得以面對面注視情感中各種強烈和對立的力量，包括誘惑、性慾、緊迫性、愛情及其無能為力之感、釋放、圈套、愧疚、心碎、罪惡感、監視、瘋狂猜疑、充滿殺氣的報復心理、悲慘的結局。在此先給你事先警告，要探討這些問題，你必須願意邁入一個非理性的迷宮之中。愛都是糾纏不清的，外遇更是如此。然而，外遇也是一個無可比擬的窗口，讓我們能夠窺見人類心中的裂縫。

新的羞恥

離婚。在所有關於外遇的激烈辯論中，無論是在網上或生活中，「離婚」這個字眼都會不斷出現。如果你想要有婚外情，就離婚吧。如果你如此不快樂而希望出軌，你的不快樂已經足以讓你與妻子分手。如果你的伴侶有婚外情，就立刻打電話給律師吧。

潔西卡（Jessica）是布魯克林人，三十餘歲，有個兩歲兒子。她發現結婚四年的丈夫賈斯汀（Justin）與一位同事有染，一週後她打電話給我。「我找到一個祕密的臉書帳戶，裡頭有他寫給這女人的簡訊。」潔西卡成長於網路時代，她於是上網尋求解決方法。她說，「我讀到的回應都讓我很難受，都像是一些女性雜誌所提供的餿主意：離開吧，別回頭！他這次做了，下次還是會做！把他踢出門外就是！」

「我所上的網站，沒有一個關注到我對這個男人還有很深的感情，而且他是我兒子的父親。我與他家人關係融洽，過去一週他們都大力支持我。所有這些網站文章和作者，甚至我自己的父母，都不斷對我說他是個人渣，說我對他的感情只是被他誤導。我父親更過分，他甚至認為我有斯德哥爾摩症候群！我覺得他們無理地評斷我，好像我也是一個當丈夫不忠時依然放過他的『那種女人』。」

潔西卡是個擁有獨立經濟能力，有得選擇的女性，相對而言許多女性則由於缺乏資源，因此在丈夫的威權之下無從求助。而正由於她所生活的社會實施某種權利法令，我們的文化就積極要求她必須運用這項權利。我一面聽她敘述，一面回想起最近帶領的一個由摩洛哥婦女組成的團體。當我解釋說，在今天的美國，社會鼓勵像潔西卡這樣的女性表明立場，離開丈夫。一位年輕女性笑說，「但是，如果每個丈夫在外尋歡，我們就離開他，那整個摩洛哥都是離婚的人了！」

在過去的時代，離婚代表一種永遠擺脫不了的羞恥。在現代，當你能夠離婚時卻選擇留下，成了一種新的羞恥。我們見到的最佳例子就是希拉蕊．克林頓（Hillary Clinton）。在她有能力離開丈夫時卻選擇不離婚後，許多本來都很讚賞她的女性都無法化解心中鬱結。「她為什麼那麼不自重？」

當然，某些時候離婚是無法避免的、明智的、或者是對所涉各方都最好的做法。然而，這是不是唯一公正的選擇？危險的是，我們處於強烈痛苦與羞辱中時，往往草率地將我們對婚外情的反應與我們對整個夫妻關係的感受混為一談。覆水難收，我們燒掉結婚照，也斷了回頭路，孩子的人生也分成兩半，來回於兩個家之間。

潔西卡還沒打算把丈夫踢出門外。「是人都會犯錯，我自己也非完人。雖然我沒跟別人上床，我本身也不善於應對問題。每當事情變糟或面對壓力時，我就會無所適從，而且借酒消愁。如果我們的伴侶有個閃失，我們就不能原諒，我們最終都將成為痛苦和孤獨的人。」她打算給賈斯汀一個機會。

如果急切離婚，就無法對人性中的錯誤和脆弱給予寬待，也無法讓夫妻關係得到修補、適應和療癒，而像潔西卡和賈斯汀這些希望從遭遇中學習和成長的人也無法從中受益。他們對我說，「我們希望改善情況。自從事件發生之後，我們進行了多次非常棒的對話。彼此袒露心聲，具有建設性，似乎我們已多年未曾交談一般。」但他們也問道，「我們難道都必須經歷一場婚外情，才能真正彼此誠實相待？」我常聽到這句疑問，也感受到他們的悔恨。然而這正是夫妻關係中難以言明的真理之一：婚外情的威力是如此巨大，足以吸引夫妻的關注，撼動長期倦怠的關係。

總之，對外遇採取批判性、緊繃和強硬的對話方式，將杜絕雙方深入理解，並帶來盼望和療癒的機會。自覺受害會導致婚姻更為脆弱。當然，潔西卡在家裡為孩子更換尿布時，賈斯汀卻在外頭尋歡，她不免會感到憤怒，這是他們婚姻受到破壞時的適當反應。然而，我和這些受外遇影響的人（包括出軌者和其伴侶、第三者、子女）談論越多，我越強烈覺得我們對人生與愛必須採取一種不以譴責為主的觀點。我們若過度沉溺於自覺冤苦、心存報復、勢不兩立的心態，對自己並無好處。我馬上想到的第一個例子是某位我見過的女子，她的憤慨如此強烈，以致她竟然將丈夫這幾年來尋歡作樂的事告訴她的五歲孩子，因為她認為「我應當讓兒子知道媽媽為什麼老是在哭」。

儘管外遇已經成為離婚的主要動機，但也有不少夫妻在發生婚外情之後依然不離婚。但是他們能維繫多久？附帶什麼條件？他們是否因此變得更有力量？或者他們只是將婚外情埋藏在巨大的羞恥和猜疑之中？他們如何讓婚外情有所轉化，這對他們未來的婚姻關係和人生有著重大影響，無論他們的婚姻是否繼續維繫。

在今日西方，許多人都會擁有兩段或三段重要的長期關係或婚姻。而且有時我們會與同一伴侶建立兩段重要關係。每當有夫妻因婚外情來見我時，我常告訴他們：你們的第一段婚姻已經結束了，你們是否願意共同建立第二段婚姻？

第二章

網聊算不算出軌？外遇如何定義

「我跟那個女子並未發生性關係。」

——克林頓總統

大家都想知道，「出軌者比例有多少？」這是個難以回答的問題。首先你必須問，「何謂出軌？」外遇的定義並非一成不變，而在這個網路時代，更是有無數機會讓我們作出背德的事。網聊算不算出軌？色情簡訊呢？觀看色情電影呢？加入戀物社群呢？祕密使用約會手機程式呢？付費性交呢？豔舞呢？快樂收尾按摩呢？女生釣女生呢？與前配偶保持聯繫呢？

什麼行為才算構成外遇？這個問題目前並無通用定義，因此對美國夫妻發生外遇比例的各種估計，其差異很大，女性介於26%至70%，男性介於33%至75%[1]。無論實際數字如何，大家都同意這個數字正在上升。許多人都把上升原因歸咎於女性，因為女性正在迅速縮小「外遇差距」（研究顯示外遇行為自一九九〇年以來上升40%，其中男性外遇的比例大致保持穩定[2]）。

事實上，如果將外遇的定義除「性交」外，也包括浪漫戀情、接吻、其他性接觸等，則大學女生有外遇的情況就遠遠超越大學男生[3]。

這類資料不容易收集，原因很簡單：因為一提到性行為，人們就會說謊，尤其是涉及他們所不應做的性行為。即使受訪者能夠匿名，但訪問結果依然會因男女的性別特質而受影響。男性對其性經驗會偏向誇大和言過其實，女性則偏向含蓄、否認、不充分表達。這並不令人意外，要知道至今還有九個國家會將出軌女性判以死刑。性行為的誠實度和性別政治之間是絕不可分的。

況且，人類都是內心矛盾的生物。95%的人說，伴侶有婚外情是非常錯誤的行為，但也有同等比例的人說，如果他們碰到同樣機會，他們也會這麼做[4]。人們被問及「如果你知道不會被發現，你會不會有婚外情？」這個大哉問時，回答會有的人數更是大增。總之，無論多少統計數字，無論多麼準確，都不能真正讓我們了解今日外遇現象所含的複雜真實性。因此，我將把重點放在故事上，而非數字上。因為只有故事，才能真正帶領我們走入諸如渴望與覺醒、承諾與性慾自由等深邃的人性關懷中。這些故事有個共同主題，就是伴侶一方覺得被另一方背叛，但捨此之外，所有其他情節卻使這些故事各自顯露獨特面貌。由於我們熱衷於為事物貼上標籤，於是往往會將過多的不同經驗，一齊歸納在同一個意符之中，這個意符就是「外遇」。

但願事情就那麼簡單……

「你在過去十二個月內是否曾與配偶以外的人發生性行為？」如果只要求針對這個問題回答「是」或「否」，就能定義外遇，我的工作就會簡單多了。每一天，我私下聽取的各種痛苦爭論，都提醒著我，雖然有些越界行為非常簡單明瞭，但犯禁行為這個世界卻實在晦暗不明，就如愛慾世界一樣。

埃利亞斯（Elias）和妻子琳達（Linda）對不忠的定義出現極大爭論，於是他建議一起去詢問專家。他經常光顧脫衣舞俱樂部，並對此辯解說，「我會看，會交談，會付錢，但是我不會觸摸，這怎能算是不忠呢？」他的想法是，他對妻子是絕對忠實的。琳達卻不這麼想，於是只准他晚上睡沙發。

阿詩麗（Ashlee）剛發現，她的女友麗莎（Lisa）偶爾會與舊男友湯姆（Tom）一續舊情。「她說這不算是不忠，因為他是男生！但我卻認為，這種情況更糟。她不只瞞著我做這事，她還得到我所不能給她的東西。難道她只是扮演女同志時才需要我？」

莎儂（Shannon）發現男友柯本（Corbin）買了一盒安全套，因此覺得遭背叛，因為他們希望生育，所以並不需要用安全套。柯本抗議道，「我什麼都沒做！這只是一個念頭罷了！你難道還想偷看我的頭腦，就像你偷看我的手機一樣？」她反駁說，「對我來說，買安全套並非只是一個念頭！」這話說得沒錯，但這算是外遇嗎？

還有，情色內容又怎麼說呢？在床褥底下藏一本舊《花花公子》，多數人大概都不會覺得這是背叛，可是當這些內容從印刷版變成螢幕版時，其界線就開始模糊不清了。許多男性認為，觀看情色內容應當列為自慰那一類，有些甚至自豪地說，這還能防止他們出軌。女性卻比較不這麼看待。不過，維奧萊特（Violet）總是認為，她對情色內容還是滿能接受的。有一天，她走進賈里德（Jared）的書房，發現他的電腦螢幕上是個氣喘吁吁的金髮女郎，她只是翻了翻白眼，笑說他也許得找點新嗜好。可這時候，這女郎卻開口說，「賈里德，你去了哪裡？你完事了嗎？」她才發現他是在上Skype網站。她對我說，「更氣人的是，他還試圖要說服我，說這不算對我不忠。他把這種行為稱為量身訂製的情色內容。」

在這個互相連接的網路時代中，調情的方式無窮無盡。今天，有68%美國人擁有智能手機，意味著現況正如喜劇演員安沙里（Aziz Ansari）的俏皮話所說，「你口袋裡無時無刻都攜帶著一個單身人士酒吧。」[5] 不只單身人士如此。已婚者也有他們的專屬網站，比如聲名狼藉的AshleyMadison.com婚外情網站。網際網路是個巨大的民主化工具，為我們禁抑的慾望提供平等的出口。

你不再需要走出家門才能出軌，即使躺在伴侶身邊也能這麼做。我的案主姚阿辛（Joachim）

在餵丈夫迪安（Dean）吃東西時，發現他正在男模網站上發簡訊給一位男性。吉特（Kit）與女友阿詩麗（Ashlee）坐在沙發上看電視，卻看到她的蘋果手機出現熟悉的交友網站拖曳動作。「她說她只是好奇，這只是遊戲，她不會真的這麼跟人約會。」他告訴我，「不過我們同意將這個Tinder手機程式刪除，作為我們對彼此的承諾！」

正如已故研究者艾．庫柏（Al Cooper）指出，網際網路使性行為變得「容易得到、費用低廉以及可以匿名」[6]。這些特點也同樣適用於婚外情，我還想再加一項，就是「曖昧不清」。當雙方不是接吻而是代之以交換性器官圖片，不在汽車旅館共度時光而是代之以深夜在Snapchat交談，不祕密共享午餐約會而是代之以祕密設立Facebook帳戶，這時我們怎麼才能知道如何才算構成婚外情？隨著這類隱祕活動日益普及，我們需要謹慎思考，婚外情在網路時代中應如何定義。

由誰來界定？

出軌行為的定義，曾經相當簡單也曾經相當複雜。在今日西方，夫妻關係的道德觀已經不再受到教會權威所支配。婚外情定義的決定權，不再屬於教宗，而是屬於人民。這意味著這項定義更為自由，但也更為模糊不清。夫妻之間必須訂立自己的規則。

若有人坦白承認，「我有婚外情」，沒人會對這句話的意義爭論不休。若你抓到伴侶與另一個人上床，或在電郵中發現他多年來還有另一個隱密的生活，這也顯然毫無爭議。然而，當某位伴侶認為另一位的行為是屬於背叛，但是對方的反應卻是，「這不是你所想像的」、「這不代表著什麼」或「這不能算是不忠」等，我們就進入了模糊的灰色地帶。劃定犯錯界線及解讀其意義的任務，通常是由感覺遭背叛的人所掌握。可是，感覺受到傷害的人，究竟是否就擁有定義的決定權？

清楚的是，在對當代外遇進行界定時，人們都會關注兩人之間的契約是否遭到違反。外遇不再是一種違背神的罪惡，不再是對家庭聯盟的破壞，不再是血緣的汙染，也不再是資源和遺產的分散等。在今日，背叛的核心涉及了對信任的違背：我們預期伴侶會根據一套雙方的共同假設條件而行事，我們以此作為行為規範。造成背叛的未必是某種特定的性行為或情感行為，而是在於這一行為不屬於雙方的協議之中。這聽來還算言之有理。然而，問題在於，我們多數人都沒有花很多時間明確討論過這些協議。稱之為「協議」，其實還未免有點誇大其詞。

也有某些夫妻一開始就列明彼此的承諾，但其他大多數都是採用嘗試錯誤的方式。婚姻關係如同一塊由未明言的規則和角色所組成的拼布，從兩人第一次約會開始就逐漸縫綴而成。我們設定一個大致的界線，什麼在界線內，什麼在界線外。我該如何，你該如何，我們該如何。我們能否單獨外出，或者做每件事都得在一起？我們的財產是否要合併？每次家庭聚會，我們是不是都必須參加？

既然現在已經結合，我們也得檢討各自的朋友，確定這些朋友是否重要。我們得把舊情人整理一番：我們是否知道他們的近況，是否要談論他們，是否在手機中保留他們的相片，或繼續維持Facebook朋友的關係？尤其是在涉及這些外部聯繫時，我們需要了解能保留多少，而不至於引起對方不滿。「你從未告訴我你還在和大學那位女生聯繫！」「我們已經上床十次，但是你的個人資料還是掛在Hinge約會網站上。」「我了解他是你最好的朋友，你們從幼兒園就相識，但你有必要把我們之間的每一件事都告訴他嗎？」

透過這個方式，我們制訂了彼此的獨立範圍與共同範圍，擬就雙方關係的默認契約。但常見的是，伴侶一方在其內心所歸檔的版本，與另一方的版本往往頗有出入。

同性戀伴侶有時不受到這一規則所限制。他們長期生活在標準社會常態之外，並且努力爭取性別的自主權，因此高度意識到性別禁制的代價，也較不急於自我束縛。他們比較可能公開商討單一伴侶制，而非自動假設應當如此。同樣的，也有為數尚少但正日漸增加的異性配偶嘗試達成共識，採用各種形式的非單一伴侶制，其界線更具滲透性，也更明晰。這並不意味他們在遭背叛時不會痛苦，但是他們對構成背叛的定義會比較接近。

可是，對於現代的愛情完美主義者，要清楚說明單一伴侶制這一行為本身，似乎就等於在質疑對方的獨特性，這是浪漫情懷的核心假設。我們深信一旦找到「夢中情人」，就不會再需要他人、渴望他人或吸引他人。正因如此，我們的房屋租賃協議書才會遠比婚姻關係協議書更為詳盡。對許多夫妻而言，他們的討論基本上只限於這兩句：「我抓到你了，你跑不掉了！」

新的定義

我認為，外遇行為至少應包含以下三個構成要素中的一個或以上：祕密性、情慾效應、親密情感。[7]在我進一步說明之前，必須先強調，這三個條件並非死板不變，而是應當視為一個三棱鏡，用以觀察你自身的經驗和假設。然而，擴大外遇定義並不是陷入道德相對主義中，要知道並非所有外遇都是平等。歸根結柢，這些課題都涉及私人情況，而且含有價值取向。我的目的是為你提供一個架構，讓你藉此理解你的自身處境，並與你所愛之人深入溝通。

祕密性是外遇的組織原則。婚外情必然是隱藏在基本婚姻關係的暗影之中，祈求永遠不被識破。祕密性正是強化性慾能量的因素。新聞工作者茱麗亞．凱勒（Julia Keller）曾寫道，「性愛加上藉口，就是一杯美味的雞尾酒。」[8]我們從小就都了解，躲藏和保有祕密令人快樂。這些行為讓我們感到具有力量，不再軟弱，而且更為自由。但這種陰暗的歡愉在成人世界卻不受讚賞。安琪拉（Angela）告訴我，「我一向個性是直腸直肚，不加掩飾。」她是一位愛爾蘭裔的美籍法律助理，為人一絲不苟，她和客戶發生婚外情後，覺察到自己滿享受這種偷偷摸摸的感覺。「我竟然能夠完全違反我過去長期抱持的價值觀而做出這種行為，這既令我困惑，也令我興奮。有一回我和姐姐交談，她說了一大串出軌者過錯多多的話，我心裡卻在為我的祕密而偷笑。她並不知道眼前就有這麼一位『壞傢伙』。」

馬克（Max）描述這種混雜著愧疚與欣喜的波動心情時，也承認說，「這一刻我覺得自己是個人渣，下一刻又覺得我碰觸到了某些生命的本質，並希望再感受一次。」他四十七歲，是個慈愛的父親，有三個孩子，其中一個患有大腦性麻痹。他堅決保持沉默，「我從未告訴妻子我曾從另一個女人身上找到生命的力量，我並不後悔這麼做。我必須繼續沉默，此外別無他法！那段婚外情已經過去，但這個祕密依然鮮明存在。」

祕密性之所以具有如此強大力量，原因之一在於它有如一個讓自身展現自主權和控制權的出口。這是我經常聽到的重點，多數由女性提出，偶爾也有一些基於各種原因而缺乏力量的男性會這麼說。塔雷爾（Tarell）解釋道，「在白人為主的學術圈中，我身為黑人，必須謹言慎行，我這樣的人並無太多周旋的餘地。」他告訴我，婚外情是一個讓他得以掌控規則的空間，我對此說法並不意外。他與情人調情時，最喜歡說的就是：「你無法隨時隨地都控制我。」

外遇存在著危險，也充滿大膽犯禁的叛逆能量。由於不知下一次約會是在何時，我們因此感到興奮和期待。出軌之愛存在於一個自成一體的空間裡，與世界其餘部分完全隔離。婚外情在我們人生的邊界茁壯成長，只要不暴露在陽光之下，其魔咒就不會消失。

然而，祕密並非都是有趣好玩，即使對保有祕密的人也是如此。出軌行為的主要難處，在於它會導致說謊、拒絕、瞞騙及複雜的策略。生活如果表裡不一，會帶來孤獨，久而久之則引起腐蝕內心的羞恥感和自我憎恨感。當我問梅蘭妮（Melanie），什麼原因促使她現在決定結束六年的婚外情，她回答，「只要我還心存愧疚，我還能認為自己是個好人，只不過是做了些壞事。可是當我不再愧疚時，我就失去了對自己的尊重。我就純粹只是壞人一個。」

祕密曝光時，受欺騙的伴侶會遭受巨大傷害。對許多人（尤其在美國），最深的傷害是來自伴侶無窮無盡的掩飾行為。我聽過太多人這麼說，「重點不是他出軌，而是他欺騙我！」可是，在某些地區人們所不苟同的這些掩飾行為，在另一些地區則被稱為「謹慎行事」。在我所聽到的故事中，婚外情總是伴隨著謊言與隱藏。令人感到羞辱和傷害的，其實是出軌者隱藏得不夠好之故。

任何有關外遇的討論，都必須重視其祕密性。然而，我們也應當自問，我們不是也享有隱私權嗎？隱私權的邊界應設在哪裡，而要過了這個邊界才能算是祕密？窺探他人隱私是合法的防範手段嗎？親密感需要完全透明化嗎？

至於情慾效應這一項，我選擇用這個詞彙而不用「性愛」，是因為我希望表達某種情慾的定義，這個定義應該超越克林頓那種狹隘的性行為戲碼，且應當包含對情慾思維、身體與能量的更廣泛理解。我用情慾效應這個詞彙時，是要釐清婚外情有時涉及性愛，有時則沒有，但裡頭必然含有情慾成分。正如馬塞爾・普魯斯特（Marcel Proust）所說，引起愛情的是我們的幻想，而不是別人[9]。情慾是指，即使我們想像與人接吻，也會得到就如幾小時實際做愛那般強烈而興奮的感覺。我想起莎梅因（Charmaine），一位五十一歲的牙買加婦女，笑容很有感染力。她和年輕同事羅伊（Roy）常一同午餐，並且戀戀不捨。她堅持說，他們之間情感密切，並無損於她的婚姻誓言。「我們不曾做愛，甚至不曾碰觸對方，我們只是交談。這怎能算是不忠呢？」但我們都知道，抗拒慾念本身也可能與實際做愛同樣充滿情慾。慾望是根植於缺乏與渴望之中。我追問時，她勉強承認，「我的情慾從未如此高昂，他雖然沒實際碰觸我，但感覺卻彷如他在撫摸我一般。」莎梅因所說的，不就是一種情慾效應嗎？清白的午餐也可能充滿慾望，即使莎梅因僅僅是「純約會」[10]，在此借用雪兒・史翠德（Cheryl Strayed）的用語。

「沒事發生！」這是性愛寫實主義者常用來反駁的話。達斯汀（Dustin）在同事愛比（Abby）的生日會上喝多了，就接受邀請，在她家過夜。第二天他的女友麗亞（Leah）追問時，他就老是重複這句話。「沒錯，如果你真想知道，我就告訴你，我們是有睡在同一張床上，但我要說的是，沒事發生。」我心想，什麼情況才算是「有事發生」呢？這時的麗亞，也為某些疑問而心煩，比如他們是否赤裸？她是否睡在他臂彎中？他有沒有用鼻子碰觸她的臉龐？他是否勃起？是否真的沒事發生？

這些故事提出一個關鍵要點，就是許多婚外情比較不著重性愛，而是著重於渴望：渴望得到別人的渴望、渴望覺得特別、渴望被看見和連接、渴望吸引注意力。這些都會引起情慾的顫慄，讓我們感覺有生機、有活力、有能量。這是關乎力量多於關乎行為，是關乎魔法多於關乎性愛。

近年冒起一個新詞彙：「精神婚外戀」，這是今日外遇詞彙中最流行的一個，一般上用於形容背叛行為並不涉及實際性愛，但卻含有原本應當保留給伴侶的不當親密情感，並導致基本夫妻關係變得淺淡。

我覺得這個概念有兩個問題。第一，它主張的觀點是性器官接觸才算是性愛，這也是莎梅因和達斯汀所堅持的。許多「精神婚外戀」都充滿性張力，無論性器官是否接觸，對這種行為採用新標籤似乎是一種情慾簡化主義。

某些時候，「精神婚外戀」也用於真誠的及柏拉圖式但卻被視為「過於親近」的關係。由於現代男女的婚姻結合，是基於親密情感和全然誠實的理念，因此當我們將內心完全對另一個人透露時，感覺就像是一種背叛。我們的浪漫愛情模式，是期望伴侶成為我們的主要情感夥伴，是我們分享內心深處的夢想、悔恨及焦慮的唯一人選。

在此，我們開始涉足於一個未曾探索的領域。精神婚外戀並未發生在上一代人當中，因為他們的婚姻觀念並非建立於情感專屬性的觀念之上，而這種情感專屬性在今天許多地區依然不存在。我擔憂的是這種觀念會受到誤導。事實上，如果伴侶能夠向他人抒發內心，或者擁有多個聯繫情感的管道，往往能夠強化婚姻關係。如果我們將所有內在的親密情感只向一個人傾吐，反而有可能導致關係變得脆弱。

只要嘗試分析精神婚外戀，事情很快就如攪渾的水一般變得模糊不清。一方面，內心情感的聯繫往往被用來作為幽會的藉口。每當女性申訴說，她的伴侶沉迷於與新「朋友」聯絡，整天都在用Snapchat、傳簡訊、為她編歌單，我能同情她的不滿，不過也會對她說，困擾她的並非只是情緒問題，也包括性的問題。另一方面，與他人的深入情感交流，也是內心感受和需要的合理出口，這不是婚姻所能完全做到的。與案主面談時，我經常都得在這方面小心翼翼。由於這一行為含有背叛性，也難怪大家都對外遇採取最狹義的觀點，就是嚴禁性愛。

即使發生性行為，出軌者的防衛系統依然超級敏捷，善於尋找漏洞。人們會想盡方法把性意涵從性行為中剔除。我的同行法蘭西卡．讓蒂耶（Francesca Gentille）針對「這不算是性愛，因為……」這半個句子，收集了一組極富想像力的說法，作為其下半句。

「……我不知道她的名字。」

「……我們都沒有高潮。」

「……我喝醉了。」

「……我並不享受。」

「……我記不起細節。」

「……我通常都不會與這一性別的人發生關係。」

「……沒別人看見。」

「……我們穿著衣服。」

「……我們的衣服沒完全脫光。」

「……我們一隻腳還在地上。」[11]

這些都是現實世界中的遁詞，至於網路世界的花樣就更多了。虛擬性愛是否是真實的？你在螢幕上觀看一個赤裸的屁股時，你是還在自己的想像中隨意漫遊，抑或你已經走進背叛的危險地帶？多數人會認為，只要涉及雙方互動，就是走上不歸之路，比如所觀賞的不是色情影星，而是網路攝影機中的真實女性，或者所看的裸照不是Tumblr帳戶中的陌生人，而是由真實男性傳到她手機之中。然而虛擬實境又該如何理解？算是真實還是幻想？這些都是重要問題，而目前並無明確答案，需要在我們的文化中作出解答。正如哲學家班澤夫（Aaron Ben-Ze'ev）所述，「從被動的幻想實境轉向網路世界中的虛擬實境，其激烈程度遠遠超越從相片轉向電影的情況。」[12]是真實還是幻想？這個問題尚有可議論之處，然而其牽涉情慾效應則是毋庸置疑。

即使我們同意擴大範圍，以容納更多的性愛表達方式，我們還是得爭論這些方式的意義和所屬位置。這些討論最終難免會扯到一個棘手問題，就是我們情慾自由的本性。我們是否認為伴侶的情慾本性應該完全屬於我們？我說的包括思想、幻想、夢境、回憶、心動、吸引力、還有自我的歡愉。這些情慾的層面是私人的，是我們自主本性的一部分，只存在於內心的祕密花園之中。然而，有些人卻認為一切跟性有關的內涵都必須與伴侶分享。發現伴侶自慰，或者依然思念舊情人，就等同於背叛。從這個角度視之，任何情慾的表達方式，無論真實或想像，都是一種違抗的行為。但是，從另一個角度看，若能為私人性質的情慾提供某個程度的空間，可視為對個人隱私與自主性的尊重，也是一種親密感的象徵。在我為配偶提供服務這許多年來，我觀察到能夠成功維持情慾樂趣不減的，都是能夠接受兩人之間的情慾神祕性的配偶。即使他們是合法夫妻，他們也了解彼此並不掌控對方的情慾。而且，正是由於對方這種難以捉摸的感覺，促使他們繼續共同探索彼此的情慾。

所有配偶都應該商討彼此在情慾方面的獨立性，這是商討雙方各自的個體性與結合性時亦應涉及的內容。我們在保護自身免受伴侶背叛時，會要求知情、掌控和透明度，也因此冒著危險，可能無意中消滅這個為維持兩人之間的渴望而必須維護的空間。這空間是必要的，正如火需要空氣一般。

親密情感是外遇的第三個元素。多數婚外情都涉及情感投入，只是程度不同。其中，投入最深者表現出真摯的愛情，他們會感受到其情感是不可或缺的一部分。「我自認知道何謂愛情，但卻從未有過如此的體驗。」這是當事人常見的說法。在這狀態下的人們，會跟我談論愛情、超越感、緣分、神性的介入等：一切都是如此純淨，絕對不能錯過，因為「抗拒這種感覺就是對自我的背叛」。對於碰上這類卓絕愛情故事的人，用「婚外情」來形容其際遇並不妥當，因為這無法正確體現其經驗中的情感深度。「如果你稱之為不忠，你只是在褻瀆它。」魯多（Ludo）說，「因為她曾經歷過類似情況，曼蒂（Mandy）是第一個能夠讓我坦言父親虐待行為的人。是的，我和她有性關係，但我們之間的關係遠遠不止如此。」

這些婚外情故事，都有不同程度的親密情感。在較淺的一端，包括各種一時放縱的人，屬於娛樂、匿名、虛擬或付費等各種性質。這類情況中，當事人會堅持他們的犯禁行為並不涉及情感，有些甚至聲稱由於不含情感，所以也不構成背叛。蓋伊（Guy）說，「只要我付錢給那女孩，她就會離開！重點是她並非為了愛情，因此這不會影響我的婚姻。」他們常見的說法是，「這不意味著什麼！」但是，性關係真的可能只涉及性嗎？偶然的性關係可能不含任何情感，但是它之所以會發生，卻可能蘊涵深刻意義。

弔詭的是，某些人（比如蓋伊）會盡量降低其情感的投入，藉此減輕其罪過（「這不意味著什麼！」），而另一些人（比如莎梅因）為了同樣目的，卻會盡量強調兩人關係中的情感特點（「沒事發生！」）。

我們已經用了不少筆墨來嘗試判斷何者之惡為大：是被偷走的真愛，還是被禁抑的性愛？對此，人人的反應各不相同。有些人不會在乎對他人的情感聯繫，只要眼看手勿動就沒問題；另一些人則認為性愛沒什麼大不了，可任由對方逢場作戲，只要不涉及情感就行。他們稱之為「精神上的單一伴侶制」。但對多數人而言，性愛與情感是糾纏不清的。你可以擁有豐富的性愛與情感，或較多的性愛，或較多的情感，但在出軌者的世界裡，這兩者通常都是並存的。

說了這麼多，我要鼓勵你思考一番，外遇對你究竟具有什麼意義，而你對此有何感受，同時也向伴侶直接詢問外遇對她的意義。

故事隨著角色而改變

有時，我們定義外遇；有時，外遇定義我們。我們也許難免覺得，外遇三角形中的角色應該是固定不變的：遭背叛的伴侶、出軌者和情人。但在現實中，我們會覺察到自己身兼多個角色，因此我們對這三者的定義，也會隨著我們的所作所為及處境而轉變。

希瑟（Heather）是紐約的一位專業人士，剛過了生育能力的顛峰，她依然希望能尋獲幸福的家庭生活。兩年前，她告訴我她與未婚夫弗雷（Fred）分手的原因，因為她發現他的電腦中有一個文件夾，裡頭都是一些反常性行為的伴遊要求及排期約會。她因此感覺遭受背叛，更難過的是他對她已失去興趣。她渴望獲得充滿情慾的夫妻關係，但是他卻把性慾消耗在其他地方，回家時卻顯得興致缺缺。治療師告訴他們，弗雷需要成長，只要給他四到五年，他會成為一個好伴侶。她說，「我想了想，我在三十七到四十歲這段時間想做什麼，我想絕對不是照顧弗雷長大成人。」

去年夏天，她在波士頓往紐約的火車上認識了一位新男友瑞安（Ryan）。他們一見鍾情，兩人心照不宣。他直截了當說明他的處境，「我結婚十三年，有兩個孩子，我正打算離婚。」瑞安和妻子薇拉（Vera）都同意結束婚姻，但是他們卻慢條斯理，詳細考慮何時才將這個決定告訴孩子，是在夏令營的家庭週末上說，還是等到孩子回去上學之後才說。

我心中尋思，希瑟不久之前還在覺得遭到背叛。她是否知道，她現在卻正是在和有婦之夫搞婚外情？她說，「我絕對不要有婚外情，但這次並不算是婚外情。瑞安的婚姻在法律上雖然還未結束，但在所有其他方面卻都完結了。」

我稍微戳她一下，「可是你並未對他說，先回家把事情辦完，然後才回來找我。」

她迅速防衛，「可是婚姻什麼時候才算真正結束？是從兩人分房睡開始？是從大家對家人朋友公開宣布時開始？還是從你向法院提出離婚申請開始？這是一個漫長的過程，我不知道何時才算是適當的時機。」我很高興看到希瑟容光煥發的樣子，我也注意到她對外遇的觀點頗能隨機應變，因為她現在是置身於事件的另一端。

幾週之後，她的光彩消失了。她告訴我，她和瑞安祕密約會兩個月之後，終於有機會共度一整個週末，這是她人生中最快樂的日子之一。但是，幾天後希瑟卻震驚不已，因為瑞安打電話告訴她，薇拉已經知道一切，包括希瑟的名字，因為他把平板電腦放在床頭櫃上。

薇拉不再理會他們本來慢慢商量的離婚過程。她馬上把孩子帶走，讓瑞安自己去跟父母和朋友解釋。只是一個小動作，就導致兩人剛剛綻放的浪漫愛情變成難以收拾的局面。每個人都牽涉其中，每一個人的命運都出現轉變。

對薇拉而言，時機並非重點，原本是「我們的感情逐漸消失」變成了「他對我不忠」；對瑞安而言，他原本是「我只想辨好這件事，不要傷害任何人」卻變成了「我現在該怎麼向孩子和父母解釋？」；而希瑟則成了這家人致命一擊的導火線。希瑟過去遭弗雷背叛，因此她絕對難以想像她會成為關係中的第三者。她一向對夫妻關係中的不忠者抱有強烈反感，對第三者更是不能苟同。她不是喜歡擄獲男人，她自認為重視女性之間的情感，女性之間應該互相支援。可是她現在卻正是置身於這個她以前所藐視的處境。只要一想到薇拉逐條閱讀他們之間歡悅的電郵，她就感到心頭一陣冰冷。

這不是我第一次聽到這種角色對換的故事，審判者突然變成了辯護者。外遇事件就如人生的其他多數遭遇，當事人都會陷於社會心理學家所說的「基本歸因謬誤」中。如果你出軌，是因為你自私、軟弱、不可信賴；但如果是我出軌，那是因為我的處境所致。我們自己犯錯時，會專注於用外在情境來開脫，別人犯錯時，我們則怪罪於他的個性。

我們對外遇的定義，與我們告訴自己的故事是不可分離的，而且還會隨著時間而演變。初生戀情都是充滿渴望，總是能衝破局限，閃避障礙。當瑞安告訴希瑟，他和妻子不再同床時，她自然就認為他是離婚多過結婚了，而她本身則是清白的。衰敗的愛情則缺少情義，並認為每個行為都是動機不良。薇拉現在可能已經認定瑞安從未顧慮她的感受，而且可能已經出軌很久。

希瑟那過於樂觀的愛情則深受打擊。她曾經幻想懷了瑞安的孩子，並牽著瑞安與前妻所生的可愛孩子，大家一同前去探望他的父母。但是現在，她卻必須以情婦的羞愧身分去見他們。對孩子來說，她將永遠是導致父親對母親不忠的第三者。儘管希瑟本意良善，但卻染上汙點。

她對我說，「這條路也許艱難，但我會克服挑戰。」幸好隨著時間過去，她的堅持也得到了回報。現在，她與瑞安已經結婚。明年夏天，他們將迎來第一個孩子。我心想，她現在會如何給外遇下定義呢？

第三章

婚外情今非昔比

愛情是理想之物，婚姻是真實之物，將理想與真實混淆，必受懲戒。

——歌德

瑪利亞（Maria）在她先生達夫（Duff）的軍裝口袋中找到一張情書時，她只是隨手丟掉，也不曾提起這事。那是一九六四年。「我可以做什麼？我可以去哪裡？誰會收容有四個孩子的女人？」她向母親傾訴時，母親也同意她的做法。「孩子還很小，婚姻還很長。別為了自尊心而變得一無所有。」此外，她們也認為，男人就是會做這事。

來到一九八四年，這回是瑪利亞的長女希維亞（Silvia）面對婚姻問題。她在丈夫克拉克（Clark）的美國運通信用卡帳單上發現有幾筆買花的開支，但這些花顯然不是送給她，因此發現丈夫的外遇。她告訴母親瑪利亞時，瑪利亞表示同情，也高興女兒無需遭受她過去所忍受的命運，「男人永不悔改，你沒孩子，也有一份工作，就收拾衣物搬出來吧。」

兩年後，希維亞再次戀愛結婚，並（在時間適當時）生育了一對雙胞胎：米雪（Michelle）和查克（Zac）。她所享有的各種自由，比如一份優越的工作，可選擇是否生育及何時生育，離婚時不感到恥辱，並且還能再婚等，這都是她母親那一代人所難以想像的。即使時至今日，世界許多地區的女性也依然無法享有。然而在西方，過去半個世紀來，婚姻已經歷了巨大變化，並且還在繼續轉變。當希維亞的兒子查克成年之後，他可以選擇與男朋友合法結婚。而他也發現伴侶對他不忠，這次的證據就在Grindr約會網站的一個祕密簡歷中。

人們常問，外遇在今天為何如此緊要？為何傷害如此之深？它是如何成為離婚的首要原因之一？我們必須回到歷史中，了解過去幾個世紀來，愛情、性愛與婚姻出現的轉變，才能對現代外遇行為進行充分探討。歷史與文化，必然對人們的家庭生活起著深刻影響。尤其是個人主義抬頭，消費文化興起，以及追求幸福的觀點，都大大改變了婚姻及其如影隨形的私通行為。婚外情已經不同於往昔，因為婚姻也已經不同於往昔。

舊日生活

好幾千年以來，婚姻並不太涉及兩人相愛的結合，而是更偏重於兩個家庭為確保其經濟延續和社會凝聚而建立的一項策略夥伴關係。這是一項務實的安排，對子女並無過多浪漫情懷的寄託，夫妻期望的只是能夠生育下一代。我們履行婚姻的責任，以換取更重要的安全感和歸屬感。愛情不是沒有，但並非重點。況且愛情的力量是如此薄弱，不足以支撐這個沉重的制度。人類的心中都蘊含感情之火，但如何燃燒卻與婚姻關係無關。史提芬妮·庫茲（Stephanie Coontz）在《婚姻的歷史》一書中提出一個有趣的觀點，她認為當婚姻制度主要是一種經濟聯盟時，私通行為就成為愛情的居所。她說，「多數社會都有浪漫婚外戀，它包含了性愛、痴迷和對伴侶的浪漫想像。但這些情感在婚姻中通常都被視為不恰當的……因為婚姻是政治、經濟和以利益為先的事件……真愛只有在婚姻之外才可能存在。」[13]

傳統婚姻按明確規定的性別角色和勞動分工給予清楚的授權，只要雙方按本分做事，就是一對好夫妻。「他勤勞工作、不喝酒、供養我們。」「她善於烹飪，生育許多孩子，勤於打理家務。」在這個制度裡，性別的不平等是銘刻在法律中，也深藏在文化基因中。女性結婚後，等於放棄了個人權利和財產，事實上，她們本身也成了別人的財產。

值得注意的是，對婚姻的忠貞與單一伴侶制過去都不曾涉及愛情，這是到了近期才出現的轉變。這是父權制的一種主要手段，強加在女性身上，以維持家庭譜系及確保家產順利遺留後人。就是說，這是為了確定誰是我的孩子，我的牛群應該遺留給誰（或羊群、或駱駝群）。懷孕可以確立母親身分，但是由於缺乏檢驗方法，當某位父親的唯一兒子兼繼承人是金色頭髮，但整個家族卻沒有一個淺色頭髮者，這必然讓他終生痛苦不堪。新娘的童貞和妻子的忠貞，對保護其自尊和血緣都極為關鍵。

女性尋求婚外情是極具風險的，其結局可能是懷孕、受到公開羞辱、或死亡。與此同時，在多數文化中，男性卻被默許自由發展婚外情，而無需負擔嚴重後果，並且得到各種有關男性氣概的理論所支持，將他們到處尋歡的行為合理化。這種雙重標準就跟私通行為一樣古老。

「我愛你。我們結婚吧。」大部分歷史中，這兩個句子一向並無關聯。浪漫主義改變了這一切。在十八世紀末期與十九世紀初期，隨著工業革命帶來的社會巨變，婚姻也獲得新的定義。它逐漸從一個經濟行為演變為情感行為，成為兩個人自由選擇的結合，不是基於責任與義務，而是基於愛情。人們從鄉村逐漸移居城市之後，生活更自由了，但也更孤單了，個人主義開始席捲西方文明。選擇伴侶時注入了浪漫情懷，是因為我們需要它來對抗現代生活與日俱增的孤寂感。

儘管發生了這些變化，某些社會現實卻一直保留到二十世紀中期。婚姻依然是以延續一生為其目標；女性在經濟上和法律上必須依賴丈夫；由宗教來定義道德並掌控婚姻行為；離婚行為極罕見，並會帶來巨大的羞恥感及遭人排斥。總而言之，忠貞行為是不可或缺的，至少對女性來說是如此。

身為五十年代的婦女，瑪利亞十分了解她的選擇有限。在她成長的環境中，早餐只有四種穀類食品可選，電視節目只有三臺，也只認識兩個可考慮婚嫁的男人。她在選擇伴侶方面有點發言權，這還是一種新現象。即使到了今天，全球還有超過百分之五十的婚姻是屬於包辦性質[14]。

瑪利亞雖然愛她丈夫達夫，但性行為主要還是為了生育。她說，「我六年裡生了四個孩子，坦白說，我已經累了。」她偶爾也盡妻子的責任與丈夫行房，但並未感受到歡愉。她形容丈夫達夫是「一個正派、慷慨的男人」，但他從未想過對女性身體的奧祕進行探索，也沒人告訴他應該這麼做。然而，無論是他們之間了無生氣的性關係，或他後來在外尋求的補償行為，都不是離婚的理由。

達夫那一代的男人是默許可從婚外情中彌補婚姻的不滿足，但瑪利亞這類女性卻只允許在自身的婚姻中找尋快樂。對於達夫和瑪利亞那一代人，婚姻是一項終生契約。他們在婚禮之後，無論生活變得更好還是更壞，都必然是要一生相守，至死方休。對於面對痛苦婚姻的人，可告慰的是在那個時代，死亡比今天來得早多了。

每次只與一人交往

希維亞並未等到死亡才與丈夫分手，她的第一次婚姻在愛情死去之後就結束了。她出生於嬰兒潮時代，在舊金山成長，在她成年時，正逢文化思潮的轉捩點，伴侶關係大為改變，舊日面貌已經不復存在。女性主義、避孕藥物、墮胎權利等，都賦予女性更多力量以控制她們的愛情和人生。此外也多虧了無過失離婚法，在一九六九年首先在加利福尼亞州通過，其他州之後亦陸續追隨，因此女性在面臨不美滿的婚姻時，終於有了選擇離開的權利。既然女性有權離開，那麼要她們願意留在婚姻關係中，就需要更好的理由了。故此，婚姻品質的標準，也就大幅度提高了。

希維亞離婚後，將事業放在首位，在當時依然由男性主導的銀行業中努力尋求晉升。她曾與幾名男子約會，但都是些「沉悶的銀行家和客戶經理，就如我的第一任丈夫。」直到她遇見小提琴製作師兼音樂老師傑森（Jason），才再次覺得也許應該再給愛神一個機會。

我們某次交談時，我問希維亞，她是否贊同單一伴侶制。她望著我，驚訝的說，「當然呀，我和所有男友及兩任丈夫在一起時，都沒同時與其他人交往。」她是否有覺察到，她隨意說出口的字眼，其實就隱含了文化的變遷？

單一伴侶制的意思，在過去是指終生只與一人為侶。現在，單一伴侶制則變成是指在任何時刻只與一人交往。

對於第二任丈夫，希維亞要求他們在廚房和臥房中，都必須保持平等。傑森非常擅長掃地，足以讓希維亞對他愛慕有加，他也非常了解她的需要。希維亞這一代人，並沒受困於兩性的固有角色，而是以靈活的勞動分工、個人成就、相互的性吸引力及親密感來維繫兩人之間的感情。

首先，我們讓婚姻中有了愛情，然後我們讓愛情中有了性愛，然後我們將婚姻的幸福與性愛的滿足感掛鉤。為了生育的性愛被為了歡愉的性愛所取代。在婚前性行為成為常態之後，婚姻中的性行為也經歷了本身的一場小革命，從原本是女性的婚姻責任，演變為兩人尋求歡愉及連結的途徑。

現代愛情

今天，我們正置身於一項巨大的實驗當中。有史以來第一次，我們想與配偶發生性行為，並不是因為我們需要六個孩子在農地裡工作（這種情況我們需要生八個，因為至少兩個可能早夭），也不是因為這是指定的任務。非也非也，我們想要性行為，只是因為我們「想要」。我們的性行為，是根植於渴望，是我們擁有自由選擇權的自主表達，更是自我意識的表達。今天，我們想要有性行為，因為我們有這般心情，我們想要做這回事。希望是和自己伴侶共同進行，最好是在同一個時間，最理想是數十年永不厭倦，激情歷久彌新。

安東尼・吉本斯（Anthony Giddens）在《親密感的轉變》一書中解釋說，當性愛與生育脫鉤時，就不再是一種生理上的特點，而是成為我們身分認同的標誌。我們的性慾已經社會化，脫離自然世界，成為了「自我的財產」，我們此後一生將不斷對它一再重新定義[15]。這是為了表達「我們是什麼」，而不只是「我們在做什麼」。在我們這個國家，性愛是一種人權，牽涉到我們的個體性、人身自由、以及自我實現。我們相信，性愛的極樂是我們理所應得的，並且成為了親密感的新概念的重要支柱。

親密感是現代婚姻的核心，這是毋庸置疑的。情感的親近，已經從原本作為長期關係的附屬品，演變為不可缺少的部分。在傳統世界中，親密感是指一種每天分擔著變化無常的生活（農地勞作、養育孩子、天氣造成的損失、疾病和窮困）而建立的合作夥伴一般的情感。至於友情，男人和女人更可能從同性朋友中尋找，大家相互依靠。男性會在工作上和啤酒桌上結交朋友，女性則在養兒育女和借點麵粉等行為中建立友誼。

現代世界則是在不斷移動，越轉越快。許多家庭的成員都各自分散，兄弟姐妹分別定居世界各地，我們為了新工作而離開家鄉，比為植物換個花盆更為輕易。我們擁有數以百計的虛擬「朋友」，但卻沒有一個能夠幫我們餵貓。我們比祖父母更自由，但也更少聯繫。我們渴望有一個安全的港口，但哪裡才是我們停泊之處？在這個日益零落分散的人生中，婚姻的親密感就成為了這種自主性的解藥。

正如我的同行塔美．尼爾森（Tammy Nelson）常說的，親密感就是一種「看見我內心」

（into-me-see，譯註：與親密感的英文Intimacy諧音）。我要跟你交談，我的愛人，我要跟你分享我所擁有的最珍貴事物，這不再是指我的嫁妝或是孩子，而是指我的希望、理想、恐懼、渴望、我的所有感受，換句話說，就是我的內心世界。而你，我的愛人，請給我關注的眼神，在我袒露心靈時，請別東張西望。我需要你的同理心和認可，我的價值有賴於此。

婚戒統治一切

我們對婚姻的期望，過去從未有過如此波瀾壯闊的局面。我們依然想要得到傳統婚姻所能提供的一切，包括安全感、子女、財產及體面的生活，但是現在我們還需要伴侶愛我們、渴求我們、關注我們。我們應當是最好的朋友，最可信賴的知己，也是最深情的戀人。人類的想像力，幻化出一個新的天堂：這裡的愛情永無條件，親密感令人著迷，性愛如此激昂，如此長久，始終只與一人相守。這樣的日子綿綿無絕期。

小小的婚戒含義深遠，但許多都是相互抵觸。我們要求所選伴侶能給予穩定性、安全性、可預測性、可依賴性，也就是所有能使生活穩固的經驗。我們也要求同一人給予我們尊敬感、神祕感、歷險感和刺激感。我要舒適感，也要緊張感；我要熟悉感，也要新奇感；我要延續感，也要驚喜感。今日的伴侶，希望把一向分散各處的渴望，匯集到同一個屋簷之下。

在我們這個世俗化的社會裡，正如榮格學派分析師羅柏．約翰遜（Robert Johnson）所寫，浪漫婚外戀已經成為「西方人心靈中最為巨大的單一能量系統」。在我們的文化中，它已經取代宗教，成為男性和女性尋求意義、超越性、整體性和狂喜的領域。在我們尋找心靈伴侶時，我們混淆了伴侶的精神性與關係性，把兩者視為一體。我們世俗愛情中所渴望體驗的這種完美感覺，過去是只有在神的懷抱中才可尋獲的。現在我們對伴侶注入了神的屬性，並期待他或她能將我們從平凡狀態提升到崇高狀態，我們所創造的是一個如約翰遜所形容那般，「兩個神聖愛人之間不神聖的混亂狀態」[16]，也因此無可避免地招致失望。

我們不只提出無窮盡的要求，在此之外，我們甚至還祈求得到幸福。這本來是離開人世之後才能得到的東西。我們將天堂帶到人間，讓所有人都可享有，只是現在幸福不再是一種追求，而是一種必要。我們想獨自求索的東西，在過去是整個村子才有能力提供的，而且我們的壽命還是以前的兩倍之多。對於這個只有兩人的小組來說，此一任務未免過於艱鉅。

在那麼多的婚禮中，過分樂觀的夢想者許下一連串誓言，堅定表示要以各種身分善待對方，包括心靈伴侶、情人、教師、治療師等，林林總總都有。新郎說，「我保證將成為你最忠心的粉絲和最嚴厲的對手，你犯錯時的夥伴，你失望時的慰藉。」語氣顯得有些顫抖。

新娘則一邊掉淚，一邊回應道，「我保證將對你忠實，尊重，並自我提升，我願慶祝你的成就，也願在你失敗時加倍愛你。」她微笑地補充，「我保證絕對不穿高跟鞋，讓你不會覺得自己太矮。」他們的宣言都是出自內心的真言。然而，這未免太鋪張了。他們的誓言堆得越高，我就越擔心他們能否按此清單順利度過蜜月期。（當然，現在的新婚夫妻在沒被沖昏頭腦的時刻，也十分了解婚姻的脆弱性，因此在許下詩篇一般的誓言之前，他們也會先簽下散文式的婚前協議書。）

我們在婚姻的概念之中，加入了所有原本應該在婚姻以外尋求的事物，包括浪漫愛情的仰慕眼神，雙方共同放棄無節制的性愛，以及自由與承諾的完美平衡。這是個幸福無憂的婚姻關係，我們哪裡還需要出軌呢？忠貞的夫妻關係演變至此，使我們相信外遇不應該會再發生，因為所有外遇的理由都已經消除。

可是，外遇沒有消失。儘管我們這些無可救藥的浪漫主義者如何抵死否認都好，但基於吸引力和愛情而建立的婚姻，通常要比基於物質動機而建立的婚姻更為脆弱（雖然這並不意味著婚姻穩定的老年夫妻會更快樂）。因為在面對變幻莫測的人性與背叛的暗影時，這類婚姻更容易碎裂。

我所輔導的男性和女性，都比以往年代的人為愛與幸福付出更多，但在命運出現殘酷轉折時，他們認為幸福生活理所應得的想法，卻正成為今日外遇與離婚急遽增長的背後原因。過去人們出軌，是由於婚姻不應提供愛與激情；現在人們出軌，是由於婚姻承諾要提供愛、激情和專注的關懷，但是卻無法做到。

每一天，在我的診室內，我都見到現代理想婚姻的消費者。他們買下產品，帶回家之後，卻發現產品少了幾個零件。於是，他們把產品拿到修理店，希望能修好，讓它恢復就像包裝盒上所展示的圖樣。他們把理想的夫妻關係視為先決條件，包括他們想要得到的和理應得到的，如果浪漫的理想與不浪漫的現實不相符時，他們就感到困擾。這種烏托邦願景，最終只是導致對婚姻幻滅的群體人數大增，而這毫不令人意外。

浪漫消費主義

「我的需要並未得到滿足」、「這場婚姻對我已經沒有價值」、「這不是當初我所要求的」，這些是我在輔導過程中常聽到的怨言。根據心理學家兼作家威廉・多爾第（William Doherty）的觀察，這類說法是採用消費主義的價值觀來看待我們的浪漫情感，「個人收益、低價格、應得權益、對賭注作出對沖」。他寫道，「我們依然相信承諾，但是來自內心與外在的強大聲音卻對我們說，對於婚姻中你認為需要和應得的東西，如果你不堅持到底，你就吃大虧了。」[17]

在我們這個消費社會中，新奇感是其關鍵。物品的淘汰期已經一早預設，這樣才能確保我們會因渴望而將它汰換掉。在這趨勢中，夫妻關係也不容例外。我們身處其中的文化，不斷對我們發出誘惑，承諾給我們更好、更年輕、更優惠的東西。結果，我們離婚不再是因為我們不幸福，而是我們認為我們應當更為幸福。

我們已經認定，想要就能得到以及無限款式任君挑選，這是我們理應享有的特權。以往時代的人都知道，人生必須有所犧牲。「你不一定都能得到你所要的」，這句話半個世紀前還是言之有理。但現在三十五歲以下的人，誰還會有此覺悟？我們頑強地抗拒挫敗感。難怪單一伴侶制的限制會給人帶來恐慌。在一個具有無限選擇的世界裡，我們在一種我的千禧世代朋友稱之為「FOMO」（Fearing of Missing Out，唯恐錯過）的狀態中掙扎求存，FOMO狀態會推動「快樂水車」（Hedonic treadmill），這是指一種永無休止地尋找更好事物的過程。我們一旦獲得所要的東西後，我們的期望與渴求就會提高，結果是我們不會變得更快樂。網站約會文化以無限的可能性誘惑我們，但也同時施加了某種微妙的專制統治。我們持續意識到隨時都可以找到替代者，因此產生不當的比較心態，因而削弱夫妻的承諾，並妨礙我們享受當下的時刻。

夫妻關係就像是西方社會整體變遷的鏡像，從生產型經濟轉變為體驗型經濟。哲學家艾倫．狄波頓（Alain de Botton）寫道，婚姻「從原本是一種習俗轉而變為神聖的情感，從原本是外在認可的一種通過儀式轉而變為對情感狀態的內在主動回應」[18]。對許多人而言，「愛」不再是動詞，而是形容某種熱情、迷戀和渴望的恆常狀態的名詞。夫妻關係的品質，現在已經等同於雙方經驗的品質。如果我們感覺無聊厭倦，即使擁有穩定的家庭、不薄的收入與乖巧的孩子又有什麼用呢？我們希望彼此的關係能啟發我們、轉變我們。這種關係有無價值和持久與否，應該是以它能如何持續滿足我們的渴望作為依歸。

正是所有這些新的特權，促使當代外遇行為獲得發展。並不是我們的渴望和以往不同，而是我們現在覺得我們理所當然（甚至是責無旁貸地）應該主動追求這些渴望。我們現在的基本責任是為了我們自身，即使因此將導致我們所愛的人付出代價。正如潘蜜拉・杜克曼（Pamela Druckerman）所指出，「我們對幸福的超高期望，可能使得我們更容易做出不忠行為。畢竟如果我們要有婚外情才能獲得滿足，那我們不也理應擁有婚外情嗎？」[19]自我及其感受現在占據了核心位置，因此對自古存在的出軌渴望的合理性也就有了新的解讀方式。

下一個世代

說了這許多之後，回頭再看看希維亞的雙胞胎，米雪和查克。他們現在已經年近三十，是典型的千禧世代人。他們生活於其中的文化景觀，是根據他們的父母一代人的價值觀而打造的，其內涵包括個人主義、自我實現、平等主義，他們本身也增添了新重點，就是真實性與透明性。

科技是他們日常生活的重心，多樣化的性愛也是。他們的精力，是運用在各種手機程式上，比如Tinder、Grindr、Hinge、Snapchat和Instagram。

查克和米雪都沒結婚。就像他們的所有朋友一樣。他們在二十幾歲這段年齡用在念書、旅遊、工作及玩樂。他們成長於一個完全開放的性愛土地上，這是前代人所未曾經歷的，這裡有更多的機會，也有更多的曖昧；有更少的限制，且幾乎沒有準則。查克是同性戀者，但是他不曾擁有在所有男人都是與女人結婚的時代裡，偷偷溜進地下同性戀俱樂部的那種經驗。他無需「出櫃」，因為他從來沒有藏起這個身分。他從電影中了解了愛滋病的危險，但他口袋中有安全套能夠保護他。婚姻制度繼續在演變，最新進展是提倡婚姻平權。這時，查克在他任職的律師樓辦公室裡所有同事面前，單膝跪下向他的男友泰奧（Theo）求婚。他們希望有一天能夠組織他們自己的家庭。

米雪是個企業家，她經營一家小型虛擬實境公司，也無需坐在家裡等別人打電話約她。如果她需要有人陪伴，她只需在約會程式上滑一滑，就可達成心願。她夢想有一天會結婚，但是她並不著急。事實上，她已經把卵子送去深凍，因此無需擔憂其生理狀況的轉變。她也有足夠儲蓄，無需依賴他人。「即使我明天就遇見我的白馬王子，我也會至少五年不生育孩子。」她說，「我想和另一個人共同生活，先享受二人世界的滋味，之後才生兒育女。」有些人把這種同居方式稱為夫妻關係的「試用版」。米雪補充說，「況且，如果我沒找到相愛的人，我無需男伴也可以當母親。」性愛、婚姻和生兒育女在以往是不可劃分的整體行為，但現在已非如此。嬰兒潮那一代人把性愛從婚姻與生育中分離出來，他們的孩子則把生育從性愛中分離出來。

米雪的態度在她這一代人當中頗為普遍。「尚未婚嫁」（Knot Yet）計畫的研究人員表示，「在文化上，年輕成人日漸將婚姻視為頂石而非基石。也就是說，他們是在一切事都辦完之後才結婚，而非以結婚為基礎，來開展他們的成人生活和生育孩子。」[20]

米雪認為自己必須情感成熟、事業有成、財務穩定，並且覺得已經準備脫離單身的樂趣時，才會考慮步上紅地毯。到時，她將尋找一位能與她配合的伴侶，他必須能欣賞她細心建立的身分特質並給予她深刻體驗。她的外婆瑪利亞則恰恰相反，婚姻是一個形成的經驗，是她和丈夫共同建造身分特質並邁入成人生活的基石。

米雪精心盤算將婚姻延後這種做法，能否保護她免於遭受瑪利亞所曾經歷的背叛呢？或者背叛行為可能會更容易發生？史威澤（Schwyzer）在《大西洋》雜誌上評論道，「基石」範式已經包含兩人將面對艱難的設想，而「頂石」則不是。年輕結婚的夫妻，已經預期生活需要努力「奮鬥」，並在成功後變得更強大。因此基石模式「比較能夠忍受外遇，因為已承認外遇之難以避免。」反之，他發現「頂石模式的寬恕能力要低許多，因為它假設兩個最終決定結婚的人，應該足夠成熟，能夠自我克制和謹慎誠實……然而，證據顯示，採用頂石模式者若認為他們擁有豐富的婚前經驗，就能對外遇產生免疫能力，他們就未免過於天真。」[21]

愛情的偉大夢想破滅

瑪利亞現在將近八十歲，已經守寡。她下個月將參加孫子的婚禮，也許她會回想起自己的婚姻。查克和泰奧所經歷的婚姻制度，與她和達夫半個多世紀前誓守的制度相比，面貌已經全然不同。

為了趕上新時代的步伐，婚姻出現了巨大轉變，提供史無前例的平權、自由和靈活性。然而，有一件事卻保留下來，大致上未曾改變，那就是外遇。

我們這個社會有越多性行為，出軌行為就越頑強地存在。事實上，正是由於我們在婚前擁有如此多性行為，其在婚後的專屬性已經具有全然不同的新含義。現在，多數人在婚前已經度過多年的性游牧生活，到了結婚之時，大家都已經有過與人交往、約會、同居及分手的經驗。人們過去是在婚後才首次擁有性經驗，可是現在，我們卻是在婚後就停止與他人發生性關係。

我們有意識地選擇約束自身的性自由，證明我們是嚴肅對待婚姻承諾（當然隨著這個極有彈性的制度不斷演變，開始有人把擁有多個性伴侶的規則也納入婚姻之中）。忠貞現在是一種選擇，表達了婚姻的重要性和忠誠性。停止與其他人之間的性關係，等於確認對「重要的另一半」的獨特性。意思就是「我已經找到夢中情人，無需再四處尋覓。」我們對他人的渴望理當奇蹟般消失，被這卓絕愛情的力量所克服。在這個十分容易感到卑微的世界裡（可被裁退、可被取代、滑鼠一按就刪除、解除社媒的朋友關係等），能被別人選中，實在具備前所未有的重要性。單一伴侶制是浪漫理想的聖牛，它確立了我們的獨特性。但外遇行為則說，你其實並非如此獨特，愛的偉大夢想因而破滅。

珍妮絲．亞伯拉罕．史賓格（Janis Abrahms Spring）在她的開創性著作《外遇之後》中，對這種存在的折磨做出有力的解說，她認為外遇行為「所消滅的……是你的信念，包括你和伴侶是為對方而存在，沒人比你更能讓伴侶幸福，你們兩人組成一個基本且無法化約的群體，不可分享，也難以分割。婚外情導致兩個天真的幻想破滅，一是你的婚姻是獨一無二的，二是你是獨特且受到重視的。」[22]

當婚姻是經濟上的安排時，外遇就對我們的經濟安全性造成威脅；今天當婚姻成了浪漫情感的安排時，外遇就對我們的情感安全性造成威脅。

我們這個盛行個人主義的社會，會產生一種怪異的矛盾局面：隨著我們對忠貞行為的要求提高，我們也更容易受不忠貞行為的吸引。由於我們如今在情感上極其依賴伴侶，以致婚外情的摧毀力量也變得巨大無比。可是我們的文化提倡的又是個人的滿足感，以我們應該更快樂的說法來誘惑我們，促使我們對出軌行為更是躍躍欲試。也許正是由於外遇行為更普遍，所以我們對外遇的指責也就更為強烈。

第二部

外遇劫難

THE State OF
Affairs

第四章

萬箭穿心：婚外情為何傷害這麼深

「我以前認為我知道自己是誰，他是誰，可是突然間我無法再認出我們，無論是他還是我……我至今為止的整個人生已經碎裂，就如經歷了地震一般，大地裂開陷落，消失在你的腳下，而你倉皇而逃。你再也無法回頭。」

——西蒙・波娃，《破碎的女人》

「我整個人生彷彿被完全刪除。一下就不見了。我如此悲痛，打了電話到公司請病假，這個星期都沒法上班。我幾乎無法坐起身來，我忘記吃東西，這對我而言原是極為要緊的事。」吉蓮（Gillian）對我說，她五十幾年來都未曾經歷如此的痛苦。「又不是有人死掉，為什麼傷害會這麼深？」

發現伴侶有婚外情，感覺就如開膛剖肚一般痛苦。如果你真要摧毀夫妻關係，把它撕成碎片，婚外情必然有效。它是許多層次的背叛，是欺騙、是拋棄、是拒絕、是羞辱，這些都是愛情保護我們免於承受的痛苦。當你所依靠的人對你說謊，認為不值得給予你基本的尊重，你所生活的世界將天翻地覆。你的生命故事因此碎裂，無法再拼合。你要對方說清楚，「這件事發生多久了？」

八年，吉蓮覺得這個數字像個強力炸藥爆了開來。她感到震驚，「這相當於我們婚姻的三分之一。」她和科斯塔（Costa）結婚二十五年，有兩個長大的孩子。她在一家音樂出版公司擔任內部法律顧問，正處在事業的巔峰。丈夫在希臘的帕羅斯島出生和長大，擁有一家網際網路保全公司，正在設法度過經濟衰退的衝擊。吉蓮剛剛知道，科斯塔的外遇對象是他的市場行銷經理阿曼達（Amanda）。

她承認，「我懷疑過她，也問過他不止一次，但他都完全否認，很有說服力。我也相信了他。」

就在這時，她找到他們過去多年來的電郵和簡訊、Skype帳戶、自拍相片、信用卡收據。「我非常羞愧，也非常愚蠢。我太容易受騙了。他一度還以為我已經知道了，因為怎麼會有那麼笨的人呢？我心裡又震驚、又生氣、又妒忌。憤怒減退之後，就只留下無限悲傷。我難以相信，我的信念完全破滅。我完全失去了方向。」

出軌行為傷人至深。然而，深信愛情的現代人所受到的傷害，要比以往的人更深。事實上，因婚外情而引起的巨大情感漩渦，是如此鋪天蓋地，以致當代許多心理學家都必須引用心理創傷理論來說明其症狀，包括過度思慮、高度警覺、麻木、離解、無法解釋的憤怒和無法控制的驚恐。治療外遇症狀，已經成為心理健康專業中的一個特殊領域（包括我在內），部分原因是這種經驗占據核心位置，夫妻無法控制這場情緒劫難，需要外部介入才有機會度過此危機。

在事件剛發生後的階段，各種感覺都處於混亂狀態，無法井然有序地呈現。我有許多案主描述他們經歷各種矛盾情緒，並不斷在這些情緒之間切換。「我愛你！我恨你！抱緊我！別碰我！馬上給我滾！別離開我！你這個混蛋！你還愛我嗎？幹你的！快幹我！」這些快如閃電的反應都是預期會出現，而且很可能持續一段時間。

這些夫妻在這個殺戮戰場中經常會聯絡我。「我們面對巨大的婚姻危機。」吉蓮在她的第一封電郵中這麼寫。「我丈夫也承受著巨大痛苦。他覺得像被自己的愧疚感所吞噬，不過他還是設法安慰我。我們希望盡量維繫這段婚姻。」她把情況寫得極為詳盡，末尾向我懇求，「我熱切希望你能幫助我們透過這次可怕經歷而把生活變好。」我打算用盡方法幫助他們繼續往前走。但首先，我必須幫助他們了解其自身處境。

緊急反應

在婚姻故事中，婚外情曝光是一個關鍵時刻。發現後的震驚，會刺激我們爬蟲類腦的部位，觸動原始反應：應戰、逃跑、或蜷縮不動。有些人會嚇呆了，站著無法動彈；有些人會唯恐不及地逃跑，希望逃離這個混亂局面，重新在生活中取得某些掌控權。大腦邊緣系統啟動後，短期的生存原則將超越深思熟慮的決定。我通常會請他們注意，必須把對婚外情的感覺與對夫妻關係的決定分開處理，雖然在這個階段並不容易做到。常見的是，他們一時衝動的反應，雖然是出於防衛本能，足以在瞬間摧毀累積多年的良好婚姻資本。身為治療師，我也必須注意自己的反應。外遇故事會引發大量情緒，包括同情、妒忌、好奇、憐憫等，但也會出現批判、憤怒與厭惡。情緒受到影響是自然的，但是讓情緒投射出來卻於事無補。

我把婚外情發生後的療癒過程分為三個階段：危機期、建立意義期和願景期。吉蓮和科斯塔正處於危機期，這時要注意不應該做某些事，這與他們應該做的事同等重要。這是脆弱時刻，需要提供一個安全且不帶批判的容器，來安頓在他們內心和他們之間狂亂四竄的強烈情緒。這時，他們需要冷靜、清晰感與結構，也需要保證和希望。在隨後的建立意義期，我們將有時間探索婚外情如何發生，以及他們在故事中分別扮演什麼角色。在最後的願景期，我們要了解他們面對怎樣的未來，無論他們最終是合是離。然而，現在我們是身處急診室，需要進行急症分類，決定目前最需要關注什麼？誰可能有危險？比如涉及聲譽、心理健康、安全、子女、生計等。

身為第一個回應他們的人，我會盡力支持他們，有時會每天給予輔導。這有助於處理現代夫妻的孤獨感及外遇的恥辱，因為治療師往往是在事件發生初期唯一知道情況的人，因此能在他們崩潰時提供穩固的支持基礎。

一切都那麼紛飛凌亂，兩個人緊抓著一個事實，就是他們一直都生活在不同的現實之中，但是卻只有其中一人知道這個真相。在人生其他事件中，也許除了死亡與疾病之外，沒有一樣能具有如此巨大的毀滅力量。婚姻治療師米雪．賽因克曼（Michele Scheinkman）強調，現在必須設法維繫夫妻之間的經驗差異，這是他們兩人無法自行做到的[23]。

我有個方法會在輔導中使用，也會在與案主通訊時使用，就是鼓勵他們書寫，以此作為一種抒發方式，無論是寫日記，寫給我，或寫給對方都可以。箚記書寫是一個安全的宣洩方式，也毫不受限。信函書寫則較需要細心謹慎並需要修改。夫妻可能需要分別接受指導以便能適當地遣詞用字。有時，我會在輔導時讀出他們的書信，有時他們會傳送給對方，並寄送副本給我。兩個受傷的心靈在互寄書信時，我身為見證者，往往深感親切動人。書信能提供一個截然不同的窗口，從中了解他們的婚姻關係，這是治療室內的輔導所無法看到的。

接著發生的事，我多少已經預料到。吉蓮和科斯塔對我說，自從發生這次事件後，他們做了多次極為深刻和誠實的交談，並常常談到深夜。他們坦誠說出過去的事，包括未能滿足的期望、憤怒、愛情及其他兩人之間的事。他們聆聽對方傾訴，為此哭泣、爭論，他們也做愛，做得也不少（因害怕失去而激發渴望，這顯得有點怪異）。正如我的同行特里・雷爾（Terry Real）常說的，他們再次彼此面對面生活，就如我們當年開始戀愛時那般，我們是在後來才改為肩並肩生活，忙碌於應付婚姻中的日常事務。

背叛之前曾有真愛

婚外情曝光足以耗盡心神，我們因而忘記在兩夫妻的漫長人生故事中，這只是其中一個章節。劇烈的創傷將退散，療癒過程必然會開始，無論這需要多長時間，也無論他們最終是合是離。震撼感具有一種收緊效果，就如肚子挨了一拳一樣。我的任務是協助夫妻喘一口氣，在他們更為寬廣的夫妻關係景觀中，重新找尋他們的位置。我的第一個步驟（有時甚至在第一次面談時就採用），就是請他們分享他們如何相遇的往事——這才是他們原本的故事。

吉蓮是在修讀法學院最後一年時，與科斯塔墜入愛河。當時他把電單車停在圖書館外，邀請她一同去騎車兜風。他個性大膽、豪爽、友善，還有一口異國情調的口音，深深吸引了吉蓮。她於是馬上跳上了車座跟他出發，連自己也不明所以。

她深情地形容他猶如一座「火山」，不害怕衝突和對抗，對生命也具有一種不加掩飾的熱情。她自認是個不愛爭吵的人，過度表現出實用主義的特質。她說，「科斯塔適合我，他鼓勵我拋開新英格蘭式的得體，盡量隨興一點。」

在結識科斯塔之前，吉蓮已經和克雷格（Craig）訂婚。克雷格是沃頓商學院培養的工商管理碩士，他將會接手家族生意。但是她一直猶疑不決，「克雷格需要我愛他多過於他愛我。」他們最終解除婚約，因為吉蓮覺得「我希望被愛」。

她的地中海男人愛她，也知道如何顯露他的愛意。為了這個自信、優雅和獨立的女人，他感覺受盡折磨。他解釋說，「我剛來美國不久，而她是百分之百美國人的特質。」她與他童年時代的女性截然兩樣，那些女人的丈夫在外拈花惹草，在家欺凌妻子，她們如果能承受丈夫一輩子的欺壓，就算是強者的表現了。

吉蓮提到，她一向認為前未婚夫克雷格具有絕對的自私心態，因此總有一天會對她不忠。他不是一個願意優先照顧別人需要的人，即使是吉蓮也不例外。她選擇科斯塔，最主要原因是她肯定科斯塔沒那麼自私。她的「直覺」如此認為。她信賴科斯塔的忠誠，她怎麼可能錯得那麼離譜呢？

他們在他家鄉帕羅斯島成婚，那裡有白色的牆，藍色的涼篷，紅瓦的屋頂，還有盛開的粉紅色九重葛。她看著頭髮修飾完美的媽媽步履蹣跚而快樂地跳著西塔基舞，她深深確定，放棄擁有一流學位和一流家世的男人，而嫁給一個一生都會愛護她的男人，是個正確的抉擇。她受到當時思潮的影響，不顧母親的擔憂，背離上一代人的模範婚姻，追求自己的理想伴侶。

當科斯塔的祕密戀情曝光之後，吉蓮感受到強烈的幻滅。這個事件不只傷害了她，也破壞她的整個信念系統，因為這事件完全違背今日婚姻所抱持的某些最重要假設。今日的婚姻是一個神話城堡，我們在裡頭可得到所想要的一切。婚外情把它摧毀，使我們感覺再無任何依靠。也許這在某個程度上足以解釋現代的外遇何以會造成巨大痛苦。它不是一般的痛苦，而是一種心理創傷。

數位時代揭露外遇

無論我們是毫無防備，或者一直都在注意各種蛛絲馬跡，都無法以充分的心理準備來應付事件的曝光。經過多年疑慮之後，吉蓮有一天見到科斯塔忘了帶電腦出門，她說，「我終得一看，而看了之後就再無法停下來。」

她把這天稱為「D Day」（譯註：軍事術語，指發動攻擊的日子）。她坐著仔細搜索整部電腦，那些圖片擊垮了她。數以百計的相片，來往電郵，向對方表達的渴望；科斯塔八年來的婚外情鮮明地展現在她眼前。若是在幾十年前，她發現的可能只是大衣口袋裡的一個電話號碼，衣領上的唇膏印，一個裝了書信的舊盒子，或者從某個多話的鄰居口中得知。萬一被抓到，科斯塔會向她解釋，特意隱瞞某些事實以保護她，或保護他自己。今天，拜科技的儲存能力所賜，吉蓮能接觸到丈夫隱藏的戀情，深入了解其中令人灼痛的細節。她能細細品嘗自己的屈辱，也能牢記一頁又一頁痛苦的電子證據。

數位時代的背叛事件，感覺有如萬箭穿心。她看見他們大嚼生蠔，在陶斯餐館裡開懷大笑，阿曼達還擺出誘惑的姿勢。還有一張是他們一同騎上他的山葉電單車的相片，阿曼達戴著吉蓮的頭盔，另外還有一封電郵是關於希臘浪漫之旅的行程表。電腦中無窮盡的文字，細細羅列阿曼達人生中的點滴片段。

吉蓮眼中所見已經夠多，但她所想像的更是無窮。他親吻她，手指戴著婚戒，一手置於她胸前。她回憶起去年聖誕聯歡會上，阿曼達看著科斯塔和她自己的眼神。她盡量不去想，自己其實「像個白痴」。她想起某晚科斯塔邀請她來家裡吃晚餐，阿曼達稱讚她做的巧克力慕斯蛋糕，而她則扮演熱情的主人，「我真笨。」現在她不免猜測，「當晚吃飯時他有沒有在桌子底下將手放在她膝蓋上？第二天工作時是否笑著談論這件事？」種種影像一再重複，未曾減弱，一個去了，一個又來。

我想應該可以說，今天大部分婚外情都是透過科技而被揭發的。現在的揭發，還會以生動的圖像呈現，有時還可即時看見其發生。吉蓮去查看科斯塔的電腦還算是有意圖的行為，另外還有一些情況卻是由科技自動傳送，在無意間發現。可能是妻子忘記把iPad帶出門，讓本無疑心的丈夫看到她與正要見面的情人之間的文字對話；妻子帶了嬰兒去度週末提早回來，雖然手裡明明抱著嬰兒，但家裡的嬰兒監護器卻傳來難解的呻吟聲；男人安裝貓攝影機本是為了確保寵物平安，卻因此無意間看到女友與陌生人在喝醉酒後胡搞一通。

元旦凌晨時分，庫柏（Cooper）在柏林一家夜總會跳舞，手機螢幕突然亮起，出現他女友在紐約另一家舞廳和男人貼身熱舞的畫面。他的好友附上說明，「你好哇，只是告訴你一下，我剛好看見艾美（Aimee）和個不知什麼傢伙親熱喔。」

今天，任何人都可以當駭客。多年來，昂恩（Ang）都喜歡觀看色情影片，欣妮（Sydney）認為「這是他自己的事」。但是到了他明顯對她完全提不起興趣時，她覺得這事現在和她有關了。她某個女性朋友告訴她，有個間諜軟體可以用來追蹤男友的線上活動。「我就坐在電腦前看這些影片，知道他同時也在看，而且連看幾個小時。這把我惹火了，於是我開始學色情影片女郎的衣著和姿態，希望能贏回他的心。可是最終我卻感覺遭受背叛，不只是他背叛我，更是因為我背叛了我自己。」

你無須再僱用私人偵探，你口袋裡就有一個。也許是不小心按到發送按鈕，「為什麼老爸傳了張裸體相片給我?!」電話響起顯示情人來電，「怎麼背景中還有一陣喘息的聲音？」信用卡詐騙部門傳來「異常活動警示」，「可是我從來沒去過蒙特婁啊？」

而在這花樣繁多的科技舉報事件中，別忘了還有全球衛星定位系統這個奇蹟。塞薩（Cesar）對德魯（Drew）起疑心已經有段時間，認為他經常去健身房那麼久，未必是待在舉重室。「他如果都在舉重，應該會看見他身體多長些肌肉！我知道他還會去桑拿浴，但是他待那麼久不會融掉嗎？」由於他怕跟蹤他會被看見，於是就改而跟蹤他的手機。他發現那個小藍點只在健身房停留三十分鐘就離開，前往市區去了。

愛情的兩面

這些器材不只會透露祕密，還會儲存數位紀錄。吉蓮對我說，「這是一種執迷，接近病態。我不斷的讀這些電郵，希望全部讀完。他們一天可以發好幾百條簡訊，從清晨七點到半夜發個不停。這婚外情無時無刻不在，充滿我們的生活。他寫這些簡訊時，我是在做什麼？二〇〇九年八月五日，九點到十二點之間，我們在慶祝我五十一歲生日。他是否在為我唱生日快樂歌之前跑到廁所傳簡訊給她？或者是在唱完歌之後？」

外遇直接攻擊我們一個最重要的心理結構：我們過去的記憶。它不只奪走夫妻的希望和計畫，也對他們過去的歷史添加了一個問號。如果我們對過去的事無法肯定，又不知道將來會發生什麼，我們還能擁有什麼呢？心理學家彼得．法蘭克爾（Peter Fraenkel）強調，遭背叛的伴侶是「僵硬地受困於當下處境中，被一波又一波婚外情的殘酷真相所淹沒。」[24]

我們明瞭未來是無法預知的，但卻期望過去是真實可靠的。遭所愛的人背叛後，我們因而喪失了一種「融貫敘事」（coherent narrative），按精神科醫生安娜．菲爾斯（Ana Fels）的定義，這是「協助我們預測與調節未來行動和感覺，〔從而創建〕一個穩定的自我意識的內心結構。」她在一篇描述各種關係性背叛的侵蝕效果的文章中指出，「奪走某個人過去的故事，也許是所有背叛行為中最為嚴重的一種。」[25]

執迷於挖掘婚外情的每一個細節這種行為，其背後有一個祈求重新建立過去人生脈絡的存在需要。人類是創建意義的生物，我們需要依賴一種融貫性。各種詰問、幻象重現、循環不息的沉思、高度警覺，都是散亂的人生敘事力求完整拼合自身的表現。

吉蓮說，「我覺得自己破碎不堪。我的思維不斷來回變化，掠過整個時間線，調整記憶並將新的內容嵌入其中，這樣我才能重新與現實同步對齊。」

菲爾斯用兩個螢幕的影像為比喻：人們在一邊不斷檢視他們所記得的人生，另一邊則查看新發現的版本。一種孤立感也因此悄然滋生。他們不止對不忠的伴侶感覺生疏，也會對自己感覺生疏。

這種真相的危機，在電影《愛是您‧愛是我》（*Love Actually*）有心酸的刻畫。艾瑪‧湯普遜（Emma Thompson）飾演的凱倫（Karen）悄悄回到房間，細想為什麼她看見丈夫哈利（Harry）買的金項鍊並沒有在她剛打開的聖誕禮物中。她的禮物是一張瓊妮‧密契爾（Joni Mitchell）的唱片。影片在播放其歌曲時，畫面切換到哈利的年輕祕書，穿著性感內衣，戴上項鍊，然後又回到淚痕滿面的凱倫，看著梳妝檯上的家庭照，回想著相片所展現的她的人生。瓊妮這時唱道，「我回想的是愛的幻象／我真的不知道愛為何物。」

吉蓮的雙螢幕經常是限制級的。「我們的性愛和他們的性愛比較。我的身體，她的身體。我所愛的他那雙手，正在撫摸著她，他的嘴唇親吻著她。他在她體內，用難以抗拒的聲音說她多麼性感。他們是否特別喜歡某些姿勢？他們的性愛有更好嗎？他是不是輪流和我們做愛呢？」

她的婚姻和她的記憶已經被滲透。婚姻和記憶曾是她舒適感和安全感的來源，現在卻變得不確實，糾纏不清。即使是快樂的時光，也無法溫柔地回憶，婚姻和記憶都已汙染。科斯塔堅持說，當他與吉蓮和孩子一起時，都是全心全意的，人在，情感也在。他肯定地說，他們同在一起的人生並非虛假。然而對她而言，感覺卻「有如哈哈鏡」。

科斯塔耐心回答她的問題，他們的對話有助她重建一個完整的人生年表。他試圖安慰她，多次表達心中悔恨。他是否將永遠受此折磨？他是否將愧疚一生？從他的觀點看，一切都很明朗，「我要與你重建關係，而不是不斷重複說這些事。」我向他解釋說，重複有助於重建融貫性，這是治療的本質。但是隨著時間一天天、一週週過去，他開始表現出不滿，吉蓮也一樣。她對我說，「他求我忘掉過去，往前看，但我覺得他貶低了我的痛苦。我一直覺得我是在水車上，一會兒露出水面呼吸空氣，望見了未來；一會兒又被拉回水底，如果我不回到水面，我就會死掉。」

私通者雖然懊悔，可惜和解並不會那麼順當，破碎的心需要長時間才能復元。「你以為只要你肯負責任，道歉，說十次萬福馬利亞，你就算盡力了？」她說，「這對你行得通，對我卻行不通，我還是想要再聽。」許多夫妻都會落入這種處境中，我也向科斯塔解釋，在這個危機期，出現這種情況是意料中事。吉蓮這麼做，並非為了惹惱他。「你知道這件事已經八年，她卻是剛剛知道，她需要了解的事還有許多。」如果她在三年之後還是這般無休止地詰問他，那才算是個問題。

外遇：身分特質的竊賊

吉蓮就如其他許許多多人一樣，外遇對她而言不只是失去愛情，也是失去自我。她對科斯塔說，「現在我已經是外遇者妻子俱樂部的會員了，無論結果如何，我的剩餘人生都無法再去除這個身分。這都是你造成的，我現在連我自己是誰都不知道了。」

當愛情的對象從單數變為雙數，夫妻兩人共為一體的咒語就消散了。有些人會覺得這種消解是他們的婚姻所無法承受的。科斯塔和吉蓮希望能夠繼續在一起，但是他們各自都擔憂，即使愛情繼續存在，卻還是永遠被沾汙了。

「我愛你，我心中所愛的人一直是你。」科斯塔向她保證，「阿曼達的事只是碰巧發生。我本來大約一年後就應該結束，但是接著她的女兒卻病了，我又覺得內疚。我知道你不會相信我，但你是我一生中的最愛，這是不會改變的。」事實上，她為什麼要相信他呢？這八年來，他每晚睡在她身邊，隔天醒來就傳簡訊給阿曼達，跟她說「親愛的，早安！」然而，她還是想要相信他。

吉蓮所形容的這種毀滅感，是我在現在西方夫妻口中常聽到的故事，但在其他地區卻未必如此。我們也許認為，痛苦就是痛苦，人人平等，到處皆然。其實，我們對心碎感賦予什麼意義，是受到整個文化架構所影響。我曾與一群塞內加爾婦女交談，其中幾位的丈夫有外遇，但是她們都沒喪失其身分特質。她們提到了失眠、妒忌、哭個不停、突然暴怒。但她們認為，丈夫不忠是因為「男人都會做這事」，而非妻子具有某些難以明瞭的缺點。弔詭的是，她們對男性的觀點是她們持續受壓迫的根源，但是卻也保護她們免於喪失其身分特質。吉蓮在所處社會中也許更解放，但是她的身分特質和自我價值感卻已經抵押給了浪漫愛情，當愛情要求收回債款時，這個債權人卻顯得無情殘酷。

我的塞內加爾朋友的身分特質和歸屬感主要來自其社區。歷史上，多數人都是透過遵守地區和家庭層級的價值與期望，使其自我價值感得以固定。但我們的社會由於舊制度缺席，現在每一個人都必須自行建立和維持本身的身分特質，這對自我所施加的重擔是史無前例的。因此，我們必須不斷地調整我們的自我價值感。社會學家伊娃・易洛斯（Eva Illouz）精確指出，「唯一可以讓你停止這種評價的地方就是在愛情中。在愛情中，你成為了比賽的唯一優勝者。」[26]無怪乎外遇行為足以將我們拋入自我懷疑和存在困惑的大洞之中。

無論男女都深信這一觀念。當然，他們各自強調的重點會有細微差異。有關婚外情的對話，必然潛藏著性別的偏見。也許男性由於一向都獲得許可追求女性並炫耀他們的勝利，因此他們的眼淚會受到抑制。如果妻子不忠，男性比較傾向於表達憤怒和難堪，而非顯得悲傷。他們會哀怨失去面子而不是失去自我。我們對受傷女人與出軌男人有較多了解，對受傷男人與出軌女人則知之甚少。但隨著女性的外遇行為有趕上男性的趨勢，我們的文化也逐漸接受男性表露他們的情緒，我也開始見到更多毫無防備而遭妻子背叛的男性表達喪失身分特質的心聲。

維傑（Vijay）是位四十七歲英印混血兒，有兩個孩子，他寫信給我時這麼說，「我所認識的世界已經結束了。」因為他剛發現一封妻子帕蒂（Patti）傳給她的治療師的電郵，內容包含她與情人之間的一組簡訊。「我覺得像是墜入黑暗、無重力的太空。我絕望地想抓住一些東西。但是，她馬上變了，我也是。她顯得冷漠，退縮。她在哭，但似乎不是為我們而哭。」

米蘭（Milan）跟我說話時聲音都變了，「我愛得很艱難。我深信與史特凡諾（Stefano）有美好的將來，所以我付出一切。可是他後來卻完全停止與我做愛，他服用興奮劑上癮，並和某個男生交往。我回家時，見到他在我們床上和他做愛。他完全忽視我，假裝我只是他的室友。已經好多個月了。我覺得很屈辱，但我無法離開。我是同性戀，本來不應該妒忌：大家畢竟只是為了做愛而已。我需要他。我瞧不起自己，因為我任由他這樣對我。我覺得自己已經完全變了。」

「那人不是我！」

身分特質的危機不僅限於遭背叛的伴侶。當祕密揭露時，不只是發現者感到震驚，外遇者也一樣慌亂。外遇者從對方怨恨的眼神中觀看到自己的行為，他必須面對一個自己也不太了解的自我形象。

科斯塔也有崩潰的時候。他見到吉蓮陷入極度痛苦中，才覺悟他的行為事態嚴重，也明白了這對吉蓮打擊之深。他的公共生活與祕密生活之間的圍牆已經碎裂崩塌。

我們單獨交談時，他顯得極力想要適應自己迥然不同的一面。他從來沒接受過心理治療，不信任所謂的專家，也不認為會得到多少同情。我特地對他說明，我不是道德警察。「即使你有外遇，而且歷時很久，但我不會假裝很了解你，我是要幫助你，不是要評斷你。」

科斯塔認為，他的自我形象和行為之間並不契合。他從小就發誓，自己絕對不要像他父親那樣，到處拈花惹草，態度專橫，而且輕視他的母親。科斯塔一向認為自己是個有原則的人，為人正直，能深刻同情那些為愛而受傷的女性。

「那人不是我」這句話是他重組其整體自我感（並贏回吉蓮的心）的支柱。這也是多年以來為打消吉蓮的疑心而說的話。為了展現他那「比我父親更優秀」的身分特質，科斯塔變得死板，並且會快速評斷他人。他相信這種絕對主義有助他遠離父親的惡行，但在命運驅使下，卻導致他做出一直想避免的事。「我覺得我已經死亡，有如一副機器，我被捆住，綁緊，僵硬，像被揍了一頓。」他敘述如何開始感到自己可有可無，他的生意在掙扎求存，他們兩人的收入差距越來越大。吉蓮和許多人來往，忙得不得了。「她已經開始談論退休計畫和長期護理的問題，我覺得她就像是把我活埋了一樣！」阿曼達的出現，讓他能夠「放鬆和找回激情」。

科斯塔向我保證，他對妻子的愛並未消失，也不準備離開她。他多次想與阿曼達結束關係，但是卻覺得對她也負有責任，尤其是她彷彿面對著一個又一個的危機。那位曾見到母親受屈辱的敏感男孩，成為現在這位見到傷痛女郎而不忍捨棄的男人。那位情人很早就發現他這個弱點，並且對此善加利用。此外，他也認為由於他改變了許多，比如沮喪感降低，停止在家裡走來走去，因此他們的婚姻也更美滿（吉蓮同意他的評論，但是卻拒絕他以此合理化其行為）。他似乎認為，由於他不像父親那樣公開和情人神氣地走在大街上，他的原則因此就沒受損害。他這種身分特質的政治學創造了一個盲點。可是，現在大量證據暴露在強光下，他才了解自己所做出的合理化辯解。我問他，吉蓮的痛苦和羞恥和他母親真的有不同嗎？

在他了解有必要重新調整其人格，以容納這討厭的新增部分後，我們開始分析這段婚外情對他的意義，及事件在他的整個人生脈絡中代表什麼。隨著分析不斷進展，我們這位懊悔的羅密歐急切地想與妻子分享他的新觀點。我警惕他，現在進行這項對話還不是時候，因為她的不安會凌駕這項分析。我們還處在危機期，這階段應該得到同情的是她。唯有遭背叛的伴侶在情感上獲得滿足之後，他或她才有可能聆聽解釋，而不會視之為合理化的說辭。現在要求吉蓮理解科斯塔的觀點，未免言之過早，更談不上要她思考自己在事件中所扮演的角色。

目前，他需要聆聽對方，但這個任務並不容易。由於他需要積極保護個人形象，不想被當成是「卑鄙小人」（他本人這麼說），所以會急於為自己及其行為辯護。他看到她現在情況很慘，這促使他也覺得自己很慘（羞恥），但反而妨礙他為了她而感覺很慘（愧疚）。

從羞恥轉為愧疚是一個重要歷程。羞恥是一個只顧及自己的狀態，愧疚則是一種同理心，是對雙方關係的回應，是你導致他人受傷害而激發的情感。根據心理創傷之說，只有在作惡者承認其錯誤後，療癒才會開始。許多時候，即使犯錯一方堅持表示內心難過，但受傷的伴侶卻堅持認為並未感受到他認錯的誠意，這是因為犯錯一方的感受還是羞恥多於愧疚，所以還是以自我為中心。在背叛事件發生後這段期間，真誠的悔恨是重要的修補工具。給予誠懇的道歉，是表示對雙方關係的重視和承諾，是對痛苦的分擔，也是讓雙方恢復均衡權力[27]。

我知道這對科斯塔並不容易。如果你對某人不忠，要你看著自己對伴侶所造成的傷害，並讓伴侶有時間和空間來哀傷，同時明白自己就是始作俑者，這個過程是艱難的。但是，這正是她所需要的。我對科斯塔說，「如果你要幫吉蓮好起來，你就得先讓她覺得糟透了。」為她保留一個感受痛苦的空間是重要的，實際抱緊她也是同等重要。科斯塔經常這麼做。顯然的，他在妻子哀傷時較容易表達同理心，在她指責他時則較為困難。話雖這麼說，妻子大發脾氣總是難免，而且至少會持續一段時間。這時，他若能堅持展現同理心的態度，最終必能讓她平息下來。

科斯塔盡其最大努力，在她深感痛苦時陪伴在側。他一而再地對她說，他愛她。吉蓮有時會冷靜一陣子，通常一兩個小時，偶爾會一整天。她相信他，當然相信，他是她丈夫嘛。然而突然之間，豈有此理，她想起來了，「我以前就是太相信他，現在看看我，這就是相信他的後果。」

她的疑心又再加重。這次，她不打算閉上雙眼假裝沒事發生，於是她開始搜尋更多資料。他已經失去了隱私權。她會追問，他在Instagram中給一個讚的相片中的女人是誰？牙醫看他看了三個小時都在做些什麼？他是否有預約時間？她會自己打電話查個清楚。恐懼和憤怒交加，使到她又再大發雷霆。一切都無法倖免，她對一切都窮追不捨：他的家庭、他的文化、他的基因、當然還有阿曼達。開放狩獵的季節再度開始了。

「劈腿專家！大騙子！」她終於把科斯塔逼到無路可退了。他是願意扛起責任，但卻絕對不肯接受這個有損他身分特質的最終裁判。他堅持說，「我不忠只有一次，雖然說過很多謊，但都是關於同一個事件。我絕對不是劈腿專家或大騙子。」她的痛苦，投射出他的某種形象，這個形象卻是他所不能忍受的。他因此也抓狂了，兩人關係再度陷入緊張狀態。「我絕對不會任由她，或這次婚外情，或任何東西來判定我是什麼。」我決定出招了，「我聽到你的矛盾，也了解你的良知。但你想想你過去這種表裡不一的生活，一年又一年，你其實很接近那個你所不願意承認的

「那個人』了。」

修復行為

至少可以這麼說，婚外情曝光後的最初幾週裡是波濤洶湧的，雙方可能花了好幾週細心重建關係，但是卻為了一句批評而全部毀於一旦。兩人都焦慮不安，時刻打量對方，擔心幾時又情緒爆發。正如瑪利亞．波普娃（Maria Popova）所寫，「憤怒與原諒共舞，信賴的節奏卻無法控制，這可能是人類生活中最艱難的困境，可能也是最古老的困境之一。」[28]

在危機期，修復關係的責任主要落在外遇者身上。除了表示懊悔和理解伴侶的痛苦之外，還有一些重要的事是他或她應該做的。

珍妮絲．史賓格（Janis Spring）提到其中一個步驟，稱之為「警覺性轉移」[29]。這基本上是指，由出軌者擔任回憶的任務，讓雙方都感受到婚外情的存在。通常的情況是，遭背叛的伴侶急於提出問題，念念不忘，要確保這可怕的事件不會被掩蓋起來。懊悔的出軌者則只希望這個難堪的過程趕快結束。

透過扭轉雙方的心態，能改變大家的互動狀態。監視的態度極少會導致信賴。如果科斯塔肯回憶婚外情，吉蓮就無需設法確保事件不會被忘記。如果他能主動提起並邀請伴侶一起對話，所傳達的信息是，他不會隱瞞和簡化實情。如果他能主動提供訊息，就能使她免於不斷一說再說。某次，阿曼達打電話給他，他馬上告訴吉蓮，這就消除了可能引發猜疑的來源。另一次，他們在餐廳用餐時，他覺察到吉蓮可能在猜測他與阿曼達來過這餐廳。他沒等她問，就主動告訴了她，確保她能繼續安心用餐。如果能採取這種做法，並經常使用，將有助於修復信任感，因為這能讓她覺得兩人是處於同一陣線上。

吉蓮方面，她需要開始控制突然爆發的怒氣，不是因為發怒不合理，而是因為發怒不會讓她得償所願。憤怒可能會暫時讓她覺得自己更具權力，然而，心理學家史提芬·斯托斯尼（Steven Stosny）認為，「如果情感背叛的問題是失去權力，憤怒就是正確的解決方法。但是情感背叛的巨大痛苦極少是涉及失去權力。造成痛苦的是認為失去價值——你覺得比較不被愛。」[30]

背叛事件發生後，我們需要設法恢復自我價值感，將我們原本的自我感受與他人所引發的自我感受分開。雖然你覺得似乎整個人生都已被奪走，而你的自我定義受背叛你的人所掌控，但請你務必牢記，人生中決定你是誰的，還有其他許多事物。

你並非遺棄品，雖然你有一部分遭人遺棄。你並非受害者，雖然你有一部分遭暴力對待。你依然受到其他人所愛、珍惜、尊重和愛護，甚至你的不忠伴侶也同樣愛你，只是你目前尚未感受到。我知道有位女士，自從與男友一起生活後，就未再聯絡任何朋友，現在男友離開了她，她列出五個朋友的名字，希望將這些朋友重新納入自己的生活圈。她用兩週時間開車上路，重新尋回舊日情誼和這些朋友所珍惜的自己。她透過這麼做，將自己的傷害與本質分開。

猶太大屠殺的倖存者維特・弗蘭克（Viktor Frankl）得出一個深刻的真理，「人的所有東西都可被奪走，唯有一件例外，就是人類的最後一項自由——擁有在任何情境中選擇自己的態度，選擇自己的方式的自由。」[31]

即使你多麼低落，也應起身換個衣服出門。讓朋友為你煮一頓美味晚餐，去報名參加你考慮許久的油畫班。去做點事，照顧自己，讓自己開心，對抗你想隱藏的屈辱感。許多人認為遭背叛後去做這些事很羞恥，但我正是鼓勵他們這麼做。

吉蓮需要尋找自己的方法來重獲價值感，科斯塔的努力並不足以完全消除痛苦。表達愧疚和同理心對受傷者很重要，但是不足以療癒她受創的自我價值感。科斯塔能幫的是避免只顧自己，改而不斷肯定她在他人生中的重要性和中心性。只要他放下對自己的擔憂，就會開始去找回那位多年來坐在自己電單車後座的女生，並和愛神商量要回愛情。當他堅定不移地告訴她，「我想要的人是你，這點從未改變。」他就啟動了重新賦予她價值，珍惜她的存在的過程。她首次開始相信，他並非基於某些原則而留下，而是他真的選擇了她。

兩分鐘之後，他的電話響起，我看到她眼神閃過一絲狐疑，畏縮了一下。又是一個觸發因素，又是一個疑問。這就是我們的處境，在修復外遇傷害的戰壕中，我們要全身而退還需要一些時間。

第五章

恐怖小商店：某些婚外情傷害更深？

「真是奇怪，只這幾個字，『大約兩三次』，就是這幾個字而已，說了出口，隔著某個距離，就能傷害一個男人的心，彷彿這幾個字真的把心刺穿，就能讓一個男人沮喪，彷彿他剛喝下毒酒。」

——馬塞爾．普魯斯特，《去斯萬家那邊》

是否有某些婚外情是屬於特別「嚴重」的？是否有某些外遇傷害較輕，較容易復元？我竭盡全力在行為與反應的相互作用中尋找規律，卻始終未能在罪行的嚴重性與反應的強烈度之間找到某些清晰的對應關係。

我很希望能夠將婚外情按其違背程度，歸納為一個金字塔層級。比如看色情影片自慰是輕微的違背行為，當然比快樂收尾按摩來得輕微，而這種按摩又比真正與俄羅斯妓女做愛還好一些，再嚴重的是看到女友與好友上床，或者發現丈夫在三條街外還有個四歲兒子。將背叛行為分等級這想法頗吸引人，但在衡量罪行的嚴重性與反應的合法性時，卻不見得特別有效。

在穿越外遇痛苦的歷程中，許多因素會同時作用，影響著個人或夫妻的故事，突然轉彎改道，變換方向。外遇造成的震驚，程度各不相同。即使我在這領域工作已有數十年，還是無法預測人們在發現伴侶有婚外情之後的行為反應。事實上，許多案主都對我說，他們的反應遠遠不同於他們預測自己會出現的反應。

婚外情的反應並不一定和它的嚴重性成正比。有些人發現伴侶一時尋歡，他們的整個婚姻就瓦解了。有位女性在與丈夫親密時未加防備，在懷念過去時不小心說出數十年前的一段短暫婚外情，丈夫卻因此結束了彼此三十年的婚姻關係，這讓她嚇壞了。可是也有人在面對嚴重背叛時卻展現堅韌的能力，很快復元。令人詫異的是，竟然有些人面對這種影響人生的重大事件時幾乎無動於衷，同時又有另一些人看見伴侶注視異性就大驚小怪。我看過有人因伴侶幻想其他異性，或觀看色情影片自慰，就深受打擊，另一些卻在原則上能接受伴侶遠行出差時與陌生人逢場作戲。

在糾纏不清的外遇故事中，每一個細節都含有意義。身為治療師，我需要知道情感的細節。研究人員伯雷尼．布朗（Brené Brown）認為，在發生令人震驚或受創的事件時，「我們的情感首先會對痛苦作出解釋。」某些事物導致心碎（「他做了什麼？」），另一些則導致放鬆（「至少她沒做那件事」）。有些事物會被放大，尤其是增加痛苦的元素，另一些則作為「緩衝」，保護當事人免受傷害[32]。

外遇事件會對你造成什麼影響及你會如何反應，不但涉及伴侶所做的惡劣行為，也涉及你的期望、敏感性和過往歷史。性別、文化、社會階層、種族和性取向等，也會組構你對外遇事件的體驗，並影響你的痛苦形態。

放大的元素可能是某種生活境況。懷孕、經濟依賴性、失業、健康問題、移民狀態以及無數當代生活現狀都可增添背叛行為的重負。我們的家庭歷史是一個主要的放大元素，包括我們成長過程中見到的、或自己過去所經歷的背叛事件和婚外情，都會使我們更容易遭受影響。背叛事件發生的背景中，總有千絲萬縷的關聯，而且早在傷害發生之前，故事已經開始。在背叛事件中，某些人證實了內心深處的恐懼，「不是他已經不愛我，而是我已經不值得愛。」另一些人則對伴侶的良好形象破滅，「我選擇你，是因為我很肯定你不是那種人。」

緩衝因素包括擁有強而有力的朋友與家庭，他們耐心並能為這複雜狀況提供一個安全空間。良好的自我觀感、精神或宗教信仰也能緩解其衝擊。雙方在危機發生之前的關係品質，扮演著重要角色。如果當事人知道手上還有其他選項，比如房地產、儲蓄、工作前景、約會前景等，不只其脆弱感會降低，也有了轉圜的餘地。分析背叛事件的痛苦點，或可找到某些機會來強化這些防護性的緩衝元素。

我和外遇事件的受傷者面談初期，我會先掃描其傷口，直到發現他們的情感特質，識別出放大元素，並對緩衝元素作出部署。什麼地方受傷最深？什麼事件是在傷口灑鹽？是渺小感、不忠感、遺棄感、違背信任、謊言、還是屈辱感？是失去還是遭到拒絕？是幻滅還是羞恥？是解脫、聽天由命還是憤慨？是否有某個或一組情感，是一直盤旋圍繞著你，揮之不去的？

「為何偏偏是他？」

有些人能夠馬上表達其內心感受。他們的情感素養足以讓他們認知其痛苦，說出痛苦的名稱，不讓痛苦失控。但我也見過許多人完全不知所措，甚至無法識別其情緒中的痛苦點。他們的生活被這些無以名之的感受所籠罩，這些感受並沒有因為缺少名稱而威力減弱。有位年輕人凱文（Kevin）在臉書上找到我，他寫信給我說，「你是第一位聽我講這個故事的人。已經十年了。也許我終於寫出來，是我自己的治療方法。」

凱文是個電腦程式編寫員，二十六歲，住在西雅圖。傷害他最深的，不是他的初戀情人欺騙他，而是與她共同騙他的那個人。多年以來，他由於自己當時「毫不知情」而感到羞愧，並導致他出現難以信賴他人的嚴重問題。他在十六歲時認識泰勒（Taylor），她是一位漂亮的學姐，凱文的第一次就是給了她，中學時期的時間也都花在她身上。凱文把泰勒介紹給哥哥漢特（Hunter），三個人變得形影不離。

當泰勒要和他分手時，凱文感到驚訝，他「感到受傷，但不至於心碎。」奇怪的是，泰勒和漢特依然繼續一起出門。「連我媽媽都問我，我對這件事還可以接受嗎。但我絕對信任他們，他對我說是在一起溫習功課，我也對他深信不疑。我沒想到，在那麼多人當中，出賣我的竟然是他。」

回想起往事，他自問，「我怎麼會看不出？」然而人類的天性原本就是會緊抓住自身的真實感，以抗拒可能發生的毀滅性，即使他面對著無可辯駁的證據。我向他保證，不需要為「毫不知情」而感到羞愧。這種躲避並非愚蠢的行為，而是一種自我求生的本能。它實際上是某種自我保護機制，我們稱之為創傷否認。這是一種自我的妄想，當我們可能面對巨大損失時，就會啟動這種機制。我們的心智需要融貫性，因此會自行放棄會威脅我們生命結構中的不協調部分。在我們被最親近且最依靠的人所背叛時，情況更為顯著。我們會盡己之力保護與對方的關係，無論情況多麼令人憂慮。

終於有一天，有位學生對凱文衝口而出說，「你知道你哥哥和泰勒上床嗎？」「我無法了解這件事。」凱文回想著，幾分鐘後他走到一個安靜的地方，打電話問哥哥是否是真的。「他知道他惹了大麻煩，不斷向我道歉。我記得我哭了好幾個小時，把頭埋在藍色枕頭裡。我和哥哥之間的感情從此改變。」

在他的文字中，我可以聽見十六歲的他的心聲。他的故事在時光中凝結，展現出鮮明的細節：準確的時間、告訴他這個屈辱真相的學生的名字、他等待哥哥接聽電話那幾分鐘、他埋頭哭泣的枕頭的顏色。心理學家把這些稱為屏蔽記憶：我們關注某些特定細節，以隱藏經驗中的痛苦情緒，使心理創傷較為容易忍受。

在凱文的下一封電郵中，我感受到他的解脫，因為他開始明白為什麼他看到枕頭的顏色比看到泰勒的臉更清楚？背叛的深度與情感的深度是關係密切的。對許多人來說，朋友的背叛要比自己伴侶的背叛更讓人受傷。泰勒的虛情假意固然傷人，但漢特的傷害卻更深。如果背叛者是自己朋友圈中的人，是自己的家人，或是自己所依賴的人（保母、老師、牧師、鄰居、醫生等），這種傷害會加重。我聽過不只一個這樣的故事，自己的好朋友和知己，原來就是伴侶的情人。融貫性的神經突觸斷裂得越多，人就會更狂亂，也就需要更多時間復元。

多年以來，凱文都深陷於對自己「愚蠢」所感到的難堪與羞愧之中。因此，他無法信賴自己的認知感覺。「每次我與女生相識或約會，我都會想：我們的關係中一定還有其他人。」當他了解問題不在於他看不見徵象，而是在於他信任哥哥，這種信任對他非常重要，但是哥哥卻未能給予尊重。他現在正設法與哥哥修好關係。他也對少年時候的自己產生一種新的情感，這讓他在遇見所喜歡的女生且將進一步發展時，不至於再突然退卻。

從疑心到證實

確知真相是殘酷的，但噬咬內心的猜疑也同樣讓人痛苦不堪。當我們懷疑所愛之人有不軌之舉時，我們會成為固執不懈的搜索者，尋找他在渴望中不小心散落的衣物和線索。我們也會成為精明的監視專家，注意他臉部瞬間的變化，她聲音中的淡漠感，他衣服上的陌生氣味，她無精打采的親吻。我們匯聚所有可疑之處詳加分析，「我老是懷疑為何她公司有那麼多早晨會議，可是她原本應該十點才上班。」「她的Instagram內容不符合她說她所在的地點，日期不會騙人！」「他說去跑步卻會先沖涼和噴除臭劑，真是奇怪。」「她突然那麼希望邀請布萊德（Brad）和朱蒂（Judy）去吃晚餐，她這麼多年來都不怎麼喜歡他們。」「他真的需要在浴室裡用電話嗎？」

起初，我們會把問題藏在心裡，擔心誤會他（如果我錯了），又擔心面對現實（如果我對了）。但是最後好奇心總會戰勝知道真相的恐懼，於是我們開始刺探和查問。我們先試探，問一些已經從全球衛星定位系統知道答案的問題。然後設下陷阱，如莫扎特的古典歌劇中狡猾的費加洛所唱的「我只要假裝就比較容易發現每個黑暗的祕密。」安東（Anton）告訴喬西（Josie），他已經有證據證明她和別人上床，不要再騙他了。他說，「你說吧，我都知道一切了。」但這是虛張聲勢而已。喬西覺得事情敗露，就招認了，說出許多他想都沒想過的問題。現在他無法把這些影像驅出自己的腦海中了。（經常出現的轉折是，喬西後來告訴我，安東最初的疑心是毫無根據的，但他的窺探越來越頻繁，讓她感到沮喪和退避。最後，她很生氣受到監視，她說，「他那麼肯定我一直對他不忠，我就真的做給他看囉！」）

有時，這種懷疑伴侶外遇的侵蝕性折磨，會因伴侶採取殘酷的虛假矇騙手段而加重。幾個月來，露比（Ruby）都在問ＪＰ是否發生了什麼事，ＪＰ卻一直說她精神不正常、妒忌、疑神疑鬼。她幾乎就相信他了，要不是有一天他忘了把手機帶出門，她也不會發現其婚外情。事後回想，他那種大叫大嚷的否認方式，其實已經顯示他心虛。她現在覺得自己是遭受雙重背叛，因為他還使得她真的以為自己精神有問題。

懷疑之心終於真相大白之後，也許會感到一陣短暫的解脫感，但是新的攻擊馬上就開始。揭發婚外情的過程，往往留下難以磨滅的疤痕。你是如何發現這婚外情？你是不是在Ashley Madison網站中發現丈夫的電郵地址？還是有人特地向你告密？或者你是親眼所見？西蒙（Simon）回家時，竟然見到妻子和承包工雙雙躺在他的床上，他從此不再睡那張床。

潔米兒（Jamiere）已有心理準備，知道遲早會揭發丈夫的婚外情，但卻沒想到是在這種情況下發生。她從泰倫斯（Terrence）的行為中認出一些徵兆，因為他也曾對她這麼做：突然間注重打扮，換上新衣並修好指甲，工作上出現大量緊急會議。「這是他第二次這麼做，你以為他會比較熟練，可是他還是犯上全部同樣的錯誤。」然而他還是堅決否認。最後她獲得了證據，是那個女人的丈夫傳來給潔米兒的電郵。「他傳給我一串他們的電郵內容，其中有些讓我非常難受的批評，比如泰倫斯覺得我生了雙胞胎之後就長胖，我的牙齒彎曲，我說話的口吻像窮人家。那麼多的藐視和嘲弄，讓我覺得作嘔。」

泰倫斯的文字中的口氣，讓潔米兒內心煩亂，但是對於這些電郵在未獲得她同意下傳送給她，而且未經刪節，她也感到苦惱。她下決心不讓任何男人隨意擺布，於是就直接質問泰倫斯。過後，她也寫了一封信給那位自行決定把這些電郵丟給她的男士，認為他是假裝為了她好，其實這麼做的真正目的是為了「報仇！」現在，我對她輔導的焦點，是在於重建她的自尊心。

祕密、閒話和餿主意

人除了會揭發伴侶的祕密外，有時候也會在不情願的情況下參與這欺騙行為。由於遭背叛者也擔心他們的朋友、父母、孩子、同事、鄰居甚至媒體會知道此事，因此就成為這項祕密的共犯。現在，他們也必須跟著說謊，以保護那位對他們說謊的人。

「我站在那裡，拿著兩對相同的耳環。」琳恩（Lynn）回憶道，「我問他，為什麼買給我兩次同樣的禮物，答案像一個幻影，逐漸成形。原來他與祕書的戀情已經有六年，相同的耳環應該也頗多的了。」

為了他們的孩子，琳恩和米奇（Mitch）決定不分手。而且為了孩子，她也決定隱瞞這件事。她對我說，「我不想給任何人知道，所以現在輪到我說謊，以保護他的祕密。我對父母說謊，對自己的女兒們說謊，每天早上照樣做鬆餅，然後親吻他，跟他說再見，正如一個尋常的日子。真是滑稽！我是為了保護他們，結果卻好像是在保護他一個人，太怪異了是嗎？」本來是他不想讓她知道的祕密，現在卻變成是她不想讓別人知道的祕密。米奇在祕密揭發後彷彿鬆了一口氣，現在卻輪到琳恩感覺受困其中。有時她還得提醒自己，犯錯的並不是她。

有個方法可以幫助琳恩和米奇，就是謹慎選擇一兩位可以說真心話的好朋友，向他們告知此事，這樣傷口就不至於擴大。他們固然不想告訴全村的人，但是解除沉默的羞恥，對他們大有助益。邀請一兩個人來了解他們的哀傷，讓這個通常都密封的處境也透一透氣。

祕密公諸大眾後，人們的非議和可憐一如懲罰，會加重當事人的痛苦。蒂塔（Ditta）討厭學校裡那些媽媽，她們以異樣眼光看著她，帶著虛假的同情，內心卻慶幸事情不是發生在自己身上。「她怎麼會不知道？」她們竊竊私語，「她能怎樣呢？在四大洲工作，讓他自己一人與孩子留在家裡。」這些集體的指責聲，有輕微的批評，也有完全歸咎於她本人：是她「允許」這件事發生；她沒充分防範事件發生；事情發生了她也看不出來；讓事情發生那麼長時間；還有，這些事情發生之後，竟然還不離婚。這些閒話在各個角落輕輕迴蕩。

婚外情不只能夠摧毀婚姻，也能夠拆散整個社交網。兩人情感的軌跡，往往與其他許多人際關係相互交錯，包括朋友、家人和同事。九年來，吉姆（Jim）都隨他的一群好友去參加一年一度的獨木舟之旅，現在他沒法再去了。他剛獲悉其中一人跟他妻子是床上之交，另一人則負責提供AirBnB，第三人知情但卻保持沉默。背叛來自四周圍，他問，「現在我還能跟誰說呢？」

對於這些人，其具體傷害是羞恥和孤獨。婚外情揭發之後，未曾疑心的伴侶陷入艱難的困境中。這時候他最需要他人的安慰和肯定，但是要去找朋友又感到無力。由於無法汲取朋友的支持，因此他們更為孤獨。

朋友的疏遠和沉默令人難受，但朋友的勸告也好不到哪裡。他們通常都太快做出草率的評斷，提供過於簡單的解決方法，還很積極地責怪對方，「我從來就沒喜歡過他／她。」極端情況下，朋友和家人還會顯得過於火爆和激動，全然否定對方原本的角色。「我母親只是一直在說，『我早就告訴你』，然後列出一長串莎拉（Sara）的不是，聽起來好像她一開始就看出來了。」馬丁（Martin）苦笑道，「我結果是叫她別再說下去了，提醒她莎拉是個好母親，她很勤奮。然後我想起，我不才是受傷害的人嗎？」

每個人似乎都知道該怎麼做。朋友們會讓他到家裡住，幫他包裝個人物品，換鎖頭，帶孩子去度週末。他們會把治療師、調解人、私家偵探、律師的聯絡電話給他。有時這些幫助的確是他所需要的，但有時儘管出於好意，卻可能妨礙當事人了解所處困境的全面影響。

為何在此刻發生？

婚外情的傷害已經夠深，但有時發生的時間點卻成為致命的一擊。「我們的孩子才剛滿兩個月而已！」這是一句常聽到的話，另一句是「我剛流產。」麗茲（Lizzy）在懷孕的最後三個月，發現丈夫丹（Dan）有婚外情。她覺得不應該說出來，因為這會傷害肚子裡的孩子，使得她和這個孕育中的孩子失去連結。她只希望孩子不會受到負能量的汙染。

湯姆（Tom）對我說，「我母親病重，我妻子卻在和一個膽小鬼上床。」德雷克（Drake）知道發現的時間點無關緊要，但他的痛苦卻難以減輕，「在我們的十週年紀念日發現這件事，雖然這與事件本身無關，但卻是個奇怪的因素，足以加深我的絕望感。」

當發生的時間點涉及個人情感時，事件的重點就變成是「他或她怎麼能在那個時候這樣對我？」在此，發生時間的重要性幾乎超越了發生的事件本身。

你怎麼沒想到我？

在某些情況，造成傷害的主要在於對方蓄意瞞騙，也就是對方為這些欺騙行為而精心策劃的程度。這種帶有策劃的意圖，意味著不忠的伴侶對他的渴望和後果經過仔細衡量，然後才決定進行。況且他為此明顯付出大量時間、精力、金錢和創造力，表示他是有意識地行動，為了追求自私的目的，犧牲了伴侶和家庭。

「請你從實招來。」茱莉（Julie）揭發史提夫（Steve）僱用高級伴遊女郎後對他說，「你如何找到這個妓女？你是剛好手上有五千美金的閒錢嗎？或者你分十次去自動提款機取錢？你早就知道召妓的費用嗎？你經常這麼做嗎？」整個涉及這個高級伴遊女郎的預謀中，每一步驟都表示他並未顧及妻子。史提夫蓄意在性行業尋找刺激的行為中，惹茱莉生氣的事太多了，但是真正令她傷心的，是他竟然可以完全不顧及她的感受。

他去銀行時有沒有想到她？在吃點心時呢？更換床單時呢？倒垃圾時呢？她對我說，「揭發婚外情是很痛苦，但是看到他花了那麼多精力來策劃，才是真正刺痛我。難怪他沒剩下多少時間和精力留給我們兩人。」

茱莉了解渴望是什麼，她也曾經有機會出軌，但她從未付諸行動。「我知道你做了什麼，因為這是我能做卻沒做的事。」她告訴史提夫，「當機會出現時，我無法去做這件事，因為我無法不想到你。我知道我會傷害你多深。你怎麼會不知道這點呢？還是你完全不在乎？」

謹慎策畫的婚外情會刺傷人，但相反的情況也可能傷人不淺。這類不忠行為是在無意間偶然發生的。「她告訴我，那次只是一時衝動，沒有特別意思。」里克（Rick）苦笑說，「於是我說，這樣說我會好過一些嗎？你為了一些沒有特別意思的東西而如此傷害我？」

我只是他真愛的寄存處？

今天，多數人都理所當然認為我們不會是所選伴侶的第一位情人，但我們卻希望是其最後一位。我們可以接受所愛之人過去曾有別的關係，甚至婚姻，但我們希望那些短暫的往事，都已煙消雲散，因為那些都不是真實的。我們知道自己並非其曾經擁有的唯一之愛，但卻深信自己是其真正所愛。有鑑於此，在外遇敘事之中，有一種尤其痛苦，就是對方與舊情人重燃愛火。

海倫（Helen）和邁爾斯（Miles）在一起十八年，結婚十四年。過去兩年裡，邁爾斯與前妻莫拉（Maura）有染。當年莫拉為另一個男人而離開他，讓他幾乎一蹶不振。「為何是她？」海倫不斷追問，「為何是他前妻？她曾傷害他那麼深，我以為他們兩個應該早就一刀兩斷才是。」我問邁爾斯時，他承認說，他從未相信莫拉不再愛他。「過了這麼多年，我卻在太平洋海岸的林野步道中遇見她，這難道不是緣分嗎？」

海倫一向知道莫拉是邁爾斯的初戀情人，他們在念大學時結婚，度過十二年的時光。現在，海倫心裡一直胡思亂想，「他真的愛過我嗎？我們都有子女了，還有一起建立的這一切，可是我真的是他的真愛嗎？難道她才一直是他的真愛？也許我只是他真愛的寄存處。」被人取代是殘酷的，但如果是前妻重現，新歡原來就是舊愛，這一峰迴路轉，感覺就如我們是在與命運搏鬥一般。

嬰兒與驗血

當婚外情牽涉到生命或死亡，誕生或疾病時，又會翻起新的風波。人們一向都了解，一時放縱的後果，可能影響未來幾代人。歷史中常見的是，私通行為有個難以避免的後果，就是可能生下私生子。這種情況今天很少見，但在過去卻是常態。然而，儘管現在已有避孕措施，還是有不少私通事件導致生下孩子，加重了當事人的羞恥感，其影響也更加深遠。某些男人得要撫養非他所親生的孩子：「多數時候我沒想這件事，自覺我就是她父親。但偶爾想起，心裡就痛，我疼愛這小女孩勝於世間一切，但她確實帶著另一個我討厭的男人的基因。」某些女人知道她伴侶在別處另有孩子：「最初是他不想要有孩子。當我們開始嘗試時，已經太遲了，即使用人工受孕也不行。沒有孩子是痛苦的，但我想大家也算是盡力了。然而，我卻發現他不只和另一個年輕女人上床，還生下孩子，這正是我無法做到的。當我丈夫對她表明不會離開我時，她還心懷惡意地把胎兒的超音波照寄來給我。我可以承受這個婚外情，卻無法忍受他另有孩子的問題。」

婚外情一方面可能孕育出新生命，另一方面也隱藏著生命的危險。近年來，當伴侶發生婚外情時，標準措施是讓不忠伴侶接受性病檢查。然而，有時卻是太遲了。提姆（Tim）知道麥克（Mike）有多位伴侶時，感到非常生氣。他曾清楚對麥克說，他要的是單一伴侶關係。在傷害之餘，更令他感到受辱的是，他還必須等待驗血報告，心裡焦慮不堪。「我們都採取安全性愛，我最難接受的是他毫不關心我的健康，竟然讓我們兩人都陷於危險之中。每次想到這點，我就心寒。我也不清楚他是否對所作所為感到抱歉，或只是覺得自己不幸被抓到而已。」

拈花惹草的代價

我們對背叛行為的體驗及如何做出反應，與經濟狀況也有重要關係。對於經濟上有依賴性的伴侶，情況很簡單，就是「我沒有能力離開他」，別無他途。對於負責賺錢養家的一方來說，則是「我這麼多年來辛辛苦苦供養你和這個家庭，你卻為了別人而離開我（我還需要負擔贍養費）」，這種想法就太難忍受了。無論是哪一方，他們可能需要付出的代價不只是家庭和共同建立的生活，也包括大家所習慣的生活方式。德文（Devon）第二次對安妮（Annie）不忠時，她要他二十四小時內「滾出我的公寓」。她後來告訴我，「所有帳單都是我付，包括他的車款，讓他可以專心做音樂。我已經過於慷慨了，可我現在受夠了。」她的經濟自由度是個緩衝空間，讓她具備多種選擇，這是許多人所缺乏的。

達琳（Darlene）的經濟情況不佳，她甚至無法去參加互助團體，因為她沒能力為孩子僱用保母。她不會說「我受夠了」，而是說「我受困了」。她沒條件離開，儘管有幾位治療師和教會朋友都鼓勵她這麼做。因此我們為她找到一個新教會，那裡的牧師樂於幫助她，另外也找來一個尊重她的選擇並願意聆聽她的網上社群。除非她擁有一個能讓她思考自身處境的空間，否則她無法考慮其出路。

伊迪絲（Edith）在五十多歲後，才發現丈夫多年來都有召妓的習慣。這種低俗的嗜好讓她困擾，然而真正踢中她要害的卻是所涉及的費用。「我不希望顯得太過唯利是圖，但是二十年來付費性交，夠買一棟房子了。」她坐在狹窄的單臥室租賃住家裡，打量著那些信用卡帳單，那幾萬美金的開銷對她的傷害，要比這些錢所換取的性關係更令她受傷害了。

金錢、孩子、性病、預謀、即興、羞辱、自我懷疑、閒話和批評，還有特定的人、性別、時間、地點、社交脈絡。上述這些簡略的愛情恐怖故事若能帶來任何啟發，那就是所有背叛故事雖然都有共同的特點，但其經驗卻都是獨一無二的。如果我們把婚外情簡化為性愛和謊言，對誰都沒有好處。我們不能忽視其他各種構成元素，因為正是這些元素形成痛苦事件的細節，也指出療癒的路徑。

第六章

醋意：愛慾的火花

「綠眼魔獸帶來巨大的痛苦，但是這隻醜陋的巨蛇若不存在，則存在的性慾也將只是一具死屍。」

——敏娜・安特里姆

問：要維持長遠關係，有什麼祕訣呢？

答：外遇。不是指此行為本身，而是指其威脅。普魯斯特認為，注入妒忌成分，是拯救遭習慣所毀的關係的唯一有效方法。

——艾倫・狄波頓，《普魯斯特如何改變你的人生》

尤里庇底斯、奧維德、莎士比亞、托爾斯泰、普魯斯特、福樓拜、司湯達、勞倫斯、奧斯汀、勃朗特、愛特伍（Euripides, Ovid, Shakespeare, Tolstoy, Proust, Flaubert, Stendhal, Lawrence, Austen, Brontë, Atwood），無數文學巨匠都曾探討過外遇這一主題。這類故事至今依然源源不絕，由新銳作家繼續書寫。許多這類作品的中心，都包含某種最複雜的情感之一，那就是醋意。「由占有慾、疑心、憤怒和羞辱結合而成，令人厭惡的情感，能在你思及對手時，掌控你的心智，並威脅你的心靈深處的核心。」[33] 演化人類學家海倫・費希爾（Helen Fisher）所言極是。事實上，如果剔除「外遇」及其如影隨形的同伴「醋意」，這些文學大師，還有戲劇、歌劇、音樂、電影等領域的大師們，必將隕落大半。這些大師的書頁中和舞臺上有眾多人物，遭到這最痛苦和最危險的情感所操控扭曲。

然而，當外遇事件終於出現在心理治療師的診室時，尤其是在美國這裡，醋意突然間卻不見了蹤影。我的同行巴西婚姻治療師米雪・賽因克曼（Michele Scheinkman）和丹尼斯・維聶克（Denise Werneck）強調這個有趣的差距：「有關外遇的文獻在討論背叛與婚外情的影響時，主要針對其曝光和揭發後的心理創傷、告解、第三者的決定、原諒和修復，這些都是關係到背叛事件在此時此地的具體狀況。然而，文獻並未討論醋意一項。這個詞彙在讀者最多的外遇書籍的目錄與索引中也無法找到。」[34]

賽因克曼和維聶克在解讀醋意時，尤其關注其文化差異。他們寫道，「醋意在全世界都被當成是情感犯罪的動機，在某些文化中更是被解讀為毀滅性力量，必須加以克制；在另一些文化中則被視為愛情的同伴，單一伴侶制的守門員，對保護夫妻的結合具有重要性。」[35]

我在美國和世界各地的工作經驗，足以證實賽因克曼和維聶克的觀察。在拉丁美洲，「吃醋」一詞在與人交談時很快就會出現。一位布宜諾斯艾利斯的婦女對我說，「在我們文化中，吃醋是重要的情感課題。我們要知道，他是否還愛我？她擁有什麼是我所沒有的？」

「你們又是如何看待說謊呢？」我問。她笑著不屑一顧地說，「自從西班牙人來了之後，我們就都在說謊了！」

這類文化傾向於強調愛的喪失與情慾的離棄，較不強調欺騙行為。因此，醋意在這裡的意思，就如義大利歷史學家兼哲學家葛維利亞．西沙（Giulia Sissa）所說，是指「情慾的憤怒」[36]。在羅馬，二十九歲的齊奧（Ciro）臉上的表情帶著某種堅韌的滿足感，告訴我他有個計畫，就是他將刺破女友的車胎，以此縮短她和情人相處之夜。「至少現在我不必想像她是躺在他的臂彎中，她將得站在雨中等待拖車到來。」

然後，在美國及其他盎格魯撒克遜文化中（通常是新教文化），人們對這個愛情的纏綿之症，通常都保持高度沉默。他們寧願談論背叛、違反信任與說謊等。醋意遭到否認，是為了保護受害人的道德優勢。我們認為醋意是一種瑣碎卑微的情感，散發著依賴性和軟弱的氣息，我們以能夠超越這種情感而自豪。「你說我吃醋？胡說！我只是憤怒！」我在芝加哥起飛的班機上認識史都華（Stuart），他承認親眼見到女友與其他男人調情時，心裡感到惱怒，「但我絕對不會讓她知道我在吃醋。」他說，「我不想讓她覺得她對我有那麼大影響力。」順帶一提，史都華不了解的是，雖然我們設法隱藏心中醋意，但是引起我們醋意的人一定會知道，甚至會故意搧點風，讓原本的小灰燼釀成怒火。

醋意並非一直受到否認。社會學家戈登·克蘭頓（Gordon Clanton）針對這一課題調查了四十五年期間的流行美國雜誌文章，發現在七十年代之前，醋意一般都被視為是愛情本質中的自然情緒。有關醋意的忠告，都是專門針對女性，鼓勵她們盡量控制她們內心的醋意，並避免激發她們丈夫的醋意。七十年代之後，醋意不再受到重視，並日益被視為是舊式婚姻模式中殘餘的不當情緒，這種模式是以擁有權為中心（對男性）而依賴性則是無可避免（對女性）[37]。在提倡自由選擇與平等主義的新時代思潮中，醋意失去了其合法性，成為一種羞恥的情緒。「如果我是自由選擇了你作為伴侶，並放棄其他人，而你也是自由選擇了我，我就不能覺得我應當占有你。」

就如西沙在她有關這個主題並讓人耳目一新的著作中指出，醋意有一個內在矛盾，就是：我們需要愛才能吃醋，但是如果我們有愛，我們就不應該吃醋。但是，我們依然會吃醋。每個人都說，吃醋是錯的。因此，我們覺得這是一種「不被認可的情感」。我們不只被禁止公開承認我們吃醋，我們甚至連心中吃醋也不被認可。今天，西沙警醒我們，妒忌是一種政治不正確的心態[38]。

圍繞著醋意而出現的社會再平衡現象，是我們超越父權制的重要轉變，但也許有點過度了。我們的文化觀念有時對人們內心缺乏安全感的問題顯得有些不耐煩，因此未曾關注愛情的內在脆弱性以及心靈自我防衛的需要。我們把所有希望都寄託在一個人身上時，我們的依賴感就急遽擴大。無論大家願意承認或否，每對夫妻其實都活在第三者的陰影中，而正是因為潛藏著第三者的存在，才使得夫妻關係更為牢固。亞當．菲利普斯（Adam Phillips）在其著作《單一伴侶制》中寫道，「當只有我們兩人時，我們只是在一起，若我們要組成一對有關聯的伴侶，我們需要三個人。」[39]了解這一點之後，我對現代情人想要抑制的這種固執情感就更感同情。

吃醋的心理包含著重重矛盾。正如羅蘭．巴特（Roland Barthes）對妒忌心的敏銳陳述，他指出妒忌之人「承受著四重痛苦：因我妒忌，因我責怪自己妒忌他人，因我擔心我的妒忌會傷人，因為我讓自己變得平庸：我因被排擠而痛苦，因暴躁而痛苦，因瘋狂而痛苦，因粗俗而痛苦。」[40]

除此之外，我們一面猶疑不敢承認自己心懷醋意，一面也擔憂伴侶是否全無醋意。聖奧古斯丁曾說，「若不吃醋，則未相愛。」我們看待他人時，會同意他的話，但卻不會把相同邏輯用在自己身上。我記得《虎豹小霸王》（*Butch Cassidy and the Sundance Kid*）中有一個畫面，保羅．紐曼飾演的布屈（Butch）帶了同伴日舞（Sundance）的女友艾塔（Etta）去騎自行車。她到家下車後，兩人擁抱。日舞（勞勃．瑞福飾演）出現在門口問道，「你們在做什麼？」布屈回答說，「偷你的女人。」日舞慣常面無表情的說，「拿去吧。」我記得看這一幕時還是個小女孩，當時很多人都很欣賞他們這種相互信任的兄弟情誼，我卻在尋思，如果日舞表現得不滿一些，她是否會更有被愛的感覺？

占有慾的窘境

波莉（Polly）從大西洋對岸聯絡上我。過去近三十年來，她都對丈夫奈傑爾（Nigel）始終如一的道德觀念具有絕對信心。因此當她發現丈夫也上演中年思春事件時，深感震撼，演對手戲的是個年輕女人，名叫克拉麗莎（Clarissa）。她對我說，「我敢以性命打賭他不會出軌！」不過這位膝下有四個孩子的父親卻不認為他有婚外情，他認為他只是墜入愛河，並認真考慮離開波莉，找尋新生活。可惜天不從人願，他那位黑眼睛的情人認為他隨身帶來的行李太多，因此決定自己輕裝上路。奈傑爾垂頭喪氣，可也略有解脫之感。他決定回轉家門，結束這段他現在稱之為「短暫瘋狂」的經歷。

我首次與這對英國夫妻面談時，他們正當要邁入五十歲大關，我對另外那位女人的了解比對夫妻倆的了解更深，因為波莉滔滔不絕說著那女人的事。

她告訴我，「但願我能把那女人從我腦海中趕走，但我不斷閃過他在電郵中對她描述的景象。我要他去告訴她，這只是一種痴迷而已。我猜想她一定對兩人之間分享的情感沾沾自喜，相信他們的感情比我和他的感情更深。我認為他應該把話講清楚，他愛我多過他愛她。也許這麼做能消除我的心理創傷。」我覺察到她的痛苦，但從她的要求中，我也覺察到她的醋意，這點是錯不了的。

當我指出這點時，波莉像是被拆穿似的。她沒有否認，但顯然內心在波動。吃醋的人知道，醋意不是一種有同情心的態度，其煩惱也會招來批評甚於安慰。於是，對於普魯斯特（Proust）稱之為「無法驅除的惡魔[41]」這種心態，人們會去尋找另一個較能被社會所接受的詞彙。「心理創傷」、「侵入性思維」、「病理性重現」、「執念」、「警覺心」、「愛慕傷害」等，都是對遭背叛的愛情而採用的現代詞語。創傷後壓力症（PTSD）架構使我們在愛情上遭受的痛苦合理化，但是卻去除了其愛情的本質。

我向波莉保證，吃醋是一種自然反應，並無須感到羞恥。承認吃醋，就是承認愛情、競爭及比較，這一切都顯露出自身的脆弱性，尤其是當你對傷害你的人顯露出這種心態時。

「綠眼魔獸」嘲笑我們最軟弱之處，使我們直接碰觸到我們感覺不安、恐懼失去及缺乏自我價值的內心。這不是妄想或病理性的醋意（有時也成為黑眼魔獸），其毫無根據的疑心是源於兒童期心理創傷而非當前事件。這是愛情本質中的醋意，因此也是外遇本質中的醋意。這個簡單的詞語中，包含了許多強烈的感受和反應，涉及所有不同程度的心態，從哀悼、自我懷疑和屈辱、占有慾和競爭心、激動和興奮、懷恨和報復、以至最終的暴力。

我請波莉告訴我，她心裡的感受。她承認，「有時候會覺得我只是一個安慰獎。」她這個時代的女性，往往有更多要求。「我要她知道，他回來是因為他愛我，不是因為內疚或責任，也不是因為她拋棄他。」

這就是重點所在，我們其實是被困於占有慾的窘境之中。我們渴望擁有和控制，這種心態隨即成為渴望愛情的本質部分，這是愛情的一種變形。我們一方面希望強迫伴侶回來身邊，但又不希望他們回來只是出於義務，而是他們心甘情願。我們知道，缺乏自由及非自願的愛情，並非真正的愛情。可是若要給予愛情這種自由的空間，又未免太過可怕。

如果我是在早幾年前輔導波莉和奈傑爾，我也會傾向於關注心理創傷和背叛行為，而不會理解帶有醋意之愛。我很感謝賽因克曼的研究，她對這種遭放逐的情緒注入新的觀點，並且提醒我，畢竟外遇並非只關乎破裂的契約，也關乎破碎的心。

是創傷故事還是精彩情節？

在文化思潮的影響下，我們必須明瞭，現代外遇敘事中愛情具有其中心性，而吃醋心態正是進入這項對話的門徑。當然醋意有時會過於強烈，以致傷害了我們，甚至更極端時會招致攻擊或嚴重事故。否則，醋意可能是性慾的最後一點發亮的餘燼，如果連醋意也消失，婚姻關係也就完全枯萎。因此，吃醋也可說是重燃愛火的一個方式。

阿雅拉．派斯（Ayala Pines）在《浪漫醋意：原因、症狀、治療》一書中寫道，「醋意是愛情的暗影。」因為它肯定了我們對伴侶和關係的重視[42]。我將這個觀點注入輔導中，藉以提醒波莉和奈傑爾等夫妻，婚外情並非只是關於違背契約，也是一種在愛情中受挫的體驗。

西沙形容醋意是一種「誠實的感受」，因為它不會偽裝，「它勇敢地承擔起其痛苦，並且展現一種能認識自身脆弱性的卑微尊嚴。」[43]有趣的是，當我們追溯這個詞彙的起源時，可一直追溯至希臘文的「zelos」一詞，也就是「狂熱」的意思。我喜歡這個概念，因為我可以用這個概念鼓勵案主繼續爭取，而不是受心中醋意所害。

許多夫妻都很樂見這種架構重整方式，他們寧願認為自己是一場渺茫愛情的主角，而不希望成為某個制度失敗的當事人。違背契約腳本所主張的「你是我的丈夫，所以你必須對我忠誠」這一觀點，在這個追求個人幸福的年代已經不足以應對，而「我愛你並且要你回來」的腳本具有危險性，但卻包含情感與情慾的能量，可使所受的傷害變得更具尊嚴。

他的婚外情引我遐思，這算過分嗎？

「我們做愛時，我有時會想像我是她，西班牙籍性感而帶著口音的三十五歲酒吧女侍應。」波莉習慣了最初的尷尬後，開始隨意地談論她的醋意十足的想像。「我們在酒吧關門後赤裸著身躲在吧臺後面，或躲在公園的草叢裡，或深夜躺在月光照射的海上。真是非常刺激。我一直希望他能這樣對我，那麼急切地需要我，以致甘冒被發現的危險。現在彷彿是他們偷走了我的幻想。他們的婚外情引起我的性慾，我這算過分了嗎？過後我會覺得屈辱，但是我無法不去想她。」

她告訴我，她希望奈傑爾用跟克拉麗莎一樣的方式跟她做愛。「我想知道她有何感覺。」她說。但是我心想，真的是這樣嗎？我告訴波莉，「我倒是覺得，你是想知道他對你會不會有對她一樣的感覺。」

我問她，婚外情事件解決後，他們性生活如何？

波莉有點尷尬的說，「我們的性愛充滿情慾，這是過去所未曾有的：狂亂、熱烈、急切。」

我見過許多夫妻，都羞於承認在婚外情揭發之後，他們的性關係有時卻變得充滿強烈情慾。「我怎麼可能對背叛我的人產生情慾？我對你氣瘋了，但我要你抱緊我。」然而，渴望與剛遺棄我們的人在身體上結合這種現象，竟是常見得令人訝異。

性慾並非遵循我們的理性行事。性學家傑克．莫林（Jack Morin）在《情慾心智》中指出「情慾有四個基石」，其中第一項是渴望（就是期望不存在之物）[44]。至此，我們應當可以理解，因外遇而產生害怕失去的心理，為何能夠重新燃起或已停息多年的情慾之火。況且，對波莉這些人來說，痴迷地想像情人與他人交纏時的身體，本身就是一種意料之外的催情劑。人們長久以來就知道吃醋心態具有神奇力量。奈傑爾在他們的關係之間添加了一個情色故事，作用有如注射了一劑催情藥。奈傑爾直認不諱這次事件並非一時放縱，這態度更是引發波莉的激情。醋意其實是情慾的怒火，她那基於適者生存原則而產生的決鬥之心，並非僅僅是心理創傷症狀，更是愛情受挫的結果。在波莉的個案中，我直覺認為，醋意在她的婚姻重生過程中具有核心意義。

滋味跟你一樣，但比較甜

當然，外遇並非每次都引爆情慾，多數時候倒正好相反。醋意會使人永無休止地追問，而對其中的性感細節挖掘得越多，與對手的比較就越來越顯得對自己不利。麥克．尼克斯（Mike Nichols）執導的電影《偷情》（*Closer*）中，拉里（Larry）（克萊夫．歐文飾演）獲悉妻子安娜（Anna）（茱莉亞．羅勃茲飾演）與丹（Dan）（裘德．洛飾演）有長期婚外情後向她質問。他問道，「你們在這裡做嗎？什麼時間？你有高潮嗎？多少次？感覺怎樣？你們用什麼姿勢？」

她在公寓裡邊走邊穿大衣，他緊緊跟著她，他的問話越來越露骨，她的答案使他更為憤怒。最後來到門口，她轉身直視著他說，「我們做了每一件做愛的人做的事！」

但他還是不滿意，繼續地問，「你喜歡含著他嗎？你喜歡他的鳥嗎？你喜歡他噴在你臉上嗎？你覺得滋味好嗎？」

她極度惱怒，大聲吼回去，「滋味跟你一樣，但比較甜！」

他的憤怒一下洩了氣，轉為苦澀的嘲諷，「你們真是精神可嘉。現在你去死吧！」正如法蘭索瓦·德·拉羅希福可（François de La Rochefoucauld）所寫道，「醋意的養分來自猜疑之心，當猜疑化為確定之後……醋意也就轉變為憤怒。」[45]

並非只有男性想了解其中的具體細節。儘管流行的演化理論認為，女人吃醋偏向於情感，男人吃醋偏向於性感，但我卻聽過吃醋的女人們拿自己和對手比個不休，其具體細緻的程度，與男人同樣充滿影像感。她的是雙D尺寸，我則是胸圍平常。她多次高潮，我偶爾來之。她潮溼有如泉湧，我需要用潤滑劑。她熱心口交，我厭惡那氣味。我們都聽過艾拉妮絲·莫莉塞特（Alanis Morrisette）高聲唱出這段歌詞，「那是舊版本的我，她是否性變態如我，她會否在戲院中幫你口交？」

妒忌與吃醋交織

人們常問，妒忌和吃醋有何差異？妒忌是指你得不到某些想要的東西，吃醋則是指你擔心失去某些你所擁有的東西。因此，妒忌只涉及兩個人，吃醋則涉及三個人。妒忌和吃醋關係緊密，往往互相交織。

我的朋友摩根（Morgan）是位五十多歲新聞工作者，聰明而又有成就，她覺得很難分辨，自己究竟是對丈夫伊森（Ethan）的情人感到吃醋，還是對他們兩人之間的情感有所妒忌。起初，伊森只是承認有婚外情，後來摩根卻在他的電子檔案中發現他與情人之間的快樂情感。她回想道，「我當時如何應對？我只能退縮到另一個痴迷的世界中。」若她得不到伊森，她至少可以在電子世界中偷窺他們的婚外情。她於是帶著「一種受虐式的狂熱」，急切地查看那位情婦的Instagram內容和她的網站。

「克莉奧（Cleo）就如人間女神的化身，她那愛慕的眼神、結實的身姿、彷彿知道你心事的微笑：那麼自然，那麼年輕，那麼具有誘惑力。她是造物者手中的完美藝術品。她是一位獨立電影製作人，一位瑜伽師，一位進步主義的倡導者，探險者，她腳上還戴了腳環！她像個頑皮的小仙子，內心光明而快樂，並且散發出來，感染了周遭每一個人。」每一層理想化的心態，都伴隨著一層自我否定的暗影。「如果我所得到的教訓，是我還算不上是個女人，至少我可以透過這個女超人間接地活得像個女人。多少次我聽到了他們過去所曾有過的無數對話，多少次我對著想像中的他，感受到了無比的幸福。」

我問她，為何她對克莉奧的關注，超過了對伊森的背叛。她說，「重點不是在於他犯錯，而是在他能超越。他這個更優秀的新情人把我比下去了。在我混亂的想像中，每張帶著說明的相片都是一個證據，表示他已經找到了他的真愛，而我已經玩完了。所以我說，『背叛』或『犯禁』這些字眼對我而言都是搞錯了重點：這些字眼充滿了為我報復的責難，我是受害者，但是卻迴避了我處身於自我模糊邊緣中的感受，我覺得自己的魅力已經再難維繫。」摩根這種自殘式的痛苦，就是來自妒忌和吃醋結合而形成的毒害。在她的痴迷行為下，潛伏著羞恥和自我懷疑的心態。她甚至進一步自虐，想像伊森和克莉奧在談論她，說「伊森終於從她這個黑暗魔女的掌心中逃脫。」

我們想像伴侶與他的情人在談論我們時，感覺有如赤身裸體：我們的隱私世界、祕密和弱點，一切都無可遁形。我們會想了又想，「他說了什麼我的事？」「她是不是說自己是不幸婚姻的受害者？」「他是不是說我壞話，讓自己看起來像個好人？」我們無法控制離去的伴侶，更無法控制他們怎麼去陳述我們之間的事。

摩根回想起這一年來的哀傷，宛如丈夫逝世的心情，她說，「那些畫面和心情一再閃現，就如一組隱密的夢境。最初是每一秒鐘都盤旋在我腦海中，隨著時間過去，其間隔拉長至每三十秒一次，然後變成整整一分鐘，再變成幾小時，幾天。你可否想像，一個人無法自由思想時是什麼感覺？」

摩根滔滔不絕地說著有關自我主權的喪失，讓我想起法國作家安妮・艾諾（Annie Ernaux）的話。她在《占領》這部小說中，描述某種被另一個女人完全占據她內心思想的狀態。她將吃醋比喻為某個被占領的地區：一個人的整個生活被另一個不認識的人所侵入。「無論是在字面上或比喻上，我都覺得自己是被占領……我一方面承受著痛苦，另一方面又只能一直想著這件事，分析我的痛苦，無法再專心從事其他事情。」[46]

摩根從朋友、書籍和電影中找到慰藉。她覺得自己像是「上癮」一般，想要知道其他人是如何鬆開那種有如被蛇緊緊糾纏的感覺。她必須確定自己並非發瘋。當然，她不是發瘋。對「戀愛中的頭腦」進行了fMRI（功能性磁共振成像）研究的人類學家海倫・費希爾（Helen Fisher）表示，浪漫愛情事實上就是一種「上癮」行為，它促使頭腦中變得活躍的部位，與可卡因或尼古丁是一樣的。戀愛中的人如果遭到拒絕，其癮症依然存在，每當他見到伴侶的影像，頭腦中的相同部位依然會變得活躍。她的結論是，要一個人對所失去的愛情停止日思夜想，就像是要嗜毒者戒除毒癮一樣[47]。儘管這個觀點的科學性存有爭議，但是其象徵性確實具有意義。早在fMRI設備告訴我們原因之前，戀愛中的人就知道這個現象存在。

除了這些生理迴圈被啟動之外，摩根也陷入早期童年失喪的心理迴圈中。她再度感受到多次遭遺棄的往事，其中一些雖然發生在她記得事情之前，但誠如精神科醫生貝塞．科克（Bessel Van der Kolk）所言，她的身體依然「留下烙印」。一段受傷的愛覆蓋在另一段受傷的愛之上，就如時光中的回聲效應，現在的一道新裂痕，會引發過去所有舊裂痕一起迴蕩。

隨著時間過去，摩根回憶道，「神經元開始冷靜下來」，她也「拋離了瘋狂」。兩年之後，伊森的電郵出現在她的收信箱中，請她給他另一個機會。她的生存本能說：不行。「我為了從殘敗的廢墟中重建自我，已經付出太多。但我還有一個問題尚未找到答案，就是：我如何才能再信任他？」

追回愛情

摩根與對手的競爭，使她幾乎被逼到自我毀滅的邊緣。她需要擺脫另一個女人的糾纏，重新找回她的自信心。可是波莉與對手的競爭卻充滿刺激感。她看到其他女性如此渴求奈傑爾，就被猛然拉出婚姻的平庸狀態中，也因此促使他成為渴望對象，而她則成為追求者。任何事物都比不上第三者色情的眼神，更能擾動夫妻之間因日常生活而逐漸淡然的激情。

事件解決之後，我碰到機會向波莉和奈傑爾詢問他們的進展，他們表示進展非常良好。奈傑爾誠心表示後悔，並致力於重建他們的關係。只有一個問題令人頭痛，就是波莉依然在想著「那個女人」。

她告訴我，她在接受一位當地治療師的治療，這位治療師診斷她為創傷後壓力症候群（PTSD）。她正在設法消除這個侵入性思維，並採用正念練習、呼吸練習、還有跟奈傑爾做長時間凝視，藉此建立兩人的親密關係和信任。「我希望隨著我逐漸感到安全，我這些念頭會完全消除。」

我對她說，「如果那種狀態完全消除，你當然會覺得非常輕鬆。」但我想起以前曾對波莉說過的話，於是建議她換個方式看待這個問題。「何必消除這些念頭呢？有這些念頭是非常自然的事，更何況這些念頭帶給你不少好處！」波莉看起來不太像個創傷受害者，應該說更像個因為愛和吃醋而展現無比活力的女人。「恕我這麼說，『那個女人』一直是個靈感的泉源。你現在更有生命力，更主動，體力更活躍，性關係也更敢於嘗試，這些對你們的關係都大有助益。」

奈傑爾不安地望著我，不確定波莉會怎麼回應我。但是她笑了。我常見到處於這種狀態的夫妻，他們終於能夠擺脫毫無幫助的創傷敘事，重新感受到人生中的精彩情節：愛情面對困阻但終將完美收場。這其實是一種更充滿能量的姿態，更具有人性，絕對不是疾病。

波莉的笑容令我變得大膽，我也以微笑回報。突然我的腦海中閃過一個念頭，於是我說，「我們不如再進一步，與其驅走克拉麗莎，倒不如記得她。想像你們為她做個小聖壇，感謝她為你們所做的事。每天早上，你們出門前，先向她鞠個躬，感謝這位意外出現的恩人。」

我當時並不知道這個違反直覺的建議，是否真的能將波莉從困境中解救出來，但我清楚我的目的是為了讓她重拾力量。用臨床術語來說，這是一種順勢治療法，稱為「以症狀為方」（譯註：類似以毒攻毒的概念）。既然症狀是非自主的，我們就無法加以緩解，但是如果我們把症狀作為藥方施加在患者身上，我們就能控制這些症狀。此外，建立某種儀式還能為舊的痛苦增添新的意義。而最美妙的特點是，原本的行惡者因此成為解救者。我後來略微詢問了波莉，知道這個頑皮的方法還當真發揮作用。我們明白這個方法並非適合所有人，但我倒是出乎意料地經常見到它達到效果。

能否不吃醋？應否不吃醋？

任何關於吃醋的探討，都不能不涉及先天與後天的爭論。吃醋究竟是一種天然的本性，深藏在人類過往的演化縫隙中，還是一種習得的反應，由過時的單一伴侶制概念所產生的社會化建構？這是有關課題在當代話語中最受關注的爭論。

演化心理學家注意到，吃醋在所有社會中都具有普遍性。他們因此斷定這必然是一種先天的感覺，編寫在基因之中。用研究者大衛．巴斯（David Buss）的話說，吃醋是一種「設計優美的適應性機制，過去曾妥善地維護我們祖先的利益，並且在今時今日依然能發揮作用。」[48]

發展心理學家則告訴我們，吃醋發生於嬰兒生命的初期，大約是在十八個月左右，但卻遠遠遲於快樂、悲傷、憤怒或恐懼等情感的出現。為何這麼遲？就如羞恥和愧疚一樣，這類感情需要某種水平的認知發展，要懂得分別「自我」和「他者」之後才可能出現。

吃醋爭論的另一個重點是涉及性別。傳統觀點是，男性吃醋主要在於其父親身分不確定而面對的風險，女性吃醋則主要在於失去照顧孩子所需要的承諾和資源。耐人尋味的是，研究顯示同性戀者則剛好相反：女同性戀者比男同性戀者更偏向於性慾方面的吃醋，而男同性戀者則比女同性戀者更常面對情感方面的吃醋。這相反的狀況固然有其爭議性，但卻強調了人在缺乏安全感時，就越容易感覺到受威脅。

過去幾年來，我遇見許多人決心要推翻吃醋的傳統觀念和態度，尤其是那些採取合意非單一伴侶制的人士。他們當中某些人的方法類似波莉，但更進一步，特意利用醋意作為情慾的強化劑，另一些人則設法完全超越這種心態。他們許多是「多重伴侶」者，聲稱已經發展出一套新的情緒反應，稱為「欣喜心」（compersion），這是指一個人看到伴侶與另一人快樂享受性愛時，他也因此感到快樂。他們致力想要使愛變得多元化，因此積極試圖克服吃醋心態，並視之為他們想擊敗的占有性關係範式的一部分。

「有時我見到她和其他女友在一起，我還是會吃醋。」安娜（Anna）告訴我，「但我提醒自己，這些是我的感覺，我必須自己處理。我不責怪她去引誘別人，我自覺無權採取行動來限制她的自由。我知道她很謹慎，盡量不故意挑起我那些情緒，我對待她也是一樣。但我們對彼此的感覺並不負責。」我通常不會從較傳統的配偶那兒聽到他們持有這種態度，他們一般期望對方會避免讓這種討厭的擾亂事件發生。話雖如此，我也見過不少非單一伴侶的配偶之間出現嚴重的吃醋行為。

至於我們究竟能否（或者應否）繼續演化並超越這種極具人性的特徵，還得拭目以待。當然，根植於占有性父權論調的吃醋心態，是需要重新檢討的；至於夫妻關係中希望占有彼此所有思想的態度，也應當透過放鬆掌控來加以改善。但是，在我們將吃醋心態送入歷史之前，也不妨聽聽性慾的低語。在這個世界中，因生活單調及習以為常而導致長期婚姻關係陷入痛苦的情況，遠遠多於因吃醋這類不安感所引起，因此這種來自情慾的憤怒也許自有其作用，只要我們願意同時承擔所伴隨而來的脆弱。

第七章

自責或報復：傷人傷己的雙面刃

「我的舌頭要說出內心的憤怒，若任其隱藏，我的心必然碎裂。」

——莎士比亞，《馴悍記》

婚外情的背叛這把匕首的兩邊刀刃都鋒利無比。我們可用來砍傷自己，刺向我們的缺陷，強化對自己的憎恨；我們也可以用它來反擊，讓傷害我們的人也親身感受到同等嚴酷的痛苦。有些人用這把匕首自殘，有些人則在現實或幻想中用它刺向犯錯者。我們在憂鬱與憤慨之間，了無生趣與怒火中燒之間，崩潰與反擊之間來回擺盪。

「我可能某一天覺得我們一定能度過這難關，第二天又對她恨之入骨，無法再看她一眼。」蓋亞（Gaia）對我說，「我一會兒氣我自己，覺得自己在這事件中過於隨和、過於體諒對方，一會兒又惱怒不已，覺得自己是個大傻瓜，我想去把我的鑰匙拿回來，並告訴孩子們她的所作所為。我恨她導致我心情動盪起伏如同雲霄飛車，我氣她動搖了我的世界，只不過因為她希望『自己能感覺好一些』。她自私，我卻因此遭受焚燒的酷刑。」

對巴迪（Buddy）來說，他對自己的蔑視與對不忠妻子的憤怒，在絕望中交織並達到了頂點，「我躺在床上，痛哭流涕，把獵槍塞進自己嘴裡，手指撥弄著扳機。這是我最消沉的一刻。」他這麼對我說。然而，他的下一句話卻閃現匕首另一邊刀刃的鋒芒。「我妻子發簡訊給我，問我還好嗎？我回答，『我好極了，如果你認為把獵槍塞進自己嘴裡算得上好的話。』」巴迪瀕臨自殺邊緣，幸而未曾遂其心意，這時刻卻也混雜了自我毀滅和責怪對方的矛盾心情，「你看，這不都是你造成的嗎？」

連我們本身，都往往難以預測自己的反應。小茗（Ming）是位態度溫順的女子，照顧家庭無微不至，說話總是輕聲細語。在她過去的人生中，每一次發生問題，她都覺得是她一手造成。她回憶道，「我的童年生活可以用三個字來總結，那就是『是我錯』。」然而，當她發現丈夫在網上尋歡的行為時，她卻大發雷霆，不但她丈夫大吃一驚，更是在她自己意料之外。她已經許多年未曾如此怒氣沖天。「每次他想辯護，我都叫他閉上鳥嘴。就像是我的另一個自我突然現身來保護我。長期以來，我都太過放任他，無論發生什麼事，我都是先責怪自己，我的反應總是加倍努力以求改善。他其實還想把他發生外遇的責任推到我身上，他告訴我，他的所有朋友都很同情他，因為他每兩個星期才有一次性愛。我把他臭罵了一頓。」

自責的殘酷邏輯

「我聽到淋浴的聲音，於是我走到浴室，要告訴她我回來了。結果我看到她全身裸體，旁邊站著我最好的朋友。」想起往事，迪倫（Dylan）不禁激動起來。「更荒謬的是，她告訴我，他們之間沒做什麼事，只不過因為一起去跑步，所以沖涼而已。我也相信她了。人怎麼會笨到這個地步呢？」

迪倫和娜歐米（Naomi）放下了這個事件，似乎一切終於恢復正常。然而有一天，他在遛狗時，「我突然有種直覺，感到她和他正在搞外遇。」他找到她的日記，謎團終於解開。「她一直不斷地撒謊，我則一直不斷地追查。朋友們給了我們一堆沒用的處理方法和勸導。最糟的是，我老是覺得我很愛她但是她卻沒那麼愛我，但她卻說我是缺乏安全感。現在我知道我並非缺乏安全感，我的猜測沒錯。至少可以說我之所以缺乏安全感是事出有因。」迪倫若有所思地說。

背叛事件發生時，我們會深深感到自己缺乏價值，我們深為恐懼的自身缺陷，此刻卻得到了證實。在這混亂之中，我們聽見舊日熟悉的聲音在提醒我們說，這一切可能是我們自己的錯。我們內心有一部分認為，也許我們是罪有應得。

選擇婚外情的只是其中一人，可是導致這一選擇的婚姻關係中，雙方通常都難免要負部分責任。心理治療過程中，雙方應在適當時機做出雙向的相互檢討，不過檢討時必須認清一點，就是：雖然某方可能創造某些條件而促成對方出軌，我們可以認為他們負有責任，但卻不能責怪他們造成婚外情，這完全是兩碼事。當事人處於震驚狀態時，很容易將兩者混淆。你如果過度自責，將使你過於關注你所不喜歡的自身缺點，這些缺點將迅速匯聚，成為你的伴侶發生外遇的理由。

迪倫容易受到這種負面的誇大情緒所影響。他的自我憐憫很快就演變為自我譴責。「我認為是我把她推向他的懷抱。她曾抱怨說，我給她造成沉重的心理負擔。她說，她需要的是一個堅強果敢，決心追求成功的人，而不是一個需要人呵護，多愁善感的新好男孩。」

迪倫喪失自信之餘，讓他更受打擊的是，他發現周遭的人多數知道這件事有一年之久。發現自己是「最後一個知道」，會讓人感覺飽受羞辱，不受重視。這等於是說，「大家都不重視你或敬重你，所以沒人告訴你。」他不只遭到女友和好友的背叛，也失去了在朋友群中的社交地位。他心中猜疑，朋友們一定都在他背後說閒話，友善者或許還會同情他，不友善者甚至會嘲笑他。

「你讓我痛苦，我要你遭殃。」

迪倫不斷責怪自己，我則在等待他對娜歐米爆發怒氣。他知道自己有正當理由感到憤慨，但他卻足足花了一年才表達出來。然而，在我所見的人當中，多數剛好相反：他們先是憤怒，然後才感到悲傷和反省。憤怒會引發強烈的報復心，自古以來受傷的人均是如此。

報復之心總是又狠又有創意。「我去把他的法院紀錄挖出來，然後寄給她父母，我想不妨讓他們知道女兒是和誰上床。」「有天，我把他心愛的衣服連同大便一同煮，呵呵。」「我對她的育兒小組的婦女們說出她對不起我的事。如果我是她們，一定不會讓孩子來這樣一個女人的家裡。」「我在他和那個蕩婦共度淫亂週末時，在院子裡舉行了一個露天拍賣，把他的所有東西都賣掉了。」「我把我們的性愛錄影上傳到Pornhub網站。」被愛人拋棄，總是希望對方得到報應。「可不能讓你就這樣逍遙快活，我一定要讓你付出代價。」

報復意味著希望能「扳回一局」，往往也具有心懷怨恨，期待獲得滿足的心理。尋求報復的英雄們的故事流傳久遠，遍及希臘神話，《舊約聖經》，還有無數偉大的愛情故事。在當代文化中，這類英雄也許沒那麼粗獷神勇，但有仇必報的傳統卻還是一脈相傳，尤其當這仇恨涉及婚外情時。每當見到無賴得到報應，我們都會振臂歡呼。當凱莉・安德伍德（Carrie Underwood）唱到，男友在酒吧裡泡妞跳舞時，她拿起路易士球棒把他車子的車頭燈打個粉碎時，我們會提高聲量，和她一同齊聲高唱。即使鬧出人命，這種「愛的罪行」也會比冷血殺手更受到寬待，尤其是在拉丁文化中。

報仇雪恨

隨著婚外情曝光，婚姻計分表的燈光突然亮起了：誰付出什麼和誰得到什麼，誰做出讓步和誰提出要求，錢財怎麼分配，還有性愛、時間、夫家與娘家、子女、家務，全部問題一起湧現。所有一切我們並非真正想做的事（但為了愛而曾願意做出），現在都掙脫了賦予其意義的外殼，一一暴露。「我很樂意和你一同移居新加坡，讓你從事夢寐以求的工作，別擔心我，我會找到新朋友。」「我會讓孩子進行割禮，因為你的宗教相信這是正確的事。」「我願意為你而暫停工作，以照顧孩子為重。」「我同意讓你的母親來跟我們同住，雖然我因此必須負起照顧她的責任。」「如果這對你來說那麼重要，我們就多生一個孩子吧。」當外遇奪走我們辛勤經營的未來時，它也同時摧毀了我們過去的付出。

婚姻關係和睦時，我們精神富足，感情恩愛，因此也表現得慷慨大量。「為了我們，我願意這麼做。」這話說得沒錯，只要所謂的「我們」這層基本關係充滿了信任。一旦親密關係出現背叛，原本優雅的寬容就會演變為一場鬧劇。昨天心甘情願做出的妥協，今天卻成了難以忍受的犧牲；良好的界線變成了難以逾越的高牆；昨天和諧的權利共享變成了今天你死我活的爭鬥。現在回顧過去，我們卻一一計較以往曾願意為對方而做出的犧牲。無數的悔恨和壓抑的憤怒都轟然崩落，冀望對方做出補償。

當尚恩（Shaun）獲知珍妮（Jenny）與博士班同學上床時，他感到這多年來給予她的無條件支持，竟然是換來臉上被刮一巴掌。「我忍住不將那傢伙痛打一頓，我差點就這麼做了。」他轉而將此事告訴她父母（比較不危險但殺傷力更大），因為他覺得有必要讓他們知道女兒是個怎樣的人。「我那麼努力，讓她得到所要的一切：我讓她辭去全職工作，去讀那個昂貴而無用的中世紀歷史博士學位，你看看我得到了什麼？那個狗娘養的真的了解她？他真的能激勵她？十萬美金的學費難道還不足以激勵嗎？」尚恩覺得像被搶去一切。他現在只想洗劫她的生活，就如她洗劫了他的生活一樣。他們已經分手，但他滿懷仇恨，以致對她始終緊盯著不放，甚至比分手之前更為頻密。

報復心表面看來顯得小氣，但我逐漸理解其中所隱藏著的深切傷害。由於無法收回過去慷慨付出的情感，我們只好把訂婚戒指先搶回來。如果這還不夠，就把遺囑大改一番。所有這些急切做出的行為，都是為了重新掌控權力，爭取賠償，摧毀對方（因為對方摧毀了我們）以求自保。我們從廢墟中尋找到的每一塊錢、每一份禮物、每一本珍貴的書，都是為了彌補內心的一個碎片。但是歸根結柢，這只是個零和遊戲。這種想與對方算清舊帳的渴望，與吞噬著我們內心的羞辱感是成正比的。而最深切的羞辱，源於我們太過愚蠢，一直都對他深信不疑。

想與尚恩說之以理是沒有用的。理智上，他知道這種報復是徒勞無功，但在情感上卻難以自拔。在這個階段，我的焦點有兩方面。第一是阻遏，我叫他把「最想對她採取的嚴重報復手段」寫下來交給我保管。第二是質疑他的「修正歷史」的行為。他現在提到兩人過去的故事時，其實是有所取捨的，他很少提到他和珍妮當時作出決定時的景況。比如，他沒提到她曾經支持他完成學業，並且跟他共同分擔許多責任。隨著我們逐漸拆解他的單方面觀點，就逐漸看到他憤怒背後所隱藏的痛苦。

你騙我，我就回騙你

報復之心未必會聽從理性的勸告，有時還會希望對方遭受同等程度的痛苦才算滿意。在要求對等懲罰的古老傳統中，作出報復在懲罰外遇者的常用手法中往往名列前茅。

潔西（Jess）愛上比她大二十歲的巴德（Bart），巴德為了她而離開妻子，讓她開心不已。但是，巴德的孩子們卻毫不開心。他們都已長大成人，對這位「貪錢的女人」占據母親的位置而深感氣憤。他們於是用巧妙的方式，透露線索給潔西知道，巴德在所謂出差時，還有一位更年輕的女性陪伴他。她生氣說，「他怎麼能這樣對我？」潔西不是聖人一個，她在過去的男女關係中也有過外遇。事實上，她往往都利用這種三人關係，來保護自己免於在兩人關係中吃虧。但是她辯解說，巴德不同，因為她這次是「全心全意」。

現在她深深感到遭受拒絕之痛。「他不只對我說謊，甚至是在度蜜月期間就說謊！如果是在結婚多年之後感到無聊而有外遇，這個我能理解，但他卻是剛結婚就出軌，難道我們都是只知道繁殖的兔子嗎？」

潔西希望重新掌控權力。她要讓巴德承受相同的痛苦，於是決定以牙還牙。她的前男友羅伯（Rob）見到潔西上門找他，自然也很高興。我問她，「這麼做有幫助嗎？」她辯護道，「我需要朋友。」但我很清楚，潔西並非只是為了尋求同情，她是為了報復。「你說過，你很重視自己為人要誠實。」我質疑地問她，「那你承不承認，你是把羅伯當成像是份保單，以防萬一？」

令人佩服的是，她很快就承認了。「我覺得這不是我應該做的事，我知道這對我不好。但這樣做可以給他一點顏色看，何況他這麼對我，這是罪有應得。」由於巴德出軌在先，潔西對自己的報復性出軌就顯得理直氣壯。

我們常聽說「報復是甜蜜的」，但研究與生活經歷證明現實並非如此。行為科學家發現，報復行為並不會消除心中的敵意、不會伸張正義、也不會讓事件了結，而是只會讓罪行所帶來的難受感覺繼續留存心中。這種自我伸張正義的快樂是膚淺的，並且使我們受困於過去的執著念頭中。事實上，如果我們沒有機會採取懲罰行為，我們將能更快投入其他事物中。

我跟潔西討論了她回去找前男友這一精心策畫行為的意義。我認為她其實很重視與前男友的關係，因此不應利用他來實行自己的詭計。她希望與巴德和好，但羅伯卻希望與她復合。她要療癒自己的內心有別的更好方法，不可因此讓羅伯傷心。

萊拉妮（Leilani）比潔西年輕十歲，但她的策略卻是同出一轍，來自歷經時間考驗的人生攻略本。她形容自己是那種被稱為「人盡可夫」的女生，成長於加州奧克蘭市某個風紀敗壞的社區，很懂得利用自己的身體去換取所要的東西。在十三歲時，她就第一次這麼做，對方是「擁有汽車並會幫我做功課的男朋友」。

萊拉妮很早就了解男人的遊戲規則，自己也從不落敗。「我預料到他們會拋棄我，因此為了勝利，我會先拋棄他們。」然而，到了二十九歲時，她感覺是時候找個可靠的男人。她在OKCupid約會網站上認識柯麥隆（Cameron），並立即覺得他與自己所認識的其他男人不同。「他可靠、富有責任感、而且英俊。」

接下來兩年，生活似乎很完美。她和潔西一樣，放棄了以往的生活方式，開始信任對方。「我第一次覺得，我不會再離開。可是有一天，我在毫無疑心的幸福生活中，收到一位陌生女子傳來的臉書訊息：『我們並不認識，但我應當告訴你，你的男友和我一直在交往。他不曾提到你，但我在網上找到你的相片。我想讓你知道，從現在開始，我會跟他一刀兩斷。我很抱歉。』」

萊拉妮上網查看時，發現柯麥隆已經將他的所有網上資料刪除了。她去質問他，他矢口否認，但她不打算放棄追查。「只有騙子才能理解騙子。」她說，「我決定等待，私下做足準備。我想給他一個認錯的機會，但是他卻一再當著我說謊。這至今依然讓我氣憤不已。」她給那位臉書女子回信，跟她索取一些證據。這位被甩的情人也感覺被騙，所以樂於提供資料，萊拉妮對此毫不意外。「如果你要找個情婦，最重要的規則是，你必須讓她知道她是情婦！她不知道，所以必然會惱怒。」她獲得相關簡訊、情色訊息及聊天內容等電子證據後，開始逼他招供。

柯麥隆最終被迫招認那一刻，萊拉妮說，「我最初是震驚，最後是心碎。我這一生都活得像個賤女人，利用男人來得到我要的東西，然後拋棄他們。這是我第一次認真對待男女關係，我覺得成功的機會很大。我應該是遇見一位好男人了，結果他卻證明了天下男人都是一般無可救藥。這次，輪到我被玩弄了，真是報應。」

思索至此，萊拉妮不禁猜想，「難道是由於我過去騙過一大堆男人，今天才會受到這種懲罰？」但是她和一些女性朋友和男性朋友談起這件事時，他們都火上加油，「他們都說同樣的話，都說這是給他一個教訓，要不然他還是會繼續說謊。」

萊拉妮認同這點，她想到個計畫：「他也應當受點報應，我一直都想玩三人遊戲，現在可以理直氣壯去玩了。如果他知道，我更高興。能夠傷害到他，感覺太好了。他活該如此。」

對於萊拉妮和潔西兩人，有人或許會認為，她們本身的出軌行為，會讓她們更能同理她們的出軌伴侶。然而，每個人內心的正義觀點往往各有不同尺度，別人對他這麼做是極壞的行為，他自己對別人這麼做則沒那麼壞，這種雙重標準相當耐人尋味。

我聆聽萊拉妮和潔西的話，為她們而難過。她們對事件的反應不難理解，但她們的復仇大計最終是行不通的。她們一心只想證明自己是一個比對方更好的人，並深陷於這個念頭之中。就如許多希望在這個由男性主宰的世界中爭取平等的女性，她們希望能同時表現「溫柔」和「強勢」兩種特質，這實在太艱難。她們陷於「我想要你回來」與「我不想你回來，因為這太危險」這兩者的矛盾之中。

她們都冒險投入新關係中，並相信這段與眾不同的關係具有某種救贖的特性。但是這段關係並不順遂，現在危險的是，發生一次背叛事件就讓她們再次退縮，躲進自我保護的世界中。任何女人都不應該讓僅僅一個男人就摧毀她們的愛情理想，但她們兩人當下的情況正是如此。我們可以說「那人對不起我，我受到傷害」，也可以說「我永遠不會再愛上別人」，這兩者是有巨大差別的。這兩位女性對愛情尚無法信任，她們眼中的世界只有兩個選擇：一是傷害他人，一是被他人傷害。正如萊拉妮所說，「我還是當個賤女人最好，不要改，因為沒人能夠傷害一個賤女人。」

對抗報應

我們當中即使是最具智慧的人，有時也難免產生渴望報復之心。我有個朋友亞歷山大（Alexander），我常和他深入談論這方面話題，他認為自己為人開明，並不崇尚單一伴侶制。他和女友艾琳（Erin）都是專業舞蹈家，在世界各地共同巡迴表演。他們成為伴侶已經五年，這段期間他們必須面對跨越多個時區的長途愛情所帶來的挑戰。他們很快明白，以他們這種生活方式，會很容易受到誘惑，因此他們打從一開始就選擇了開放式關係。他們在情感上對彼此全心全意，但身體則是自由的。亞歷山大概括地說，兩人的協議就是「誰也別問，誰也別說」。「我知道她和其他男人上床，但我並不想聽這些事。」

此外，在這個人際關係緊密的舞蹈圈裡，他們也都不希望在不知情的情況下與對方的情人共同登臺，共用更衣室或同住一間飯店客房。「我對她說，我不想在你巡迴表演時來探望你和參加晚宴，而這裡每一個人都知道你和別人上床，這人可能也在晚宴中，這樣我會感覺像個笨蛋。同樣的，你也不想在我巡迴表演時來探望我，結果得擔心我和公司裡其他女人上床，而每個人都知道，還表示同情你，以為你被我耍了。」因此他們訂下了清楚的界線：不准在這小小的舞蹈圈中找情人，也不可真的愛上對方。「如果這種情況發生了，我們就好好討論。」

亞歷山大告訴我，「我常用米卡（Micah）作為越過雷池的例子。」米卡是他的長期舞蹈夥伴，也是競爭對手。米卡經常得到某些角色的演出機會，是亞歷山大認為自己應當得到的。他必須忍受舞臺上的這些挫折，因此絕對不能忍受米卡在實際生活中扮演艾琳的情人這個角色。

他們這種「道德性的非單一伴侶制」，原本一直行之有效。正如其他許多選擇開放式關係的伴侶或群體，他們並不遵循演化心理學家所提出，吃醋心態是天生且無可避免這一觀點。他們相信這是一種後天習得的反應，是可以改掉的。但是，他們也並非天真地以為這個過程輕而易舉。阿雅拉·派斯（Ayala Pines）研究採取開放式婚姻的人士、實施多重伴侶制的群體和同時擁有多位伴侶者，了解他們對出軌行為的吃醋反應。其結論是，「要改掉這種吃醋反應十分困難，尤其是當你生活在一個提倡擁有權和吃醋的社會中。」[49] 亞歷山大和艾琳都知道，他們需要設下界線和訂立協議，以避免吃醋反應發生。

可是後來，艾琳違反了協議。在她最近一次的巡迴演出中，她與米卡共同登臺，而且不止如此。「我怎麼知道她和他上床？我說過，這是一個很小的圈子。總有人會說出來。」亞歷山大說著，露出挖苦的笑容。他帶著怒氣的想像還是有具體影像的。「我不止認識那人，還經常看著他穿衣、脫衣和跳舞。我了解他的動作，所以我能想像他們在一起時的畫面。這些畫面在我腦海中轉動，有如兀鷹在獵物上空盤旋一般。」

亞歷山大充滿挫敗感，需要作出攻擊。他嘲笑她缺乏品味。「你的能耐就只是這樣嗎？你是不是故意要傷害我？」接著他開始計畫反擊行動。他想像自己走到米卡面前，出其不意出拳打他，並將自己練習多時的咒罵言詞一口氣說出來。「我想在蔑視和報復之間尋求一種最佳的平衡點，一面顯示他並沒真正傷害到我，同時又把他打到流鼻血，像個街上流鼻涕的愛哭鬼。我在桌邊走來走去，深陷暴力幻想之中。我的心猛烈跳動，呼吸急促，緊握拳頭。」

憤怒是一種止痛藥，能暫時讓人麻醉，減緩痛苦，也是一種安非他命，能讓人的能量與信心陡然大增。憤怒能暫時減輕失去感、自我懷疑與無助感，這種反應屬於生物性多於心理性。憤怒有時能成為正面的推動力，但更多時候正如心理學家史提芬．斯托斯尼（Steven Stosny）所言，「強烈的憤怒與怨恨，會使你在發作之後更為消沉。」[50]

亞歷山大告訴我，「我真的憤怒到眼前發紅，這是生理上的爬蟲類腦反應。我想要用比較文明的方式應對，但是這個過程實在艱辛。」

他所描述的感情和思想並非瘋狂，而是自然的人性。然而，如果我們順應這些情緒，大發怒氣，往往無法促使我們力量增加，而我們的脆弱感卻依然如故。通常，愛情的報復行為最終只會弄巧反拙。報復對方，並無法贏回對方的心。

亞歷山大必須尋找某種安全方式來釋放心中的暴怒，還有暴怒背後顯而易見的痛苦。首先，他必須了解，在毫無選擇的情況下，他應如何與自己的情緒相處，並且在力所能及時擺脫這些情緒。

當人感受到情緒洶湧的時刻，他必須懂得自我節制。他可以借助某些方法，包括：呼吸練習、紓解情緒的熱水澡、令人心情舒暢的湖邊、在大自然中漫步、肢體運動等等。無論是靜態或是動態活動，都可作為舒緩情緒的來源。

然而，報復的渴望是極為深層。就如醋意一樣，無法完全驅散。因此，我會協助當事人以健康方式來轉化這種情緒。正如心理分析師史提夫·密契爾（Stephen Mitchell）指出，愛與恨總是相互交織，我們應當理解內心的憤怒，而不是加以消滅。復仇幻想是極具宣洩效果的方法。我們可以只在頭腦中幻想這些復仇行動，或寫在私人日記中，讓這些充滿我們內心的毀滅性念頭或殘暴怒火可以藉此得到宣洩。不妨讓你的復仇幻想任意馳騁，無須約束。你可以買一本筆記本，封面寫上「我的復仇大計」。盡量把你各種無情的復仇手段都寫進去。不過，你得給自己一個時限，每天最多只能寫七分鐘。放下筆記本後，也同時把這些念頭放開一邊。

新奇獨特的報復幻想會達到意想不到的緩解功效。不妨問問自己，你要怎樣才會感覺比較好？要不要讓他承受長達五年的中國水滴刑罰？或者你能想到某種一次搞定的完美懲罰方式？

如果僅靠幻想不足以緩解情緒，還可以考慮適當採取某些具體報復行為。我曾協助多位案主與對方訂立協議，擬定雙方都認為妥當的賠償行為，並加以執行。這一計策足以讓馬基維利也感到慚愧。也別忘了幽默感。有一回，某位從政的丈夫必須從他的401(k)退休帳戶中開一張數額可觀的支票給一位他在地區選舉中最為鄙視的對手。他妻子開心說道，「我寧願這筆錢給了他，也好過落在妓女手上。」她因此心滿意足。報復行為要恰到好處並不容易，要有技巧才行。

亞歷山大如同在幻想中接受緩刑，艾琳尚未有所決定，他在等待宣判。他咒罵道，「等待是懦夫的行為。她掌控了一切權力，可以慢慢權衡得失才做決定，而我卻有如人質一般動彈不得。」

他的窘迫困境，留存著某種男子氣概的精神。男人怎能讓女人這樣為所欲為呢？在名著之中，妻子出軌的英雄們，往往會把愛人殺死，而不是讓她們自由選擇去留，這樣的情節自有其源流。死亡是唯一具有尊嚴的結局，無論是她斷氣、他喪命、還是兩人共赴黃泉。在雷昂卡伐洛的歌劇《丑角》中，卡尼奧（Canio）低聲唱道，「淌血的心，需要血來洗淨羞辱。」

我要亞歷山大換個角度思考，等待艾琳作出決定並非放棄自尊或權力，而是一種愛的表達。他從原本想傷害他人，漸漸轉變為覺察到自己所受的傷。他不再想報復艾琳，而是讓她知道自己的傷痛。他們重新和好，並且更積極訂立一個適合雙方的協議。他告訴我，最近他看了米卡與艾琳同臺表演，「那個黑暗的世界再次召喚我，但我不為所動，決定放下。」

修復式正義的藝術

報復行為並非總是甜蜜，但偶爾也會碰觸到甜蜜的關鍵，從而賦予受傷者權力，讓大家放下過去的恩怨。我們都需要正義，但我們必須分清楚這種正義是屬於報復性或是修復性。前者關注的是懲罰，後者關注的是修補。

我觀察到，我的案主對背叛行為的反應跟他們所尋求的正義類型之間，具有某種有趣的關聯。某些人為感情喪失而傷心，「我受傷是因為失去了你」；另一些人則是為面子丟失而傷心，「你竟然讓我那麼難堪」。前者是雙方關係受到傷害，後者是自我尊嚴受到傷害。一是心靈之傷，一是尊嚴之傷。毫無意外地，關注雙方關係的人比較能夠體諒並希望了解伴侶出軌的原因，因此也比較希望修復關係，無論他們最終是決定和好或分手。關注自我尊嚴的人則較難和解。他們缺乏足夠興趣來探討伴侶出軌的原因，因為他們一心只想到誰對誰錯。

修復式正義也能顯得創意十足。每當我想到施加公平報應的愉悅時，我就會想起年輕法國女子卡蜜兒（Camille）的巧妙計謀。她是在參加某個講座，分享有關「我丈夫的外遇、我的反應以及隨後的愉快事件」的故事之後，寫信給我。

卡蜜兒三十六歲，出身於一個古老的波爾多家庭。她與四十五歲的阿馬杜（Amadou）結婚十年，阿馬杜在馬里長大，二十多歲時移居法國。他們有三個孩子。問題起於五年前，卡蜜兒對當時的情景記憶鮮明。「我坐在桌邊，和兒子們一同吃早餐，這時我朋友梅蘭妮（Melanie）打電話來，說我丈夫與她的某位同事有染。起初，我不相信她，於是她叫那女人來聽電話。」

儘管卡蜜兒感到受傷和憤怒，但她並不想失去她的丈夫。當年她父母並不贊成他們結婚，她必須極力爭取才達成心願。她以冷靜但堅決的態度與丈夫對質，並且向女友們尋求道德上的支持。「我彷彿跌進一個深洞之中，各種典型情緒接踵而來。我向公司請了一個星期病假。我趴在女友肩上流淚痛哭，頓地哀叫，咖啡與茴香酒喝個不停。她們都安慰我，聆聽我，分擔我的悲憤。」

然後，她覺得自己已做足準備，有能力向丈夫解釋，說明他的行為在她的文化中是不能被接受的。她解釋道，「在他成長的地方，擁有多個伴侶是正常的事。」他聽她說明之後，「他對我那麼傷心感到不好意思，但我知道他對自己的行為並不愧疚。」卡蜜兒還知道丈夫的某些背景：他成長於一個極度迷信和信仰神靈的文化中。因此，她了解自己需要採取什麼行動。「我決定進入他的世界，用他的文化來應對他。我於是從受害者轉身一變，成為表演者，我內心的感受也全然不同了。了解自己有能力採取行動後，我也開朗起來了。」

卡蜜兒的報復行動十分新奇有趣。「我首先聯絡了丈夫的一位朋友，他年紀較大，在當地非洲社區很受尊重。他前來探望我們，並指責阿馬杜的選擇不當（不是指他有兩個女人，而是指他的另一個女人是我們圈子裡的人）。」她知道無法說服這位年長朋友，擁有多個妻子是不當行為。但她也知道，在他的文化中，要擁有多個伴侶需遵守一個條件，就是男方要有能力照顧兩個女人，無論在物質上或性能力上，都必須給予滿足。因此，她也特地向這位長輩申訴，阿馬杜在性方面表現頗為不足，這讓他相當尷尬。

第二天，卡蜜兒前往一家清真屠宰場，「我買了兩條羊腿，一條送給年長朋友的妻子，另一條帶回家煮給阿馬杜吃。我知道他回家時，應該已經從他朋友那裡獲知我送的禮物。果然如此，他一踏進家門，就問我這件事。我告訴他，我與導師一同去宰了一隻羊作為祭品，以便挽救我們的婚姻。我其實是素食者，但他還是相信了，甚至還相當感動。」

接著，她還多準備了一項保險措施。「我拿一些乳木果油（一種天然產品，在非洲用途廣泛，也可作為潤滑油），混合一些極為辛辣的辣椒，然後藏在臥室衣櫃裡。如果再讓我發現他和那女人來往，我就用這種油來按摩他那喜歡溫熱的部位。所幸的是，我並無須動用這一招。」

她的行動並未就此打住。她也去見了那個女人，「我告訴她，如果她再膽敢接近他，我就到她公司去大鬧一場，把他們的醜聞公開。抱歉我選用了這樣的字眼，但我必須像狗一樣，劃清我的領土。」

卡蜜兒其實還留了一手。「最後，我將一瓶血（也是來自屠宰場）藏在花園中。我想那個收藏的位置他有一天應該會發現。根據非洲習俗，這瓶血可代表魔法，也可代表好運（這瓶子至今還未被發現）。」

這些伸張正義的儀式來自與卡蜜兒極為不同的文化中，但卻能為卡蜜兒帶來平靜，而且還頗具效力。這些儀式並非在於懲罰他，而是賦予卡蜜兒力量，並明顯改善他們的關係。「他會不會再犯我不知道，我必須學會在這種不確定的情況下繼續生活，然而我也學會了另一種確定的能力，就是我能依靠自己，充滿自信。」

報復之火並未完全消散，只是暫時隱藏而已。去年，卡蜜兒去音樂學校接孩子下課時，正巧碰到那位女子。她突然怒火中燒。「我依然充滿憤怒，我希望能在她身上展示一下我的空手道絕技。然而，再想深一層後，我覺得真正該做的是讓她知道我很快樂：我自己、我與阿馬杜、我與孩子們都很快樂。」卡蜜兒憑著直覺，領悟了一個有關報復行為的重要道理，就是如果採取報復會導致你所受到的傷害多過於你所要懲罰的人，你其實是得不償失。修復式正義的關鍵，就在於你應當努力提升自己，而不是努力去詆毀那個傷害你的人。

一週之後，卡蜜兒去音樂學校之前，她先用心打扮一番，穿上鮮豔的非洲服裝，塗上口紅，噴了香水。她充滿自信地走過那個女人的車子。她說，「報復的最好方法，是保持自己快樂，而不是用空手道去解決問題。」

第八章

說還是不說：隱瞞與坦白之間的權力關係

「心懷惡意而說實話，比你說的所有謊言更為可怕。」

——布萊克

在我的診室中，祕密與謊言以形形色色的方式顯現出來。常見的情況是，夫妻會告訴我剛發生不久的婚外情事件，這是一個不容忽視的新傷口。但也有些時候，兩人坐在沙發上，心中藏著祕密——對我而言很明顯，但是他們都隻字不提。兩人都不想說，也不想知道。我還在無數面談場合中，看著其中一人問另一人，「你是不是有婚外情？」對方則矢口否認，儘管質問者已經掌握了確鑿證據。有時候，出軌者不斷給予暗示，但配偶卻似乎不想明白他說的話。也有時候，配偶已經十拿九穩，手上的證據足以讓對方難以抵賴，但卻繼續等待著最佳的出擊時機。

我見過所有類型的不誠實行為，有單純疏忽的，有半真半假的，有善意的謊言，有故意造成混亂的，有綁架對方思維的。我見過的祕密中，有殘酷的版本，也有善良的版本。某些謊言是為了保護自己，有些則是為了保護伴侶，還有更弔詭的角色反轉現象，就是遭背叛者最終會說謊，以保護那個欺騙他的人。

謊言曲折糾纏，千變萬化。許多出軌的配偶對我說，他們發生的婚外情，是他們第一次停止欺騙自己。矛盾的是，他們透過謊言建立的關係，卻讓他們第一次覺得更具真實感，感受到自己與更重要、更真實、更真誠的事物連結在一起，更勝於他們所謂的現實人生。

吉兒（Jill）與區內一家自行車店老闆有兩年時間發生婚外情，她終於厭倦這種躲躲藏藏的生活。然而，在她結束這段雙面人生之後，她感到更糟。「現在我是在內心對自己說謊，我在欺騙自己，假裝沒有他也能繼續生活。」

並非只有夫妻之間會存在隱瞞祕密的問題，在出軌者的社交環境中，祕密也會四處散落。有位女子向她的已婚朋友借手機，卻發現手機裡有某位陌生男子的調情簡訊。有位母親知道兒子對媳婦說上週六是在陪媽媽，事實並非如此，她不知自己應否向兒子追問他當時身在何處。當然，還有所謂的「那個女人」和「那個男人」，他們不是擁有祕密，他們本身就是祕密。

祕密與謊言是每一段婚外情的核心，它能提高情人幽會的興奮感，但也會加重遭背叛者的痛苦。它讓我們陷於困境之中：到底該不該說出來？如果要說出來，應該怎麼開口？承認說謊的方式，程度各有不同。有些採取「誰也別問，誰也別說」這種絕口不提的態度，有些則有如死後驗屍一般詳盡剖析。你應該誠實到什麼程度，這需要細心斟酌。誠實有沒有可能過度？讓婚外情繼續隱瞞會不會更好？不是有一句老話說，「你不知道的事不會傷害到你」嗎？

對某些人而言，答案很簡單：保有祕密就是說謊，說謊就是錯的。唯一可以接受的處理方式，就是坦白承認，全盤招供，表示後悔，並接受懲罰。這種主流觀點似乎認為，發生婚外情之後，如果要恢復和好關係，其必要條件就是坦白說出內情。這年頭，說謊似乎是違反人權的行為。我們都有權知道真相，任何隱瞞都是不合理。

但願世事都能那麼簡單，依賴這些明確的原則就能把我們的凌亂人生安排得井井有條。然而，心理治療師不能依靠原則來辦事，他們的對象是真實的人，以及真實的人生處境。

坦白透露的兩難

「跟我上床那位大學生懷孕了，而她想把孩子生下來。」布倫特（Brent）是一位大學教授，他對婚外情抱持逢場作戲的態度，而且覺得自己還做得不錯。「我不想破壞我的婚姻，但我也不想讓我的孩子在偷偷摸摸中成長。」

露兒（Lou）尷尬地說，「跟我上床那個男人告訴我他患有疱疹，我的男友可能有危險，我該告訴他嗎？」

「我去鬼混時認識那個女子，當我告訴她不要再見面之後，她在Instagram的一張相片中標記我。」安妮（Annie）說，「我們只是接吻而已，但我的女友不會這麼想。她一直都在社交媒體中查看我的情況，總有一天她會看到那張相片。」

許多人可能都會認為，在這些情景中，坦白承認才是正確的做法。但並非所有情景都是那麼直截了當。

「我只是一時糊塗而已。當時我喝醉了，現在我深感後悔。」拉妮（Lani）說。她幾個月前剛訂婚，可是最近她參加大學同學的聚會派對時，結果卻和前任男友上了床。「如果我告訴未婚夫，他一定大受打擊。他第一任妻子就是為了他的好友才離開他。他常說，如果我也欺騙他，我們就玩完了。」沒錯，她當時應該考慮到這個問題。但是，應否讓她這次的過失毀了他們的整個人生？

「為什麼要告訴我妻子呢？」尤里（Yuri）問道，「自從我認識安納特（Anat）之後，我和妻子不再為了性生活而爭吵。我無須再為此求她，也無須煩她，我們一家現在生活得好極了。」

羅莎（Rosa）出於反抗的心態，與在狗公園認識的一位帶著約克夏㹴的男子陷入熱戀。她很想把這件事告訴她那位「令人討厭又愛管她」的丈夫，她認為他是「罪有應得」。但她坦白承認的代價將會很高。「根據他要我簽的婚前協議，我將會失去孩子。」

茱莉（Julie）跟她兒子的足球隊中某個父親時有調情，這重新點燃了她平息多年的感官享受。「我很高興內心這個部分重新被喚起，讓我感覺不只是個母親、妻子、傭人。但我更高興的是我並沒有真正付諸行動。」她說。他的丈夫也很開心，因為她重新展現了情慾的能量。但是她心裡卻在尋思，她真的需要告訴丈夫自己正在經歷一場「思想的婚外情」嗎？茱莉一直以來都深信，誠實就是指全然的坦白。

在這些情況中，當事人若保持沉默，單獨處理事件，是否更為明智？真相可能具有療癒性，而且有時候坦承以告是唯一合適的做法。在涉及應否說出真相的諮商中，我的同行麗莎·史匹格（Lisa Spiegel）常用一個簡單而有效的公式來判斷：先問問自己，真的是誠實嗎？會有幫助嗎？是出於善意嗎？

然而，也有時候說出真相會導致無可挽回的傷害，甚至是帶有攻擊性，且隱含著折磨對方的快感。我不止一次見到誠實的態度卻造成更大傷害，讓我不禁想問，也許有時候說謊更具有保護性？許多人可能覺得這個說法不可理喻，但別忘了，我也曾聽到配偶在知道真相之後，哀聲叫道，「我寧可你不告訴我！」

在某個心理治療師的培訓課程中，有位從事安寧照護的參加者問我意見，「如果臨終案主希望在死亡前向妻子懺悔說他擁有一段漫長的婚外情。我應該給他什麼建議？」我的回答是，「我能夠明白，對他來說，經過這麼多年的隱瞞之後，現在坦誠以告可說是真心表達自己對伴侶深切的愛和尊重。然而，他也應當了解，儘管他這麼做就會死而瞑目，但他妻子卻可能陷入混亂的生活中，他能夠得到安息，她可能永遠寢食難安，不斷在腦海中回想過去，甚至比真正發生婚外情時更為痛苦。這是他想留給妻子的處境嗎？」

有時候，保持沉默才是關懷的表現。當你把內心的愧疚卸下交給未曾起疑的伴侶時，先想一想，你所關心的是誰的幸福？你這種潔淨自我靈魂的做法，真的是如外表所見那麼無私嗎？而伴侶知道這個消息之後，她又應該如何應對呢？

我曾在諮商時看到這類情景的另一面，當時我得幫一位寡婦處理其雙重悲痛，一是失去了患癌的丈夫，一是由於丈夫臨終懺悔導致她失去過去擁有幸福婚姻的景況。尊重對方，未必就是要全盤托出真相，最重要是考慮到對方獲知真相後能否應對。在探討道出真相的優缺點時，不能只是簡單地思考結果將會是這樣或那樣，或只做抽象思考，而是應當想像你和對方身處真實情境之中，模擬兩人的對話場景：在哪裡交談，你說了些什麼，你從對方臉上的表情中看到了什麼，他們如何反應？

「說還是不說？」這個問題，在這個人們容易受社會規範所傷害的現實中，尤其顯得沉重。只要世界上還有一些國家會在懷疑女性不忠時就對她扔石頭砸死或活活燒死，或者同性戀者被禁止探望自己的孩子，則我們在思考誠實與坦白的問題時，都必須考慮到其現實情境和個別人的情況。

治療師應否保密？

從事婚外情諮商的治療師，都必須應付涉及祕密的棘手問題。傳統方式規定，從事婚姻治療的臨床人員不能夠隱瞞實情，而且為了達到效果，出軌者必須結束婚外情，或者完全坦白承認。否則，他們就必須改為接受個人治療。我常聽美國同行表示，如果診室中隱藏著尚未揭開的祕密，我們就無可作為。耐人尋味的是，國際間的其他同行卻持有不同觀點，他們認為只要祕密不揭發，就有許多可為之處。一旦你拉開窗簾，你就無法再關上。他們小心翼翼，不做無謂的揭露，認為這會對伴侶造成不必要的痛苦，也會傷害雙方關係。

近年來，有少數幾位治療師，包括珍妮絲．亞伯拉罕．史賓格（Janis Abrahms Spring）和米雪．賽因克曼（Michele Scheinkman），開始質疑美國社會對待祕密的正統觀點，認為這種傳統做法無效，有局限，而且會造成傷害。我自己是選擇採用史賓格所稱的「開放祕密原則」這種方式。我與接受治療的夫妻首次見面時，我會先說明，我將和他們單獨面談，也會一起面談，單獨面談的內容將是保密的。在整個治療過程中，他們各自會擁有一個隱私空間。他們必須簽名同意這項規定。我的觀點和史賓格一樣，認為揭露真相與否，是治療過程的一部分，而不是治療的先決條件。

這種做法並非全無難處，而我也經常需要想方設法應付。比如有些時候，當某位伴侶知道被欺騙時，會問我「你是否早就知道？」而我必須回答「是的」。這是個痛苦的處境，但根據我們的協議，這並未違反專業道德守則。至少就目前而言，這種做法是更具成效。正如賽因克曼（Scheinkman）所寫道，「絕無祕密這一原則會讓治療師綁手綁腳，難以施展，無法在夫妻關係面臨如此嚴峻考驗時給予援助。」[51]

「開放祕密原則」不只適用於婚外情。我之所以領悟到這點，是在我跟某位女士面談時，她告訴我過去二十年來，她都希望與丈夫的性生活能夠快快結束。她討厭他身上的氣味，還得假裝高潮。她知道這種情況無法改變，但也不覺得需要為此而離婚，所以也就認為沒必要告訴丈夫。我樂於在知道她假裝的情況下，繼續進行治療。我也因此自問，這個祕密與其他祕密，有何基本上的不同？

與暗地裡進行的婚外情相比，它是否比較不嚴重？如果她丈夫知道這件事，他所受的傷害是不是就比妻子與其他人上床來得輕？我是否應該堅持她把心裡的反感說出來，才繼續進行治療？性愛的祕密變化多端，可是治療師更傾向於關注婚外情的謊言，而非夫妻床笫之間的謊言。

我們樂於保守這類祕密，卻不會感到有違專業道德守則。在案主透露的重要祕密中，外遇未必總是高居榜首。

應否坦誠，眾說紛紜

「在我們的文化中，涉及祕密的觀點實在令人困惑。」艾凡・安柏・布萊克（Evan Imber-Black）在她的著作《家庭中的祕密生活》中如此寫道。「過去的文化規範一度是將羞恥的祕密排除在各種人類生活事件之外，現在卻是剛好相反：我們假設把祕密說出來（無論是如何說、何時說及對誰說），在道德上更勝於隱瞞，並且這也會自動產生療癒功效。」[52]

要了解美國人對保守祕密與坦言真相的觀點，我們需要先檢視現今對親密感的定義。當代的親密感是以自我揭露為重點，以信任的態度分享我們最私人的事物——我們的感受。在較早的年代裡，我們會將祕密告訴最好的朋友。而在這個時代，既然伴侶是被視為我們最要好的朋友，因此我們相信，「我應該可以將一切都告訴你，而我也有權利立即並經常知道你的思想和感受。」這種理應知情的權利，及知情等於親密的假設，是現代愛情的特點。

我們的文化推崇絕對坦誠的社會特質，並將坦言真相提升至道德完美的水平。其他文化則相信，如果一切事物都完全公開，缺少模糊地帶，這未必會增加親密性，反而可能帶來傷害。

我具有多種文化背景，因此也學習多種語言。在溝通過程中，我有許多美籍案主都偏好把意思說清楚、坦率、「有話直說」，而不喜歡隱晦、間接的說話方式。來自西非、菲律賓、比利時的案主則偏向於說得委婉，不直截了當地說。他們會繞點遠路，而非直接往前就走。

我們探討這些差異時，也必須注意到隱私和祕密的差異。正如精神科醫生史提芬·勒維（Stephen Levine）所解釋，隱私是一個功能性的邊界，是我們按社會成規所同意的。有些事物是我們都知道存在的，但都決定不加以討論，比如月經、自慰和性幻想等。祕密則是我們有意誤導他人的事件。某種對性慾的渴望和誘惑，對某些夫妻來說是隱私，但對另一些夫妻來說則是祕密[53]。在某些文化中，出軌事件一般被視為隱私（至少對男性而言），但在我們的文化中，通常卻被視為祕密。

要討論文化差異，我們絕對不能忽略法國人，因為他們是美國人在性關係課題上最喜歡與之比較的對象。根據狄波拉·奧利弗（Debra Ollivier）的描述，法國「喜歡含蓄勝於坦言，喜歡潛臺詞多於明文，喜歡謹慎勝於輕率，喜歡隱蔽勝於明顯——總而言之，他們的偏好正好與美國人完全相反。」[54]新聞工作者潘蜜拉·杜克曼（Pamela Druckerman）為撰寫其著作《外遇不用翻譯》而到全球各地進行採訪，她進一步詳述這些偏好如何造就法國人對外遇的態度。「謹慎似乎是法國人搞婚外情的基本特點。」[55]她如此描寫，並注意到與她交談的人多數都偏向選擇不說出來，也不想知道。「法國人的婚外情就如冷戰一般，任何一方都不會把槍拔出來。」[56]

然而，在美國的牧場上則是截然不同的情景，那裡布滿槍林彈雨。美國人對婚外性行為極難容忍，而隱瞞行為本身所遭受的譴責甚至大於所要隱藏的犯禁行為。隱瞞、掩飾及各種荒誕的藉口，都是這種屈辱事件的主要內涵，並且基本上被視為對人缺乏尊重。這種現象所帶來的影響，就是我們只會對階層較低者說謊，比如子女、選民、員工。於是乎無論在臥房中還是公開場合裡，大家都喜歡說這句話，「重點不在於你出軌，而是在於你對我說謊！」可是，如果伴侶在做出任何不檢點的行為之前先給我們打個招呼，我們難道就會覺得好過一些嗎？

解讀祕密

艾米拉（Amira）是一位三十三歲的巴基斯坦裔美國人，也是修讀社會工作系的大學生，她清楚記得那一天她開始了解父親的祕密。「當時爸爸在教我開車，他的後視鏡上掛著一個古怪的日本小飾物。有一天我想把飾物拿下來，他阻止我，並告訴我這是他的祕書由美（Yumi）送給他的禮物。七年之後，我再次想起這個名字。那天爸爸叫我幫他找手機裡的一個地址，我看到有一大串簡訊是來自一個叫Y的人，我當時就明白了。」

「他知道你知道嗎？」我問她，她搖搖頭。

「你會告訴他嗎?」

「我想告訴他的是,他得學會怎麼刪除簡訊!也許我會找一天教他。我只希望他能不留痕跡,他瞞著媽媽搞外遇,我不想感覺像是他的同謀。」

「你有沒有想過告訴媽媽?」我問,她馬上說不會。

艾米拉是第二代移民,父母在她出生之前就移居美國,她的文化背景跨越兩個世界。她知道,保持沉默並非美國的傳統。「換作是我的美國朋友,他們一定會馬上告訴母親。他們會認為揭露真相是正確的行為,也是關懷的表示。」但是當她在堪薩斯州郊區上學時,她對待家庭事件的方式則是來自卡拉奇的文化。她說,「沒錯,我們都重視誠實與信任,但我們更重視保護家庭。」

艾米拉會做此決定,彷彿是天生如此。這是她的邏輯,「如果我告訴她,那會怎樣?家庭分裂嗎?把我們辛苦建立的一切都拆散嗎?像美國人那樣,用衝動和自私的方式處理事情,結果是週末與父母其中一人度過,平日則與另一人共同生活?」

她曾生氣和埋怨父親,為母親感到不值。但她補充說,「但是我的父母彼此相愛,而且你得了解,他們是奉父母之命結婚的。我知道母親對性愛方面非常不適應,但我父親也好不到哪裡。我直覺認為,他選擇這麼做,是為了讓家庭保持完整。也許我母親寧可不知道這件事。」

「這是對你母親不尊重嗎？」我問。

「我的看法是，父親不要公開這件我們都無法承受的事，免得影響家庭核心，這才是尊重對方的表現。對我而言，我把所知道的事藏在心裡，也是出於尊重他們。我不敢把事件暴露出來，以免父母受到羞辱。幹嘛這麼做呢？就只為了表示自己『誠實』嗎？」

顯然，坦言真相代表著尊重這一信念，並非放諸四海皆準。在許多文化中，表達尊重的方式，是帶著某種溫和的虛假，目的在於留面子和讓大家心安。這種具有保護性的掩飾，勝於直率揭露而導致大家公開蒙羞。

艾米拉的理據，來自一種歷久不衰的文化傳統，不只巴基斯坦如此，其他所有以家庭為重的社會皆是如此。這是一種集體主義的理論架構，基於對家庭的忠誠，故此對外遇（及祕密）作出妥協。[57]當然，我們也可以從性別政治的視角來看待她的處境，認為她的說法是為父權制提出巧妙的辯解。然而，如果跟另一位學生馬妮（Marnie）相比，她會顯得更遜色嗎？馬妮是紐約人，有一天她把母親的「祕密電話」丟下樓給父親，她認為「他有權知道母親有外遇！」而這一天卻成了她今後難以擺脫的夢魘。

馬妮知道母親和她的整脊治療師交往，已經有好幾年時間。「她總是把她的祕密電話藏在洗衣籃裡，並且常花好幾個鐘頭『熨衣服』。沒錯，她並非那麼擅長做家務。」命中注定合該有事的那天，「我媽媽最初是發狂痛哭，一面說著，『我的天，你幹嘛這麼做？你幹嘛這麼做？』我的世界在短短幾小時之內崩塌殆盡。現在，我的家庭完全分裂，我們四人不再一同去TGI Fridays餐館吃晚餐，假日也不再有盛大的家庭派對。我最後一次見到父母同在一間房裡，是我十五歲時。」

空中拋落的手機，造成了痛苦且無法逆轉的後果，馬妮至今依然為此難過不已。可是，她並未想過質疑自己丟下手機時所依據的道德平臺。她的價值體系與艾米拉截然不同，但也是基於某種本能。在她的個人主義架構中，個人的「知情權」超越家庭的和諧，說謊絕對是錯誤的行為。對於艾米拉，則得視個別情況而定。

我常見到這兩種世界觀發生衝突。一方指責對方蓄意瞞騙，不願坦白承認，另一方則不樂於見到以誠實之名而說出具有破壞性的祕密。一方認為對方刻意在男女之間保持某種距離這種做法令人詫異，另一方則認為直率而未加掩飾會傷害愛情，也與人的渴望對立。集體主義與個人主義文化對待公開與隱蔽的態度，在各方面都各有優點與缺點。我們往往受困於自己的範式之中，因此如果能夠了解來自其他國家的鄰居如何處理同樣問題，以及他們差異極大的道德與情感邏輯，我們必然有所啟發。儘管如此，在我們這個全球化的時代，我們許多人的父母都來自不同文化，因此這種不同觀念的對話，也常在我們的內心與思維中發生。

什麼該說，什麼不該說？

婚外情揭發之後，是否應該坦白承認的困境並未結束。每往前一步，你都必須繼續面對這些問題：要承認什麼？要承認多少？如何承認？此外，我們願意告訴他人什麼事情，也取決於我們對自己有多坦白。我見過的人當中，很少是不動感情地直接對所愛的人撒謊，他們更多是編造一個複雜的故事，以求使自己的行為合理化。

行為經濟學專家丹．艾瑞利（Dan Ariely）寫道，「一個人是否傾向發生婚外情，很大程度上取決於他能否使自己的行為合理化。」[58]他解釋說，我們都希望照鏡子時，對鏡中人會有好感，但我們也想做某些明知不太誠實的行為。因此，我們內心會將各種不忠行為加以合理化，藉此維護正面的自我形象——這是一種道德上的障眼法，艾瑞利稱之為「矇混因素」。

處理外遇後果時，必須先將這些合理化行為解開，否則難免會以真相為藉口將這些問題歸咎給伴侶。卡特琳（Kathleen）對丈夫起疑心已經好幾年，她終於忍受不了丈夫唐恩（Don）對她情感冷淡，對性愛也缺乏興趣，於是她查看了他的蘋果平板電腦，證實了她的猜測。她現在只想了解真相、所有真相、毫無虛假的真相。唐恩來找我諮詢，問我應該如何回答她的提問。

唐恩是芝加哥人，六十多歲，樣子看來還算年輕。他家境貧寒，父親在工作上幹得並不出色，令人佩服的母親則打兩份工。他本人勤奮工作，建立了舒服和優雅的生活，並且致力服務選區，擔任社區領袖。卡特琳是他的第二任妻子，結婚已經二十年。唐恩一走進來，我就感覺到他是個內心深度矛盾的人。他愛妻子，真心照顧她，但是卻未對她忠誠。

首先，我請他談談最新情況。卡特琳知道他有兩個情人，莉迪亞（Lydia）和雪兒（Cheryl），也知道她們與丈夫交往已數十年。由於她們住在美國的另一端，因此與唐恩的家庭能保持安全距離。他敘述自己安排這三重生活的方式，我覺得他由於外遇被發現而有些困擾，畢竟他一向都很謹慎行事。他承認，他的婚外情給予他愉悅感，因為他能擁有一個不受社會眼光注視的個人世界，他覺得自己具有掌控權。

卡特琳現在已經知道基本事實，她追問的是，他為何要這麼做？

「那你怎麼說？」我問。

「我說，事實是因為我的性慾在家裡得不到充分滿足。」

他還未告訴妻子的事實有好幾百個，他就選擇這個理由作為開始？很顯然我們還需要深入挖掘。我請唐恩想想，他妻子對這個理由會作何感想？更重要的是，這是他自己深信不疑的事實，或者只是他的合理化思維？

「你真的認為，如果你和妻子的性生活更好，你就不會另找情人嗎？」我反問他。

他肯定地說，「是的。」他說了一個又長又複雜的故事，內容涉及更年期、荷爾蒙、她的自覺性增加、他勃起越來越困難。對於他的情人，他就沒有這些問題。他這些話完全不讓我意外。但是，在他開始告訴妻子他這麼做是因為她有所欠缺之前，他得先自問，他是不是也有未盡人意之處？我猜想，如果我問卡特琳，她或許會認為是他長期以來情緒過於內斂，才會導致他們的性生活變得沉悶無聊。唐恩顯得有些不自在，我於是繼續追問。

「這裡的關鍵詞是——想像力。由於你有婚外情，所以當你搭上航班出發時，你的性慾已經觸動了。你不必吃藍色小藥丸，因為讓你產生衝動的是你的密謀、計畫和細心挑選的衣服。你的期待會引起你的性慾。你回家之後，第一件事就是脫下美觀的衣服，換上運動長褲，誰都不會因此而激發性慾。」

我的直率有點讓唐恩感到吃驚，不過他依然專心聆聽。來找我抱怨家裡性生活如何無聊沉悶的男男女女實在不少，他肯定不是第一個。我不否認，家庭生活會削弱人的情慾，但是如果他將精力都放在外遇上，他與妻子的性生活難免處於下風。與其將婚外情的原因歸咎於夫妻性關係不起勁，倒不如說是婚外情導致他與妻子的性生活無趣乏味。況且他的婚外情已經維持很長時間，在第一段婚姻中已發生，之後每一段關係中也未停止。這與荷爾蒙、年齡、激情都無關，原因出自他本人。

「你現在是否了解，你想對妻子說的並非事實，而是你的合理化思維。這是你告訴自己的故事，這個故事讓你的行為合理化。現在我們不如再想想，是不是有其他更誠實的話可以告訴她。」

在交談過程中，我逐漸了解唐恩，也喜歡這個人。他並非想方設法要征服女人的唐璜。我這麼說或許有些奇怪，但我覺得他是一位真心愛女人，也尊重女人的男性。這些女人照顧他，也塑造了他：包括他的母親、姐妹、阿姨、導師等等。在他的童年與青少年時期，他缺乏自信，深切了解本身受教育低，起步也慢。他發覺要讓自己更有男子氣概的方法之一，就是置身於一群有能力，有成就的女人當中。他的兩位長期情人都擁有常春藤盟校學位，而且「年齡合適」，擁有自己的子女，不會要求更多。這是完美的配搭，他也經常對她們清楚表明，他絕對不會離開自己的妻子。他行事謹慎，尊重對方，也保持忠誠。有些人或許會認為他稱得上是位紳士。

我問他，這兩人知道對方存在嗎？他承認說，第一位情人知道第二位存在，但第二位只知道他有妻室。他曾答應第一位情人，他會停止與第二位情人上床，但他並未遵守這個諾言。同時，他也告訴她們兩人同樣一個似是而非的故事，就是他在家裡的性生活得不到滿足。隨著我們逐漸解開他婚外情的複雜脈絡，他明白他其實對三個人都在撒謊。

生活於三重世界當中，對唐恩造成極大傷害。在初期，他生活中的祕密並不多，但長此以往，他的整個人生逐漸變得混亂。祕密這東西會自己逐漸生長，你無法告訴伴侶六點到八點這段時間你去了哪裡，因為你說了之後，難免就也得交代四點到五點的行蹤，於是你的生活將出現更多凌亂的片段，難以連貫。隨著這些片段逐漸拼合，唐恩不再那麼恍惚，也能更坦誠地對待自己和妻子。

我問他，「卡特琳還問了你什麼？」

「我已經答應她不會再犯，但她卻問我，『如果你再碰上機會，你怎樣才能避免？』我於是說，我不會再這麼做，因為我知道如果再被她發現，我們就再無希望和好了。」

唐恩強調的是他再次被發現的恐懼。這夠誠實了，但還不夠深入。如果他直接告訴卡特琳，他天生是個不能只擁有一個女人的男子，那會發生什麼情況？

他對這個念頭感到訝異，「不可能，我絕對不會這麼說。我總是在擔心她會做出什麼反應。我想她一定會說，這不是她所期望的。」

「這當然。我並非建議你跟她商量娶一個小老婆，但重點在於，你的欺騙行為，也不是她所期待的。你並沒讓她選擇。你在她背後祕密行事，就等於是你單方面決定的行為。」

唐恩不再訝異，而是鬆了一口氣。「我愛我妻子，但我也愛其他女子，我一直都是這樣的人。單單承認這點，我就已經釋懷。我從未把這種心情說出來，未曾說給卡特琳或其他人知道。」現在，我們所知的真相更為深入了。每當外遇事件曝光時，我常聽到當事人懊悔地說，不會再被其他異性所吸引，這種說法只會導致他繼續掩飾。倒不如實際一點說，「沒錯，我還是會被異性所吸引，但是我愛你也尊重你，我不想再傷害你，所以我不會因受到吸引而有所行動。」這才是更為誠實，也更為值得信賴的話。

現在我們已經清楚知道，唐恩應該對妻子說些什麼，我們接著探討他應該如何說。我建議他以書信方式告訴妻子，用手寫以表示個人的誠意，並且親手交給她。

這種方式有三層用意：第一，對自己傷害對方的行為負起責任，尤其是他並未全心全意與妻子建立親密關係這方面；第二，完全對她坦誠說出自己的癖性，並承認多年來自己將此行為合理化，不顧及她的犧牲；第三，傾訴對她的愛，爭取重建雙方關係。

多年以來，我發現情書有非常好的療癒效果，遠勝於一般常見的治療法。所謂一般的治療法，是指由外遇者把過去的罪行逐一羅列招認：哪家飯店、如何約會、哪裡旅遊、什麼禮物等等。我想，唐恩必須勇於承認自己是個善於隱瞞祕密的高手。我認為，讓他妻子知道每個謊言的細節，這對他妻子並無幫助。

當唐恩下一週再來見我時，他說卡特琳對他在情書中所表現的努力和誠意有所感動，但也依然有所保留——她願意相信，但卻不敢信任。我對他們夫妻倆充滿信心，儘管唐恩偷偷享受這齊人之福，但他一直都愛他妻子。從第一次面談開始，我聽他提及妻子時的口吻總是帶著尊重、愛意和仰慕，我就體會到這點。卡特琳深受傷害，但是唐恩的祕密生活並未折損她的愛、她對他的尊重及她的自尊心。她決心不讓這場危機改寫他們的全部人生。

在未來的幾個月裡，我將指導唐恩，讓他盡量採取關心及正直的方式結束他跟雪兒和莉迪亞的長期交往關係，並且重建他跟妻子的感情。他將有許多時候會在卡特琳問及他去哪裡時，出於害怕而再次說謊。這種不良心態需要加把勁才能改善，但他已下定決心克服。而每一次他能問心無愧地直接回答她的提問時，他會發現這種互動並不困難。他們的磨練尚未結束，但我認為他們應當能妥善克服這次危機，並變得更堅強，更親密。

你想知道多少？

在隱瞞欺騙這道鴻溝的兩側，都是我的工作範圍：我一方面指導唐恩這類慣性說謊者，另一方面也諮商那些被欺騙的人。我們通常會假設任何人都想知道一切真相，如果有人自願選擇不知道真相，我們對他們這種自欺的心態也往往諸多批評。

卡羅（Carol）一直都知道丈夫是個酗酒者。但在事件發生之前，她並不知道，丈夫也喜歡在喝酒時有女伴相陪。在考慮各種選擇時，她對我說，她覺得自己未必真的想要知道更多真相。我說，「這是你的選擇。你不想知道所有細節，這並不是問題。就讓他自己承受你知道他的行為這個重擔，讓他自己負責——想想自己應當成為一個怎樣的男人、一個怎樣的人。」

也有些人則希望能鉅細靡遺地了解一切真相。但我為了保護他們免於因一下子了解太多而受傷害，我都會提醒他們，我們一旦知道真相，就得承擔知道真相的後果。我經常問，你真的希望知道問題的答案嗎？或者你只要讓伴侶知道你有這個疑問？

我會說明，質問方式有兩種，「偵探式問題」關注的是醜陋的細節，「調查式問題」關注的是意義與動機，這是兩種方法的差異。

「偵探式問題」包括，你跟她上床多少次？在我們的床上做過嗎？她高潮時是否會尖叫？你說她到底是幾歲？她是否剃掉了毛？她是否讓你肛交？她幫你吹嗎？偵探式問題往往增加新的傷疤，也往往重現心理創傷，並挑起互相較量的情緒而你總是敗給對方。沒錯，你需要知道他是否有採取保護措施，而你又是否需要去驗血，你也需要知道你的銀行帳戶是否會出現問題。然而，你也許無須追究她是金髮還是褐髮，是否做過隆胸手術，或者他那話兒有多大。諸多盤問、法庭禁令、犯罪鑑識證據等並不能緩解你的基本恐懼，況且這些做法更會讓雙方和解變得艱難。倘若你打算離婚，這些資料只會在法院上惹來遐思。我們也許應當考慮採取另一種查問方式，以便更有效地重建雙方的信任？

至於「調查式問題」，真相並非就等同於事實那麼簡單。這類問題包括：告訴我婚外情對你有何意義？你是特地尋找或是偶然發生？為何在這個時候發生？你需要放棄婚外情時有何感想？

你在婚外情中有何體驗是在家與我相處時所體驗不到的？你是否認為有權享有婚外情？你希望我發現嗎？如果我沒發現，你會自行結束嗎？現在事情公開了，你是感到釋放，還是希望事件不為人知比較好？你打算離開我嗎？你覺得應該得到原諒嗎？如果我原諒你，你會比較不尊重我嗎？你可曾希望我提出離婚，這樣你就無須為家庭的破裂負責？這類調查式問題更具有啟發性，更能探索婚外情的意義，其焦點集中於分析而非事實。

有時我們表面上問某個問題，其實背後真正想問的是另一個問題。比如問「你和他之間的性愛是怎麼的？」其實是想問「你不喜歡我們之間的性愛嗎？」你想要了解的是你們之間的親密關係，但是你提問的方式，卻會影響你內心的平靜與否。我的同行史提夫・安德雷亞斯（Steve Andreas）建議，將偵探式問題改為調查式問題，你不妨自問：如果我知道所有問題的所有答案，這對我有用嗎？這種態度能使你的查問更有價值，你一方面表達了問題的原意，另一方面又避免無謂的資訊所帶來的困擾。

我有位案主馬庫斯（Marcus）覺得，如果要再度信任對方，他需要知道所有細節。他執迷於拷問保羅（Paul），要他把在Grindr約會網站上的行為說個清楚。「我問你問題，我就要知道答案。」我理解馬庫斯需要適應新狀況，但我對他說，這種整理垃圾的工作，不會讓你心安，只會令你更憤怒、減少親密感、花更多時間在監視對方。

在這個網路時代，大家為了所謂的重建信任，遭欺騙的伴侶往往會要求對方交出手機、電郵密碼、社交媒體密碼等等。當然在事件發生後，雙方立即設定某些規則以求安心，這是很合理的。比如，出軌者停止與外遇對象見面和通訊，放工後立即回家而不是到酒吧流連。但常見的是，大家也往往假設出軌者不應擁有任何隱私權。心理學家兼作家馬提・克萊因（Marty Klein）指出，這種做法無法改善信任，只會造成妨礙。「你無法防止某個人再次背叛你。他可以選擇對你是否保持忠誠。如果他打算對你不忠，你如何費盡心思監視都無法阻止。」[59]

信任與真相是形影不離的一對。但是要知道，真相也有許多種。對於個人與夫妻而言，有哪些真相是對我們所將做出的選擇有幫助呢？某些真相會讓我們對事件看得更清楚，另一些卻只會讓我們一想起就深受折磨。提問時，應該以探討婚外情的意義為主要方向，了解其中的渴望、恐懼、誘惑、希望。這個角色更有價值，受害人無須一變而成為嚴厲的警察。真心誠意的好奇心有助建立溝通的橋梁，這是重新和好的首要步驟。兩人將以合作者的姿態，展開互相理解與修復關係的過程。婚外情是一項獨資企業，尋求意義則是一家合資公司。

第三部

意義與動機

THE **State** OF
Affairs

第九章

幸福男女也出軌：探索婚外情的意義

「有時我能感到我所有未曾活過的人生沉沉壓下，骨頭為此而苦苦支撐。」

——喬納森・薩弗蘭・弗爾，《極為響亮，非常靠近》

「性愛的發生，在於從中一再地發現自己所不知道的自我，這種感覺令人震撼……促成這種冒險的不僅是對他人感到好奇（雖然這也有幫助），更是對自我中的他性感到好奇。」

——維吉妮婭・葛德納

如果你的婚外情其實與你無關，那又會如何？

對於遭身邊伴侶欺騙，因第三者而被拋棄一旁的當事人而言，這個問題顯然是荒唐可笑的。感情的背叛是嚴重的個人恩怨，是對人的最脆弱部分施以重擊。然而，若是只從受害一方內心怨恨的視角來看，我們只能了解事件的一半。不忠是他們對待伴侶的行為，但他們到底是為自己做了什麼？為何要這麼做呢？

我的任務有個重要部分，就是以兩種視角看待事件，一是意義，一是後果。第一階段的重點在於了解事件本身：危機、劫難、傷害、欺騙等；第二階段則著重於了解為何如此：了解當事人本身的意義、動機、邪念、經驗等。以開放的角度看待這些袒露的事實，對涉及各方的療癒過程都十分重要。

「人為何會出軌？」過去幾年來，我都在不斷提出這個疑問。在文學中，我們常看到的是那些不謹守婚約者內心的複雜渴望，但在我們這一領域中，他們的動機似乎只被簡單劃分為兩種：一是他們的婚姻出現問題，一是他們個人出現問題。正如米雪·賽因克曼（Michele Scheinkman）所指出，「出軌在過去是包法利夫人在尋找浪漫愛情……在今天卻是被納入一個『背叛』的架構中，不太涉及愛與渴望，而是更被視為一種亟需治療的症狀。」

這個「症狀理論」的內容如下：婚外情促使我們注意到事先已經存在的問題，這可能是婚姻關係面對困擾，或是個人面對困擾。在眾多個案中，這個理論都顯得有其道理。許多婚姻最終都會出現婚外情，當事人以婚外情來補償某些欠缺，或填補某種空洞，或作為分手的理由。焦慮型依附、避免衝突、長期缺乏性愛關係、孤獨感、或者關係長期停滯，這些都是炒冷飯的說法，不外就是指出軌者是由於婚姻關係失衡而走上這條路。此外，一種困擾會觸引發另一種困擾，如此立論的文獻實在不勝枚舉。然而，心理治療師每天所面對的各種狀況，卻都是違反這些廣受採用的理由。我們該如何詮釋這種現象呢？

如果說外遇在缺乏嚴重婚姻問題的情況下也會發生，這是難以令人接受的。我們的文化並不認同這種沒人犯錯的婚外情。因此，當我們無法將原因歸咎於婚姻關係時，我們只好將矛頭指向個人。臨床文獻中充斥著各種出軌者的性格類型，彷彿人的個性要比所處環境更勝一籌。心理學術語在此已經取代了宗教言辭，罪的觀點也被病理觀點所掩蓋。我們不再是有罪的人，而是都成為有病的人。弔詭的是，要洗淨我們的罪惡其實比消除診斷結論更容易得多。

說也奇怪，在這個外遇治療的市場中，臨床症狀又如某種大受人們歡迎的貨幣。有些夫妻來到我診室時，隨身帶著診斷報告。布倫特（Brent）很希望自己能披上這件病理學的外衣，只要這件外衣能對他這二十年來的外遇行為做出合理的解釋。他妻子瓊恩（Joan）卻不太能苟同，她對我說出她的想法，「他的治療師說他有依附障礙，因為他父親拋棄了他，讓他獨自照顧母親和妹妹。但我對他說，你別再笨了，你竟然需要醫生診斷你有病？」

琳恩（Lynne）剛發現一堆證據，證實丈夫狄恩（Dean）經常瀏覽性愉虐（BDSM）網站，並且與陌生人相約上床。在多次接受心理治療後，狄恩很肯定自己是個「性癮者」，他在一些地下場所自行服藥對抗憂鬱症狀。他妻子認同這個說法。他說不定真的是個性癮者，然而，將他的行為加以醫療化，不應妨礙他誠實探討自己為何偏好這類反常性行為。被人貼個標籤很簡單，要深入探索內心才困難。

如果心理診斷結果的說服力尚嫌不足，還可求助於大受歡迎的神經科學。尼古拉斯（Nicholas）的妻子佐依（Zoe）搞婚外情超過一年，他來找我做最後一次面談時，顯得氣色不錯，手上揮著《紐約時報》說，「你看！」他指著大標題，「外遇就潛伏在你的基因中。我早就知道是這樣，因為她的父母是採取開放式婚姻，因此她的道德感較弱。這是有遺傳的！」

許多出軌的配偶毫無疑問都顯露出憂鬱、強迫、自戀、依附障礙或單純性社交困難等症狀，正確的病理診斷經常能為出軌者或受害者的某些無法解釋和痛苦的行為找到清晰的原因。對這類情況，這種診斷有助我們制訂方案以深入了解事件及促進療癒。但也有許多情況，是我們太急於做出診斷，因此忽略了尋求個中意義的過程。

我的經驗促使我把眼光放遠一些，不局限於受廣泛認可的觀點，即把外遇視為婚姻關係或個人發生問題而產生的症狀。因果關係即使看來很明顯，但未必就是正確的，這是我在寫《情欲徒刑》一書時的深刻體會。人們常對我說，性關係問題是婚姻關係問題的後果，只要解決婚姻關係問題，性愛就不會有阻礙。對許多夫妻而言，事實的確如此。但在另一方面，我也見過無數夫妻對我說，「我們很愛對方，我們關係很美滿，唯一的問題是我們沒有性愛。」很顯然，他們的性關係陷入僵局，並非只是由於雙方感情不好所造成。我們必須從某些較不明顯之處去發掘他們性慾缺失的根源——也就是說我們必須直接討論性愛課題，這正是許多婚姻治療師所寧可避開的。

同樣的，傳統的智慧也認為，夫妻感情親密就可確保不會出軌。我們的浪漫愛情模式，是假設婚姻關係如果健康，就無須到婚姻之外尋求自己所需。如果你在家裡感到安全，並得到他人的關心、欣賞、尊敬和渴望，你又何必到外頭遊蕩呢？從這個角度看，婚外情其實就是人生有所欠缺的產品。因此，成功的心理治療是把重點首先放在識別婚外情背後的問題，並針對這個問題做治療，讓夫妻能擁有婚外情的免疫能力。可是，這種針對問題加以解決的做法，真的能夠消除愛情的局限性和模糊性嗎？

我不同意這種做法。首先，這種做法假設世界上有完美婚姻存在，足以保護我們免於在婚姻之外尋求性慾滿足。其次，現實中的例子也顯示這種做法並非有效。在一次又一次的面談中，我都聽到案主對我保證，「我愛我的妻子／丈夫，我們是好朋友，生活也很愉快。但是我卻有婚外情。」

他們當中不少是多年來都忠誠對待伴侶，甚至已經數十年不曾變心。他們看來都是很正常、成熟、有愛心的人，並且對婚姻關係積極投入。然後卻總有這麼一天，他們跨越了某條界線，這條界線是他們從未想過會跨越的，他們甚至冒著失去自己一切所有的巨大風險。他們是在追逐某種微弱的光芒嗎？

這類低機率的犯禁事件聽得越多（有一夜情也有真心相愛），我就越覺得應該還存在某種不那麼想當然耳的解釋。究竟為何幸福的人也會出軌？

為了探討這個問題，我促請出軌者說出他們的內心故事。我想了解，婚外情對他們具有什麼意義？你為何要這麼做？為何選這個男人？為何選這個女人？為何選這個時候？這是第一次嗎？是你主動嗎？你試過抗拒嗎？外遇的感覺如何？你是否在追尋某些東西？你找到了什麼？所有這些問題，都有助我探討外遇的意義與動機。

人們外遇的原因有許多，每當我以為我已經知道全部原因之後，總又有新的原因冒出來。然而，其中有一個主題卻是一再出現。那就是：婚外情是一種尋找自我的方式，一種探求新的（或失去的）自我認同的表現。對於這些探索者而言，婚外情並非是個人困擾所造成的症狀，而是更應被視為人生拓展的經驗，並涉及了個人的成長、探索和轉變。

「什麼拓展呀?!」我可以聽見有些人發出訝異的驚嘆聲。「尋找自我個屁！這種說法很動聽，好過說他喜歡在高速公路邊的汽車旅館到處做愛。出軌就是出軌，無論你把它貼上什麼新時代思潮的標籤都改變不了！這是殘忍，這是自私，這是不誠實，這是侮辱。」沒錯，對於遭背叛的人而言，這些批評都是對的。但是，出軌行為對出軌者而言又有何意義呢？

度過婚外情最初階段的危機後，我們在探討婚外情所造成的痛苦之餘，也有必要騰出空間來同時探討其中的主觀經驗。某些經驗對伴侶甲而言或許是痛苦的背叛，但對伴侶乙卻可能是轉變的契機。

追尋新自我

有時候，我們之所以尋找他人注視的眼光，並非不想看見身邊的伴侶，而是不想看見今天的自己。我們似乎在尋找另一個情人，其實是在尋找另一個版本的自己。墨西哥散文家奧克塔維奧．帕斯（Octavio Paz）形容，情慾是對他性的渴望[60]。人們在婚外情所尋找的他者中，最令人陶醉的並非在於發現新伴侶，而是在於發現新的自己。

帕莉亞（Priya）給我的第一封信充滿困惑與痛苦，她開頭寫道，「有關婚姻煩惱的描述，似乎多數不符合我的情況。柯林（Colin）與我的婚姻關係很棒，我們有三個出色的孩子，沒有財務壓力，有自己喜歡的職業，也有好朋友。他工作表現很優秀，長得很英俊，是個體貼的情人，身體健壯，對任何人都很慷慨，對我父母也很好。我生活很滿足。」

可是帕莉亞卻與一位園藝師有染。他是在颶風桑迪吹襲過後，來幫忙把穿過鄰居車庫的大樹移走。「他不是那種我會想跟他約會的男人，絕對絕對不會。他開卡車，帶有紋身。這真是老套的故事，我也羞於啟齒，就像中年老闆與年輕性感的祕書有一手那樣。而且太危險了，我可能失去一手建立的所有東西，我不希望如此。我的心理治療師是唯一知道的人，她要我把他的電話號碼列入黑名單，別再跟他交談。我知道她說得沒錯，我也盡力了，可是我卻忍不住一犯再犯。」

她告訴我她的經歷，一邊感到著迷，一邊感到恐懼。「我們沒地方可以去，所以總是躲在他的卡車或我的汽車裡，或者去電影院、公園的長凳上。他的手脫下我的褲子，我覺得像個青少年，跟男朋友鬼混。」她一再強調婚外情中的校園青春氣息。在他們來往的過程中，一共只做愛五六次，其實重點是她從中覺得自己性感更勝於享有性愛。她深陷所有私通者常有的兩難困境中：「我無法斷絕關係，但我不能再這樣下去。」

帕莉亞無法了解，為何自己會陷入這個亂七八糟的境地。她也相信一定是自己的婚姻有所欠缺，才會做出這種行為。當她不斷吹噓自己的婚姻有多美滿時，我卻開始懷疑，也許她的婚外情其實與她的丈夫無關，也與她的婚姻無關。

這些頑固地想從婚姻中尋找出事原因的個案，體現了所謂的「路燈效應」。設想有個醉漢在尋找自己丟失的鑰匙時，他不是去丟失的地方尋找，而是會在有燈光的地方尋找。人類在尋找某些事物時有個傾向，就是會在最容易的地方尋找，而不在事物真正所在的地方尋找。這種效應，也許足以解釋為何那麼多婚姻治療師都那麼認同症狀理論。這樣的話，他們就可以專注於自己所熟悉的婚姻關係領域，而無須一頭栽進犯禁之過的沼澤之中。把罪過歸咎於失敗的婚姻顯然比較容易，勝於與我們的心願、我們的渴望、我們的倦怠這類難以衡量的存在感糾纏不休。然而，問題在於我們與醉漢之間有所不同，醉漢這樣子找東西頂多是找不到，可是治療師卻一定能夠從婚姻中找到問題。他們找到的問題，卻未必是解開婚外情的意義的正確鑰匙。

若對帕莉亞的婚姻進行犯罪鑑識檢驗，必然會找到一些證據，比如：她的收入較少因此權力被削弱；她傾向於壓抑憤怒和避免衝突；她有時會出現幽閉恐懼症；兩個獨立的個體逐漸融合為一個「我們」（舉個簡單例子，「我們都喜歡那間餐館嗎？」）等諸如此類。如果我跟她採取這一途徑，我們應該能夠愉快地聊上一陣子，但這將不是我們所需要的那類對話。夫妻之間有些「不和」，並不表示這些「不和」會導致婚外情發生。

我向她提出我的看法，「我認為這與你本人有關，而與你的婚姻無關。請你談談你本人吧。」

「我一直很優秀。是個好女兒、好妻子、好母親。我有責任感，考試成績科科全優。」她來自一個家境小康的印度移民家庭，對她來說，「我想得到什麼？」與「他們想要我做什麼？」這兩個問題是沒有差別的。她從未參加派對，從未喝酒，從未太遲回家，第一次吸大麻是在二十二歲。完成醫學院課程後，她嫁了給一個好男人，讓父母到家裡住，後來還買了一間退休公寓給他們。到了四十七歲時，困擾她的問題就只有一個，「如果我沒那麼完美，他們還會愛我嗎？」在她的內心深處，隱約有個聲音在思索，那些比較不「優秀」的人的生活究竟是怎麼樣的？他們是否比較孤單？或者比較自由？他們比較快樂嗎？

帕莉亞的婚外情並非是某種症狀，也非病理性。這是一種身分認同的危機，是她的個性在內部進行重新整理。我們在面談時，談到了責任與渴望、年齡與青春。她的女兒正步入青少年階段，享受著她從未理解的自由。帕莉亞對女兒是一邊支持，也一邊羨慕。在她接近人生的五十大關之際，她迎來了自己遲到的叛逆青春期。

這些反省似乎很膚淺，不外是一些瑣碎的「第一世界問題」。帕莉亞就是這樣告訴自己。我們都一致認為，她的生活是讓人羨慕的。然而，如今她卻冒著失去這所有一切的險，這就足以提醒我，不可對這種心態掉以輕心。我的職責，是協助她發現自己行為的意義。這顯然不是一個終究會美夢成真的愛情故事（有些婚外情確實會如此）。這只是個毫無緣由開始，也將毫無緣由結束的愛情故事，但願這個過程不會摧毀她的婚姻。

婚外情是個平行的宇宙，與日常生活中的責任隔離開來，往往被理想化，充滿超越人生的承諾。對某些人來說，這是一個充滿可能性的世界，是個可切換的現實，讓我們重新想像自己，重新創造自己。話說回來，正是由於自己置身於祕密處境而受限，才能經歷到這種無限性。這是一種流光溢彩的人生插曲，一種在平庸人生中閃現的詩情畫意。

因此，禁抑之愛的本質就是個烏托邦世界，尤其是在婚姻和家庭生活的世俗限制之下更顯得如此[61]。這個感官邊緣的宇宙有個主要特性（也是其不可抗拒力量的關鍵），就是你永遠無法一手掌握。婚外情顯然是危險的、難以捉摸的、模糊不清的。它呈現一種不確定性，不明朗性，一種「不知何時再見面」的感覺，這在我們的基本婚姻關係中是不能忍受的，但在隱密的愛情中卻能點亮期待的心情。由於我們無法得到這個情人，因此我們會不斷渴望，因為我們總想擁有得不到的東西。就是這種剛好無法觸及的本質，使婚外情增添一種情慾的神祕色彩，也促使渴望之火繼續焚燒。

婚外情與現實世界的隔離感還有一種強化方式：許多人都與帕莉亞一樣，選擇那些不可能成為他們終身伴侶的人作為情人。與來自極為不同的階級、文化或世代的情人相愛，我們就能創造更多的可能性，這些都是現實生活中無法企及的。

外遇能為你帶來「永遠不可能屬於你的生活」，新聞工作者安娜・普里（Anna Pulley）在一篇優美的文章中描寫她與一位已婚女子發生婚外情時如此形容。她寫道，「我是一條她永遠不會踏上的路……我們的愛情與可能性緊密相連——我們能為對方提供無限潛能。這種應許，在現實世界中是毫無可能的……她具有非凡的完美性，她必然如此，因為她不含有任何真實世界的陷阱……她的部分是完美的，因為她是一個現實人生的脫離者，她似乎隨時都能付出更多。」[62]

耐人尋味的是，這類婚外情極少能夠在被發現後繼續存在。大家或許都以為，這種冒著巨大風險所追求的關係，應該是經得起曝光的考驗。在愛情的魔咒下，情人們會說著他們的渴望，若能長相廝守時想做的各種事情。但是，當禁令解除之後，當離婚手續辦妥之後，當崇高性混入了平凡性，他們的婚外情走進真實世界中之後。結果如何呢？某一些會生活美滿彼此相愛，但更多卻非如此。根據我的經驗，這類婚外情多會就此結束，即使他們放棄原有婚姻也是如此。無論其相愛的感覺如何真實，這種戀人之間調情本來就只是美麗的神話。

婚外情存在於婚姻的暗影之中，但婚姻也同樣存在於婚外情的核心，兩者不可分離。缺少令人愉悅的犯罪感，情人的關係是否依然具有吸引力？如果帕莉亞與她的紋身男友擁有一間自己的臥房，他們是否還能像在卡車裡幽會時那麼瘋狂？

我見過無數類似帕莉亞的女性（和男性），我能理解他們所經驗到的力量。我不會貶低他們，認為他們小氣、自私或不成熟。但另一方面，我並不贊同這些情人的傲慢，他們認為這種頓悟式的相遇導致他們生活中的所有其他事物變得平庸。弗朗西斯科・阿爾貝羅尼（Francesco

Alberoni）如此寫道，熱戀這回事，是「重新安排我們所有事物的優先次序，將多餘的東西都拋下船去，用強燈探照，任何膚淺之物馬上棄之不顧。」[63]但是，我也警惕帕莉亞，當詩情畫意的飛航墜落之後，她將會發現，這些所謂的平庸生活對她是如此重要。

犯禁的誘惑力量

所有關於外遇的對話，都不能避開種種條規以及人類偏好犯規的本性這個棘手課題。違抗條規是為了要擁有自由而不要受束縛，要擁有可能性而不要受限制，要擁有應得權益而不要遵循。帕莉亞也許對自己甘願拿婚姻來冒險感到困惑和羞愧，但這其實正是犯禁的力量所在：它能促使我們拿最寶貴的東西來作賭注。我們十分了解萬有引力定理，但我們卻都夢想飛翔。其後果可能是帶來轉變，也可能帶來毀滅。這兩者有時是一體兩面，無法分離。

帕莉亞感覺自己無時無刻都處於矛盾中：有時為自己的魯莽行為而訝異，有時為自己的大膽心態而陶醉，有時為擔心東窗事發而擔憂，但是卻沒法子（或不願意）結束戀情。神經科學家必然會解釋說，她在日常生活中是跟隨前額葉皮質所發出的理性指令，但在婚外情中則是由邊緣系統掌控大權。

從心理學觀點來看，禁抑之愛能讓我們一窺人性中較為黑暗和曲折的部分。犯禁行為占據著人類天性的核心。我們應該都記得童年時候，我們都喜歡躲躲藏藏、偷偷摸摸、幹點壞事、擔心被發現又僥倖逃脫，這些事都讓人興奮。步入成年之後，這種心態卻成為了強有力的催情劑。冒著被捉的風險而幹些齷齪不經的事，打破禁忌、挑戰界線——這些都是具有挑逗性的經驗。根據性學家傑克．莫林（Jack Morin）的觀察，我們多數人都保留著兒童時代那種希望展現自己能凌駕於規則之上的心態。他認為，「也許因為這樣，帶著違規意味的遭遇和幻想往往令違規者產生一種自我認可，甚至是自豪的感覺。」[64]

莫林有個著名的「情慾公式」，指出性愛是「吸引力加上障礙等於激情」[65]。他解釋說，高昂的性衝動是在持續困阻與成功解決這兩者之間來回流動。當我們有點無法平衡，難以確定時，「置身於狂喜與災難之間的危險邊緣」，最讓我們感受到強烈的興奮[66]。

這個對人類習性的洞見，有助於我們理解，為何家庭幸福、婚姻穩定的人也會受到犯禁行為的誘惑。令帕莉亞著迷的問題是：如果我不遵守規則，再做那麼一次，不知會怎麼樣？

有些人會認為，打破條規的行為是一種拖延已久的夢想；另一些人則認為，人本來就應該追求生活中的應得權益。他們都自以為能凌駕於規則之上。他們的自戀心態，讓他們有權打破所有規定。在他們心中，外遇是一種機會主義——出軌而不會受到懲罰，只不過因為他們有能力這麼做。這種浮誇心態是他們的主要敘事方式。

所有婚外情都是涉及應得權益的行為，但我尤其感興趣的是，對那些盡責而顧家的人而言，應得權益具有什麼意義？對這些正直的人，叛逆代表了什麼？他們的出軌行為所表現出的自我矛盾本性，他們所反抗的限制正是他們一手所創，這能給我們帶來什麼啟發？

我和帕莉亞的交談，減輕了她的混亂感。她鬆了一口氣，因為我們無須細心剖析她與柯林之間婚姻關係的缺失。然而，她卻因為需要為其行為負起全責而深感內疚。「我最不想做的就是傷害他。如果他知道了，一定會崩潰。即使他知道這與他無關，那也無補於事。他絕對不會相信。」

帕莉亞站在十字路口，徬徨無主。她可以把婚外情告訴丈夫，然後承受其後果，許多人都會如此建議。她也可以繼續保守祕密，並結束這段感情，祈求丈夫永遠不會發現。當然，她也可以繼續出軌，過她的雙面生活。對於第一項選擇，雖然我並不贊同欺騙行為，但我憂慮的是，一旦婚外情曝光，這一事件的敘事方式將即刻轉變，無法挽回。這將不再是一個有關自我發現的故事，而是變成一個背叛的故事。這對他們是否有何益處，實在很難說。

至於第二項選擇，靜悄悄地結束戀情嗎？她已經試過好幾次了：刪除對方的電話號碼，送孩子上學之後改道開車回家，勸戒自己這次行為大錯特錯。可是這種自我斬斷的方式，卻會成為更刺激的新規定，更想去打破。三天之後，她又會將他的電話號碼換個名字加回手機中。

至於第三項選擇，隨著帕莉亞的風險增加，她承受的折磨也越大。隱瞞祕密的侵蝕效應開始顯現，她會日益顯得懶散。每次上電影院，每次到無人的停車場，危險都會緊跟著她。

在考慮這一切後果之後，我希望引導她探討第四項選擇。總的來說，她其實是在告訴我：我應當結束這段戀情，但是我心裡不願意。我能看見而她卻尚未領悟的是，她真正害怕失去的東西，其實不是那個情人，而是在她內心，被對方所喚醒的另一部分自己。我告訴她，「你以為你是在和卡車男發生戀情，其實你是和你自己親密接觸，他只是一個中介。」

將婚外情對象與經驗分開，對促使當事人擺脫婚外情極有幫助。婚外情之旅可以就此結束，而婚外情的紀念品依然可以永遠保存。「你未必會馬上相信我這個說法，但其實你是可以結束這段戀情，但同時保留這次經歷帶給你的感受。」我對她說，「你重新與一個充滿活力、青春洋溢的自己連結，你或許覺得離開他之後，這些都將消失無蹤。但我要告訴你，只要假以時日，你必會發現這種感受將繼續在你內心存活。」

我們討論了她應該如何向對方道別。那種馬上斷絕聯繫的方式並不理想，因為它強調的是負面感受，而非認可這次經驗的深刻意義。帕莉亞和情人曾經嘗試採取較為緩慢溫和的分手方式，他們花好幾個小時討論如何分手最為恰當。這種對話方式我也熟悉：兩人會花上整個晚上討論如何道別，但結果卻因為即將離別而感到更為親密和相愛。

我提出另一種不同的對話方式：適當的道別並不否定所有正面意義，矛盾其實可以並存，「我不想結束這段感情，但是我決定必須這麼做。」她應該對這段感情表達感謝，並告訴對方她將永遠珍惜他們在一起的回憶。

她問我，「我應該今天就這麼做，對嗎？」

「你接下來很多天都必須這麼做。」我對她說，「你必須學會將自己從對方身上抽離。這並不容易。有時感覺就像牙齒的根管一樣。他已經納入你安排生活的原則之中，當你不再見到他時，你最初會感到麻木空虛。這是預料中事，需要時間化解。」

有些情況是雙方只要一次頓悟式的對話，就可完成這個過程；另一些情況則需要幾星期，甚至幾個月，才能使意義逐漸轉化，讓婚外情完成其任務之後自然消逝。帕莉亞的情況應是屬於後者。「你必須強迫自己別傳簡訊，別打電話，別在社交媒體上追看他的日常生活，也別開車經過他家門口。你也許會偶然這麼做一次半次，但總有一天，你會習慣。你會若有所失，你會哀傷，你也會逐漸接受。你將體會到生活不再有如碎片，也因而感到釋懷。偶然想起他時，你會再次覺得自己依然年輕。」

也許我所說都是真的，帕莉亞在回憶這位卡車男時將感覺甜蜜。但我知道也有另一種可能，就是一年之後，當她回顧這段戀情時卻會不禁尋思，「我當時在搞什麼鬼啊？我瘋了嗎？」

在她的祕密花園中，他可能始終是朵美麗的花，但也可能變成野草。我們只能說，允許帕莉亞將他內化，將有助她放手離開他。

人們常問我，「如果其中一人藏有這類祕密，這對夫妻是否還能體驗到真實、安全的情感？這不是會導致整個婚姻關係變得虛假嗎？」我對這個問題並無妥當的答案。在許多情況中，我都是偏向讓事件揭露，希望能因此為夫婦提供新的溝通管道。然而我也看過祕密在無意間透露後導致永不消褪的傷痕。當我在治療帕莉亞時，我的重點是在於讓她掌控這份經驗，並以最為人著想的方式來處理。最近，在她的WhatsApp中，她與我互傳的簡訊更多，已經取代她與情人之間的簡訊。我如同她的支持者，鼓勵她降低每天對這一事件的關注，開始逐漸追求她的目標，那就是重新整合她的人生。

嚮往未曾活過的人生

追尋未經探索的自我，是外遇敘事方式中的一個強大主題。帕莉亞的平行宇宙，將她帶回到她未曾經歷的青少年時代。另一些人則陷入往昔的自己所念念不忘的回憶之中。還有一些人在幻想中回到了舊日所失去的機會，以及他們本來應該實現的另一個自己。著名社會學家齊格蒙・包曼（Zygmunt Bauman）如此寫道，在現代生活中，「總是存在著某種懷疑……以為人是活在某種謊言或錯誤之中；某些極為重要的事物被忽略、錯過、遺漏、未曾嘗試、未曾探索；並且對人的真實自我應有的某種重要義務並未履行，或者某些未知的幸福（與所曾經歷過的任何幸福全然不同）在其機會出現時未被把握，以致永遠消失，再難追尋。」[67]他所說的，正是我們對未曾活過的生命、未曾探索過的身分及未曾選擇的路徑的殷切思念。

在兒童時代，我們有機會扮演其他角色；成年之後，我們卻只能扮演我們被分配到或我們自個選擇的角色。當我們選擇伴侶之後，我們也等於接下某個故事，答應參與演出，如是扮演。但我們始終都心存好奇：是不是還有其他故事，本來應該有我的戲分在裡頭？婚外情就如打開一扇窗子，讓我們看見這些其他生活，並一窺自己內心的陌生自我。因此，外遇經常是對被拋棄的可能性所做出的報復。

德韋恩（Dwayne）一直都很珍惜他與大學情人凱莎（Keisha）的舊日回憶，她是他至今最棒的性愛伴侶，直到如今她還是經常出現在他的幻想世界之中。當時他們都知道雙方太年輕，無法做出相守一生的承諾，只能勉強分手。多年以來，他都在自問，如果他們相遇的時機不同，他們將會如何發展？

上臉書找一找吧。這個網路世界為我們提供了前所未有的機會，讓我們重新找到失散多年的朋友。我們從未如此容易就可接觸到過去認識的人，有如此多資訊可滿足我們的好奇心。「某某不知後來生活如何？我在想她是否已經結婚？」「我聽說他的婚姻關係出了問題。」「她是否還是如我記憶中那樣可愛？」只要按一按滑鼠，就能找到答案。某天，德韋恩上網搜尋凱莎的資訊，真沒想到，他們都同樣住在奧斯汀。她依然性感迷人，已經離婚，而他則擁有幸福家庭。不過他好奇心切，忍不住按下「加為朋友」的按鈕，不久之後他們就祕密交往了。

過去十年來，我覺得在社交媒體助長下，與前任情人發生婚外情的情況似乎大為增加。這種對往昔戀情的追溯，是發生於已知與未知之間——已知的是你們過去認識的熟悉感，未知的是時間流逝而帶來的新鮮感，兩者聯繫了起來。昔日餘情出現一點閃光，提供一個獨特的情感組合，包含內在信任、帶有風險而又容易受傷等特點。此外，這對我們徘徊不去的念舊情懷具有強大的吸附力。曾經存在的舊日的我，如今已消逝，卻正是你曾經認識的人。

我們都擁有多重自我，但在親密關係中，我們隨著時間流逝，逐漸將自己的複雜性縮減為一個較簡單的版本。若要找回過去的自我，重要關鍵之一，就是設法將過去一路上捨棄或遠離的種種事物都重新撿起。

重拾遠去的情感

有人或許會訝異，原來他們的內在是由那麼多部分所組成，但艾奧（Ayo）對他的多種自我卻是十分熟悉。他總是透過與朋友、導師和親密伴侶等人的關係來塑造自己、改造自己、建立自己。「我有多個朋友圈，他們來自我在不同國家度過的各個人生階段。」他說，「每個朋友圈都喚起當年那段歲月的自我。只要選擇與某一位或其他朋友圈的朋友互動，我就能重新經歷過去人生階段中的我，這讓我感到興奮。」

然而過去兩年來，在艾奧的個人成長歷程中對他最具影響的是辛西雅（Cynthia），她是一位國際發展顧問，是他的同行。他形容這兩年的婚外情是「重要的成長加速器」，促使他經歷新的自我。

艾奧的外遇，道出男性較不為人所知但卻並非罕見的故事。有某一類男性，總是在艱鉅的情感中度過其人生，他們毫無畏懼，也能加以掌控。艾奧成長於肯亞，在混亂的童年中曾多次搬遷，因此他採取這種生活方式有其道理。「我需要大量的良好愛情元素（溫暖、保護、關心、友誼、浪漫），但不喜歡不良的元素，比如：易受傷害、軟弱感、恐懼、憂傷。」他如此深思。

他妻子茱莉（Julie）正好能為他如此付出。他們二十七年前在倫敦相遇，當時都是剛剛踏入同一行業。「她很漂亮，非常聰明，健壯，不會過於內向或嬌弱，這很適合我。」他們生了五個孩子，茱莉決定離開職場，專心照顧這群孩子，艾奧則繼續到各國工作。

他們的婚姻很美滿，艾奧形容為是「以互相尊重的婚外自由為前提」——多年以來他已經有數百次動用了這種自由，在每個時區都享受著隨性的豔遇。茱莉對丈夫的行為睜一眼閉一眼，稱之為「餘興節目」（「她們減輕了我的壓力」），她本身也曾發生短暫的婚外情，並也對丈夫坦白透露。

艾奧當初是先見到辛西雅所寫的文字而認識她，並認為她「才華洋溢」，她的聲音「迷人、有趣、真誠和聰慧。」當他們見面時，她的本人一如其想像，而且顯得優雅端莊。他說，「我們就此墜入愛河，在工作時會面，並且寫了無數的信給對方，過去兩年來足足寫了好幾千頁。」他們的關係有多個面向，涉及專業上的尊重、創意上的合作、知識上的共同愛好、愛慾情感及幽默的相處。

起初，艾奧與辛西雅都打算告訴自己的配偶，由於兩人各自的婚姻都較為自由，因此都希望伴侶能體諒，讓他們繼續這段感情。但是他們也明白，這次他們是認真的，不像以往那般逢場作戲，因此很可能會「考驗我們的配偶的極限。」

然而就在他們要把這個計畫付諸實行之前，命運出現了轉折，辛西雅確診患上癌症。這個計畫連同一些界線都被拋之腦後。艾奧回憶道，「我全心全意投入她的生命之中，盡量花更多時間陪伴她。我覺得對她的愛日益加深。這是第一次，我真正感到恐懼和憂傷。」

艾奧形容他如何體驗到那些一直被壓抑的情緒。他更能接受不確定性、好奇心、同理心。

他經常反省，並總結說，「我對過去欠缺的情緒空間有了更深一層的認識。」他變得更溫柔，並表現在性愛上——「更活潑、更平衡、也較不看重其結果。」

當茱莉知道有辛西雅這人時，艾奧依然希望她能不當一回事，就如他過去找別的女人時那樣，能欣然接受這個新的多重伴侶協議。令他驚訝的是，茱莉的反應恰恰相反。「她陷入痛苦之中。」他寫信給我要求安排婚姻諮商時，他希望的是能找到一個打破僵局的做法。

「我是真心愛茱莉的。」他寫道，「她擁有無窮的能量，照顧婚姻與家庭無怨無悔，她個性堅強，深思熟慮，堅定而果斷，並深具價值觀。我們有許多共同點，足以陪伴我白頭到老。另一方面，我也是真心愛辛西雅，她優雅可愛，才華洋溢，易受傷害，展現本體的不確定性，還有複雜的心智。我喜歡在她身邊時感受到最強大的自我。因此，我內心的不同部分將我拉往不同方向。生命中能擁有她們兩人，讓我覺得自己是世界上最幸運的男人。」

到了我們見面時，艾奧已經勉為其難地結束了與辛西雅之間的性關係，但是他堅持繼續與她的進行創意合作，這讓茱莉非常不悅。他誠實告訴我，他在考慮好幾個選擇。他一部分希望我能說服茱莉，讓他同時保有婚姻和婚外情，另一部分希望我能「解除他的困惑，讓他從幻覺中清醒過來」，這樣他才能專心經營他的婚姻。然而還有一部分認為，如果這個命運的轉折點，是為了帶給他新的人生，他希望我能協助他面對其後果。他不知道我們應該選擇哪一個方向。

目前，茱莉則希望對艾奧受辛西雅瘋狂吸引及她本人的強烈反應這些事理出一個頭緒。「為什麼這次事件對你的打擊不同於以往？」我問她。當中年男子愛上年輕貌美的女子時，其妻子會感到相形見絀，這樣的故事我們很熟悉。然而茱莉卻不同，年輕貌美從來不會對她構成問題。她說，「我不覺得受到威脅，所以就不理睬她們。」但是，辛西雅卻是沉重的一擊。她是個有成就的專業女性，與茱莉同年，並在茱莉多年前為照顧孩子而離開的職場領域中表現優異。

我聽她訴說之際，逐漸了解她為何在事件揭發之後深感絕望。她丈夫不是愛上一般女人，而是愛上一個茱莉自己本來應該成為的女人。辛西雅不僅代表艾奧所發現的某些自我，更是代表了茱莉所放棄的一切。與艾奧共同工作，分享他的熱情，為他慶祝成就的人，應該是茱莉自己。但是她當初做了不同的選擇，現在已經再難回頭。至於艾奧，卻可以再來一場。

在面談中，茱莉看見她所失去的自我，內心難以抑制，首次潸然落淚。會談結束時，她和艾奧都將面對非常令人不安的新成長門檻，這個字眼艾奧最能了解。他可否將新近領悟的同理心用於對待他妻子，而不僅僅驚訝於她竟然受到傷害？她是否能夠放下斯多葛式的堅忍態度，流露她軟弱的一面？她如何才能創造新的意義？

在艾奧的多個選擇之中，還缺少一項，就是在他與茱莉之間重新建立一種新的情感對話。如果在他們的關係之中能加入恐懼、憂傷和脆弱性等元素，他們可能會在意想不到之處發現新的自我。在這個長達一天的單次面談結束後，我告訴他們不妨回去考慮這一個可能性。

這類現實中鮮活的故事，體現出症狀理論的局限之處。外遇不能僅僅被視為病理性或功能障礙。我們必須仔細聆聽這些犯禁經驗的情緒迴響以及其後果。否則，我們將永遠無法理解婚外情的底層縱橫交錯的內涵。我們只會讓夫妻重新陷入他們的現狀之中。將婚外情的意義解開，有助於準備面對接下來將做出的決定。遺失鑰匙卻找錯地方，不但花掉寶貴時間，也將付出巨大代價。

第十章

禁抑之愛：死亡感的解藥

「今天的我徬徨於這兩者之間，一方面恐懼所有事物都將改變，另一方面又恐懼所有事物在我的剩餘日子裡都將完全保持不變。」

——保羅・科爾賀，《外遇的女人》

「單一伴侶制的最好之處不外是期望找個人在死亡時作伴，最壞之處則是為了拯救對生存的恐懼。這兩者很容易混淆。」

——亞當・菲利斯

「我們在辦公室外等候電梯時，他說，『我們走樓梯吧。』這時候，他的手碰觸到我的手。這極輕微的碰觸讓我宛如觸電。我感覺到自己活著。」丹妮卡（Danica）回想起這件事時，眼睛亮起光彩。「你知道嗎，這令我震撼，因為我不知道這是否是我應有的感覺。在那一刻之前，我並沒想過，我其實已經很久很久沒經歷這種感覺了。」

我對丹妮卡的描述完全不感震撼，對其後續發展也不感震撼。這位善良的妻子不只跟隨這位年輕的巴西同事魯伊茲（Luiz）走樓梯，後來更與他完完全全發生婚外情。在我聽到的所有偷嘗禁果的故事中，如果要選一個特別突出的主題，那一定是：婚外情讓他們感覺活著。

無數出軌者都以類似的字眼描述他們的經歷：重生、充滿活力、更強烈、更年輕、煥然一新、更活潑、更釋放。許多人也如丹妮卡一般，表示一直未曾注意這種感覺早已消失，直到它在無意之間再度襲擊。這種生存感很少被當作是婚外情的具體理由（許多人甚至不知這種感覺何時開始），但其中往往包含出人意表的獨特意義。在我研究叛逆之愛的這十年來，我在世界各地都聽人說起這種感受。婚外情是古老傳說中的典型情慾之愛，其中性慾就意味著生命的能量。

「與辛蒂（Cindy）在一起，一切都感覺很強烈。」卡林（Karim）對我說起這三年來的婚外情。「我們之間計畫約會時的感覺很強烈，性愛也很強烈，爭論很強烈，和解也很強烈。我猜想，她同時之間是我所渴望的，也是我所恐懼的。相比之下，我的婚姻就普普通通，不太壞，但卻乏味得很。」

「我從未想過與其他人再次相愛。」基斯（Keith）說，「我和丹（Dan）從讀書時代就在一起。直到我在藝術者之家遇見諾亞（Noah），那感覺就如從漫長的冬眠中醒來。我甚至不知道我其實完全睡著。他搖醒我，激發我。我感到充滿精力，我們合作做出我最好的作品。」

「我丈夫無法激發我的性慾已經十幾年了。」愛莉森（Alison）感嘆道，「我三十五歲，覺得自己或許是健康有問題。在其他方面，我們都很合拍。他是我的好朋友，我的共同駕駛員。從外表看，我們確是恩愛夫妻。然後迪諾（Dino）出現了，他只說了幾句話，提出一些建議，就使我達到各種潤滑劑和玩具所沒有的效果。這種感覺太棒了，彷彿他啟動了我的機器一樣。」

當我問大家，所謂「感覺活著」是什麼意思時，他們會提出各方面的經驗，最常聽到的是力量、認可、信心和自由。再加上愛情的仙藥，就調配出一杯令人陶醉的雞尾酒。其中固然少不了性的覺醒或重新覺醒，但遠不止於此。覺醒的感覺，就如在束縛之中突然感到開始移動，在日益變窄而終於成為一條毫無變化的小徑的生命中突然展現新的可能性，在一切都似乎淡然無味時突然發生強烈的情感衝擊。我開始把這類際遇視為「存在式婚外情」，因為它能深刻地切入生命的本質。

無論我們如何批評其後果，但這些結合絕不是輕浮隨性的。這種婚外情對當事人或揭露其事的配偶而言，都帶著某種神祕力量。然而，在一次又一次聽取這同樣的故事之後，我知道這種瘋狂是有跡可循的——在人性的底層有一個謎團，能促使人們做出意料之外的越界行為。我常覺得自己一半是治療師，一半是哲學家，需要向夫妻們解釋存在的矛盾，它能使看似不可思議的行為也變得頗為合理。

死亡的解藥

這類個案的數目多得讓人訝異，我們在個案中可以看見有一條線，將人們的婚外歷險記牽連至人類最基本的恐懼，那就是與死亡的照面。我常見到，有人在發生失喪事故或悲慘事故之後，緊接著就發生了婚外情。當死神敲門時（父母離世、朋友英年早逝、嬰兒夭折），愛情與性愛也會隨之震盪，再度肯定生命的存在。

此外還有其他較為象徵性的失喪事件：從醫生口中聽到壞消息，會馬上打擊我們自以為年輕和健康的感覺；我見過好幾位確診患上癌症的男女，在找到新的愛情之後逃脫了死亡的焦慮；不孕症使我們不得不面對無法創造生命的問題；長期失業使我們耗盡自信，覺得自己形同廢物；憂鬱症使我們失去希望和快樂；戰爭或災難等危險處境促使我們敢於冒不尋常的情感風險。我們在這些處境中感覺無助與脆弱時，外遇就成為一種反抗的行為。佛洛伊德形容性慾就如生命的本能，處處在與代表死亡本能的死神桑納托斯決戰。

這些人過去可能也曾受到婚外情的誘惑，但我心想，他們會不會是在直接感受到生命的短暫與脆弱之際，才有此鼓動，覺得需要把握時光，大膽行動。他們突然之間不樂意接受這段只活了一半的人生。「難道就僅只如此？」他們希望經歷更多。昨天還覺得合理的妥協，今天卻顯得難以承受。「人生苦短，來段婚外情吧」，這是AshleyMadison.com婚外情網站惡名昭彰的標語，雖略顯粗糙，但也算恰如其分。這類故事如此常見，以致我現在總會例行公事問我的案主，「你過去這幾年可曾面對任何失喪、死亡或悲慘事故？」

我們所說的死亡，可以是指真正的死亡，也可以是指從乏味的生活習慣中滋生的死亡感——無論是哪一種，我現在都認為這類婚外情正是其強效解藥。「愛情與性慾會喚醒最疲倦的人。」義大利歷史學家弗朗西斯科．阿爾貝羅尼如此寫道[68]。在這類際遇中所觸發的對生命的渴望，以無可抗拒的力量顛覆我們的生活。這類際遇通常無法預先計畫，也無法特意追求。情慾的渴望突然增強，出人意表，使我們走出平庸的生活，打破每天了無變化的生活節奏和習慣。時間開始放慢，原本無法阻擋的年齡似乎也不再快速前進。熟悉的地方展現新的美感，新的地方吸引了我們覺醒後的好奇心。人們都說，他們的感官變得更為敏銳——食物更為可口，音樂從未如此動聽，色彩則鮮豔非同往昔。

不可能都是壞事

當丹妮卡的丈夫史提芬（Stefan）順著簡訊內容，發現她與那位讓她覺得活著的男士已經有十八個月的婚外情時，他感受到沉重打擊。「我依然感受到你的雙手撫摸我全身。」她寫道，「也許我們可以在午餐時間再溜出來一次？我會特別穿上你喜歡的服裝。」但是他也在這些信中，認出那位充滿活力，活潑好動，並且曾經與他熱戀的女子。他已經多年未見丹妮卡的這個模樣。

他從最初的震驚中回過神來之後，史提芬感到一種他所謂的「奇怪的正面感覺」，他認為也許還有一絲希望。丹妮卡表示深切後悔，並堅持說這段婚外情已經結束。史提芬來見我，坦言他希望這次婚外情，能夠重新點亮他們夫妻之間曾經充滿激情，但現在已經倦怠不堪的婚姻。或許他也能夠親近這位會給公司同事寫熱情如火的簡訊的女子。

丹妮卡兩次取消面談之後，終於到來與我見面。她是位優雅矜持的女性，四十來歲，在世界衛生組織擔任顧問。史提芬告訴過我，她對我不太信任，而且對他幾個星期來不斷嘮叨地叫她上YouTube看我的演講，也頗為生氣。她的舉止明確告訴我，她現在還有許多比跟我面談更重要的事要做。簡單的說，她並不太喜歡我。即使要她談談她的所謂「錯誤」，她也顯得很勉強。

「還有什麼關係嗎？都已經是過去的事了。生活還是得繼續前進。」

我感覺到，她預期我對她的評斷會跟她對自己的評斷一樣。但她對此已經很後悔了，我無法再多說些什麼。她的羞恥和不安顯而易見，而且她已經將這整個經驗視為「錯誤」而一筆勾銷了。

遇到這種情況，我通常會協助後悔的出軌者表達出更真摯的悔恨心態。可是，對於這位女子，我覺得我的處境正好相反。她那大幅度的自我責備，阻礙了所有溝通管道，無法讓她理解她本人和她的婚姻，從而做出改變。我們必須將「錯誤」和「傷害」區分開來，這樣她才能夠在對所造成的痛苦表示負責之外，也了解其經驗中具有某些正面的部分。若非如此，她將無法把所體會到的新能量帶回家。史提芬認出了那個女子，並希望她回到身旁；但丹妮卡卻對自己的行為感到如此震驚，她堅持認為那位在魯伊茲懷中感覺活著的女人「並不是我」。

「婚外情中發生的事，通常都包括某些快樂的部分。」我告訴丹妮卡，「你愛這男人愛得這麼深，其中不可能都是壞事。沒錯，你是感到內疚，可是你也說他讓你感覺活著。再跟我多談一點。」

她猶疑地開始說道，「我並非在尋找一時的放縱。許多人都接近過我，但我從來都不加理睬。魯伊茲卻不同，他並非只想勾引我。他說，『你擁有美麗的能量，只是被阻擋了。在你內心深處有一個真正的女人，正在等待被釋放出來。』他稱讚我的方式，比一般的稱讚讓我感受更深。而且他堅持不懈。」我私底下在想，他講的那些話跟勾引沒有什麼差別。但是我明白，即使是最簡單的評語，直接對一個深邃而充滿渴望的心靈說出時，其效果是不可忽視的。普通的奉承也可能轉變為令人心花怒放的仙液。

她繼續說道，「家裡有那麼多事情要做。如果不是忙孩子的事，就是忙父母的事。我常覺得承擔不來了。我放工後一進家門，連脫下外套的時間都沒有，就一直忙個不停，我忙完之後，人也累垮了。那年夏天出現了轉變。我會到公司去，我覺得自己有價值，這裡有我的天地，我甚至感覺有點飄飄然。」她與魯伊茲的相遇，在她的生命中注入全新的喜悅和期待，兩者都是功效強大的催情元素，但在她婚後的家庭生活中卻早已消失無蹤。

太可惜了，因為這個有問題的家，卻曾經是個夢想成真的追求。那是一座能眺望蘇黎世湖的美麗木屋，有紅色的屋瓦和寬闊的窗子。她和史提芬（一位成功的律師）過去十五年來都住在那裡。在改建這座屋子時，丹妮卡親自細心地照顧每一個細節。她在巴爾幹半島衝突而逃離波士尼亞時還是個小孩，因此一直希望一輩子都有個安穩的家園。她很快就向我保證，她不願離開家裡，這並非一場涉及離婚的婚外情。但是她卻極力想要了解，她為何會搞到這麼內心分裂的地步。這個充滿田園風情的家，怎麼會變得讓人感覺麻木，亟需逃離？她尤其困惑的是，她竟然傷害了史提芬，「他是第一個讓我覺得有安全感的男人。」

安全與冒險之謎

婚外情有個令人難過的弔詭之處，就是人人往往要違抗的，正是他們覺得最為珍惜的東西。然而這種常見的困境，也正反映了我們內心的存在性矛盾。我們希望尋求穩定感與歸屬感，這些特性促使我們投入婚姻關係的承諾之中，但另一方面我們也希望擁有新鮮感和多元性。我們渴望安全也渴望歷險，但這兩個基本需求卻是源自不同的動機，它們在我們整個人生中不斷將我們拉往不同方向——導致我們被拉扯於獨立性與共同性、個體性與親密性、自由與承諾之間，終至筋疲力竭。

我們打從一來到這世間開始，就帶著這兩大對立的驅力——有時希望擁有坐在母親膝上的安全感，有時又希望到遊樂場中去探險。這種對立觀念一直跟隨我們進入成年時代。一手捉緊已知和熟悉的東西，另一手伸出去抓取神祕和刺激的東西。我們尋求連結、可預測性、可靠性，以便能牢靠地固定在某個地方，但我們也希望有所改變，有所驚奇，有所超越。希臘人深明此道，因此他們同時祭拜阿波羅（代表理性與自律）和狄奧尼斯（代表即興、感官與情緒）。

現代的浪漫戀情提供了一個新的誘人承諾，就是我們能夠在一段情感關係中同時滿足這兩項需要。我們所選擇的伴侶，既是一塊安穩可靠的巨石，又能和我們共同追求新奇的生活。今天的愛人都希望將這兩種渴望匯合在同一屋簷下，但它們在過去都一直各有不同的居所。

在婚姻關係的初期，這種矛盾的匯合似乎非常合理。安全與冒險，很少在一開始就顯露出水火不容。蜜月期是獨特的，因為大家互動的愛得到釋放，同時又期待建立共同的未來。我們往往未曾覺察的是，這種熱情洋溢的開端，其動力是來自底層的暗流和未來的不確定。大家共同努力，促使愛情變得更安全可靠，但這個過程無可避免地降低了情感的強度。在婚姻承諾的道路上，我們愉快地放棄少量激情來換取多一些確定性，放棄部分刺激感來換取多一些穩定性。我們不曾預料到的是，我們可能需要付出暗藏的代價，那就是雙方關係中的情慾活力。

正如心理分析師史提夫・密契爾（Stephen Mitchell）指出，我們在親密連結關係中所尋求的永久性和穩定性，會扼殺性慾的火花，並導致「表現出激情的反抗」[69]，也就是我們所謂的婚外情了。出軌者想要從安全感與習慣的束縛中解放出來，這種安全感正是他們當初在其基本婚姻關係中所力求建立的。

丹妮卡從來沒想過有一天會落入這個困境之中。擁有史提芬這樣的丈夫、孩子、穩當的工作，以及能夠為明年訂下計畫而心有所安，這正是她一直想要得到的。但是有了孩子之後，她也增添許多煩憂——她孩子的情況確實是滿艱鉅的。她的小兒子在一歲前動過心臟手術，並需要長期的特別護理；大兒子在十二歲時覺得是時候爭取多些父母的關注，因此充分發揮其想像力，不時搞得父母緊張兮兮。

除了這些壓力之外，他們的生活其實還算是相當舒適的。史提芬發現妻子眼神中的神采消失了，但他想到妻子已經那麼勞累，就覺得不能對她再要求太多。他每天都匆匆忙忙趕回家來陪妻子和孩子，而她則過於關注自己的職責，沒意識到自己內心的麻木感日益擴散。她堅持說，「我們的婚姻並不壞，他從來沒有錯過我們每週一次的約會之夜。可是我哪還顧得上浪漫情懷呢？我需要牽掛這個孩子的健康，還有另一個孩子越來越糟的成績，而我明天還得六點鐘就起床呢！坦白說，我寧願在臨睡前答覆電郵，這樣我第二天早上就少一件事要做。」

歷史學家兼散文家潘蜜拉・海格（Pamela Haag）寫了一整本討論丹妮卡和史提芬這類婚姻的書，她稱之為「憂鬱的婚姻」。她在分析這類「半幸福夫妻」的困境時如此解釋：

婚姻讓你的人生增添某些新事物，也把你原本擁有的某些事物帶走。堅貞的心會使歡愉消散；歡愉會使安全感消散；安全感會使渴望消散；渴望會使穩定性消散；穩定性會使性慾消散。只要付出某些事物，內心就有某些部分逐漸退遠。然而在結婚之前，我們或許難以知曉，自我中有哪些部分是無足輕重……又有哪些是你的心靈中的重要部分[70]。

許多其他人都像丹妮卡一樣，都是等到其婚姻以外的某人提醒她注意「心靈中的重要部分」時，才意識到這一部分並非無足輕重。魯伊茲細心挑選的調情話語，無疑是直接命中她未能言明的憂鬱，對這位嚴格律己、感覺挫敗、任勞任怨的母親來說，這些話喚醒了她內心更為真實的自我。

一舉兩得的婚外情

要整合我們內心不協調的驅力極為艱難，若需要這方面證據，婚外情就是首要的證物。也許正如蘿拉．吉普妮斯（Laura Kipnis）所言，婚外情並非只是人類想要魚與熊掌兼得的慾求天性所導致的副產品，而是某種因應之道。「對外遇的期盼就居住在我們基本的心靈精神之中。」她寫道，婚外情能夠提供「優雅的解決之道，透過你精心設計的三角形關係中的競爭元素，致使衝突得以外化。」[71]

許多人在家庭中得不到某些東西，就會到家庭外尋找，這是人的本能。但是還有一些人到家庭外尋找的東西，並非他們希望出現在家庭中的，這種情況又該如何看待呢？對某些人而言，涉及浪漫情感和奔放性愛的混亂情緒，並不適合發生在家庭裡。如密契爾所認為，將這種力量發洩在我們如此依賴的人身上，是必須冒更大風險的。對這種情況，人們的婚外歷險並非起因於對家庭的漠視，而是恰好相反，是由於他們極為珍惜，以致不願隨意破壞。他們不願意見到自己過盛的性慾能量干擾家庭的穩定性。他們可能希望暫時從這個安樂窩走開一會兒，但絕對不想失去它。外遇是一個完全隔離的做法，因此令人嚮往。將風險和衝動留在情人那兒，在自己家中則安享舒適感與親密感。

至少在理論上，婚外情能夠解除安全與冒險這兩者的矛盾困境，並承諾讓人兩者兼得。將激情與冒險的需要委外給第三者，出軌者就可超脫單調乏味的家居生活，但又無須完全放棄。說到底，出軌者之床未必就是我們所想要的永久居所——我們只想要能夠按自己的心意隨時上門探訪。只要我們能夠保守祕密，也感覺就像是完全擁有。就如社會學家麗莎・溫德沃特（Lise VanderVoort）和史提・達克（Steve Duck）所寫道，「一切都已改變但其實也都沒有改變，這種矛盾現象促使婚外情的轉變性誘惑力更為高昂。婚外情具有吸引力，因為它能讓你兩者兼得，而在單一伴侶制當中你卻只能任選其一。」[72]

女性的渴望、失去與重獲自我

丹妮卡絕非那種在家就了無神采而在外頭就精力煥發的女性。她是沉默的情慾之神的原型。我常見到這類女性——她們往往都是由經常求歡不遂而深感苦惱的丈夫拖著來接受治療。這些丈夫的典型困擾是：她無時無刻都是在照顧孩子；她對性愛完全缺乏興致。無論我幫忙洗了多少碗碟，最終總是無功而返。但我發現，正是這一類女性，會在完全出乎意表的浪漫戀情中「感覺活著」。

許多男人都摸不著頭腦，為何女人在其婚姻中興趣缺缺，突然間卻發生了熾熱的婚外情，難以自制。多年來，他們都以為她們只是缺乏興致，現在出現新的證據，他們不免尋思，「她一定是對與我做愛沒興趣。」某些個案中，女性發生外遇有可能是出於丈夫不解風情，但並非全然如此。史提芬是個性情浪漫的人，他往往為了讓妻子感到歡愉而用心布置，但妻子的典型反應卻是，「別把這件事當成拍片了，好不好？」可是和魯伊茲相處時，她卻著迷於累人的性愛多幕劇中，而且還在隨後的文字簡訊中一提再提，拉長效果。

作為妻子，她希望性愛越快結束越好，作為情人，卻希望永無終止。我們自然而然會推斷說，一定是男人的問題。然而，更關鍵的其實是其處境。我所謂的處境，是指她為自己編織的故事以及她在故事中所扮演的角色。家庭、婚姻、賢妻良母，這些都是許多女性追求的目標，但這目標也導致女性本身失去其女人的特質。

著名研究者馬塔．米娜（Marta Meana）的著作對女性渴望之謎的論述尤其具有啟發性。她對女性的性慾是取決於情感關係的連結向度（愛、承諾、安全感）這種假設提出了質疑。如果這種假設是正確的，那麼像丹妮卡這類婚姻中的性愛應該是情投意合才是。米娜認為，女性並非只是「情緒多變」，她們也會「輕佻性感」——「女性其實和男性一樣，會被小說、違法、原始、匿名等元素激發性慾，但這種衝動的價值對女性而言，並未重要到足以讓她們放棄更珍惜的東西（即情感的連結向度）。」[73]

如我常說的，我們的情感需求與情慾需求並非總是保持一致。有些人在婚姻關係中得到安全感，可能足以讓她們放心去玩樂、冒險及嘗試安全的性愛行為，但多數人追求安全居所的心態，一邊培養了愛情，一邊卻也逐漸扼殺了性的渴望。在被迫做出抉擇時，女性會怎麼做呢？米娜的假設是，「女性會選擇良好的關係而非性的歡愉。」

換句話說，女性自古以來都是重視情感需求勝於情慾需求。她了解什麼東西能夠讓她激發情慾，但是她也知道有比激發情慾更為重要的東西。她知道她喜歡什麼，也知道她需要什麼。這個抉擇是不言而喻的。

史提芬顯然未曾解開這個女性感官之謎。他和許多男人一樣，在妻子退縮時，就認定她並不喜歡性愛。這也引出另一個米娜的著作所強調的常見誤解：認為對性愛缺乏興趣，是因為女性的性慾驅力天生就較不強烈。也許更準確的說法是，女性需要更強烈和更具想像力的性慾驅力，而且必須是來自她本人，而非她的伴侶。

當女性發生婚外情時，她是下了決心要讓自己獲得歡愉。許多女性體驗到，她們的性慾原本帶著渴望，婚後卻轉變為責任。當性慾成為職責所在，女性也就失去想要的意願了。對比之下，婚外情則激發了她的意願——她現在追求的是她自身的滿足感。

史提芬深感內疚，因為他並未覺察到丹妮卡拒絕他的深層意義。他竟然還跑去問她的情人，希望了解箇中緣由。他問對方，「你怎麼知道她內心枯萎？你看到了什麼？」魯伊茲告訴他，「她的樣子讓我想起一棵冬天的樹，雖然沒有一片葉子，但是你知道，一到夏天依然會綠葉成蔭。」史提芬聽了他以如此詩意的方式描述妻子的困境，更感到沮喪和妒忌。魯伊茲為何能夠令她再度綻放，而他卻做不到？

我告訴他，「因為與對方在一起時，她無須煩惱孩子、帳單、晚餐，這些東西讓她的情慾煙消雲散。讓對方來擔任你的角色，他不久之後也會面臨同樣命運。」

心理治療師兼作家達爾瑪．海恩（Dalma Heyn）用「情慾沉默」這個詞語來形容這種困境——指「歡愉與活力處於一種難以預料、無法言說的靜默」[74]，這是某些女性的婚後會發生的狀況。「女性的性慾取決於她的真實感和自我愛護。」她如此寫道。然而，婚姻與養兒育女的任務，卻要求她無私奉獻，這與人們自私和渴望的天性是難以兼容的。為了要對其他人負責，她們因此難以關注本身的需要，她們無法自動自發、情慾流露、瀟灑自如。要在家中擁有一種只顧及自己需要的情境並不容易，但這正是歡愉的情慾所需要的。照顧他人的重擔，確實是效力強大的絕情藥。

由於女性極力希望保持與內心的連結，因此婚外情也往往成為重獲自我的方式。她就像古代神話中的英雄，離家遠行去尋找自己。她的祕密情人，就成為她生命中唯一屬於她自己的東西，也就是一種自主的象徵。你有婚外情時，你必然知道你不是為了其他人而做這件事。從海恩的案主身上，可以確認婚外情具有內在的自我實現特性。「這些女性在發生婚外情前，感覺她們的身體是不完整的，聲音是瘖啞的，她們的某些器官和人格中的某些部分遺失了，在發生婚外情之後，她們改變了。她們放下這些朦朧不清的感覺，進入一個清晰的實境中，充滿色彩和活力，讓她們覺得活著、覺醒、強大和專注。」[75]

在我的經驗中，自主性這個主題，在女性的出軌行為中較為顯著，但是也並非女性所獨有，更非僅限於異性戀夫妻。女性比較可能說，「我失去自己」；男性多數則埋怨說，「我失去我的女人。」他們開始出軌，同樣的也並非只為了尋找更刺激的性經驗，而是為了尋找連結感、強烈感、存活感。弔詭的是，隨著外遇之輪不停運轉，結果很可能就讓他碰上一個這樣的女人：在家裡的生活也很像他妻子，也希望在家庭之外尋找本身的覺醒。

米娜與心理學家凱倫．席姆斯（Karen E. Sims）所做的研究證實，許多本來應該婚姻幸福的女性都面對著情慾命運。她們提出三個核心主題，「代表性愛渴望的拖累力量」。第一是婚姻關係的制度化，這是女性從自由與獨立過渡到承諾與責任的途徑；第二是過度熟悉感，這是雙方的親密感取代個體與神祕感而產生的；第三是某些角色的去性愛化，包括擔任賢妻良母與家庭管理工作，都促使自我的情慾消散[76]。

這些結論能支持我的臨床觀察，即女性要維持性慾渴望，其關鍵在於我們如何協調內心這些基本對立面。這種說法也再次對女性性慾的傳統思維提出質疑，尤其是女性能否激發性慾完全有賴於她是否得到安全感這一思維。她們的結論是，「女性的性慾渴望並非處於漸變連續體的

『安全端』，而是需要在兩者之間取得平衡，包括對立與衝動之間……舒適感與自由感之間、安全與冒險之間、親密感與個體感之間。」[77]

對於那些力求在這些對立事物之間取得平衡的人，不難見到外遇行為所能提供的誘人契機。婚外情在結構上完全不涉及制度化，是一條確定邁向自由與獨立的途徑。正如席姆斯所說，這是個「邊緣性」所在的地區——條規與責任在此被拋開一邊，積極追求的是歡愉，現實的局限也被超越[78]。由於大家並非數十年共用一間浴室，因此也肯定不會出現過度熟悉的問題。神祕感、新奇感和未知感，也是外遇行為的內在元素。此外，情人的角色顯然是以情慾為主，至於賢妻良母與家庭管理的角色，則已被安全地留置在家中。

你不在我身邊時，你究竟是誰？

當我同時約見史提芬和丹妮卡時，他重申最希望見到的，是妻子與他在一起時，能重新感受到情慾。「我並不喜歡見到她為了孩子而完全犧牲自己，結果她自己或我們兩人失去生活情趣。我希望能支持她做出改變。」他有許多點子能幫她騰出更多時間和空間，讓她能夠重溫各種曾讓她快樂的事物：排球、瑜伽、女友聚會等等。「但至今都沒有多大效果。」他說。

我注意到，丹妮卡保持沉默。

我對他說，「這些都非常好。但是你能做的，也就只有這些了。」如果他繼續設法幫她解決問題，每增加一個建議，就會多增加一分她對婚姻的責任感，反而更強化她的反抗心態。她必須去追尋她自己想要的東西，而非他想從她身上得到的東西。

我常對我的案主說，如果他們在婚外情中所表現的大膽、活潑和熱情，能夠運用在他們的婚姻關係中，即使只有十分之一，他們的家庭生活必然會大為不同。我們似乎在進行犯禁行為時，才具有豐富的創造力和想像力，在婚姻關係中卻無法做到。我這麼說時，不期然想起電影《月球漫步》（*A Walk on the Moon*）中一個心酸的鏡頭。女主角貝兒（黛安．蓮恩飾演）與一位自由自在的女襯衫推銷員發生婚外情，她的青少年女兒愛莉森（Alison）問她，「你愛那個推銷員多過愛我們全部人嗎？」她母親回答，「當然不是，但有時候跟不同人在一起比較容易變得不一樣。」

若這場婚姻要在情感上和性慾上都得到療癒，丹妮卡需要找到方法，讓自己在與這個同屋共住這麼多年的人面前，也能顯得有所不同。這顯然有難度，但也絕非不可能。我就見過好幾位女性，帶著情慾方面的自信心，以全新的自我重回伴侶的懷抱，她們的伴侶或許不明白何以有此轉變，但必然心存感激。與第三者的親密接觸，能促使原已枯燥無味的性生活展現（或重現）生命力。因此，雖然外遇通常都會導致夫妻的性關係消滅，但有時候也會產生促進作用。

丹妮卡必須擁抱其內在的矛盾心態，並與心中那位熱切追求自身歡愉終至背叛婚姻的女子和解。「如果你否認她，只會讓婚外情變得醜陋和羞恥，並且也切斷了你生命力的來源。」我如此解釋。但她依然猶疑，而史提芬的失望則顯而易見。

對史提芬來說，他最深的傷痕並非在於她有外遇，而是在於她讓他看見可能性的存在，但是她卻無法或不願意與他分享。如果他認定她內心已經毫無激情，他將無奈地接受。但現在他卻覺得自己應當享有更多激情，如果再重回那種冷淡的生活中，他將苦不堪言。

可惜的是，將激情帶回家比他所設想的困難得多。他在十八個月後寫信給我時，依然等待著樹木在夏天鮮花盛開，但他的希望卻日益渺茫。

既然我們內心存有對立的渴望，是否就意味著因內在矛盾而導致外遇是難以避免的？我們是否天生就是一邊珍惜家中的習慣與安全感，一邊又想逃離家庭到外頭探險？有可能與終身伴侶一直都保持活力嗎？我們能夠在熟悉感中依然體驗到異質性嗎？這需要什麼條件？丹妮卡與史提芬的故事顯然不太能激勵人心，如果你此時感覺洩氣，這也是可以理解的。但他們的故事卻說明了我們無法迴避的人類現實。愛與渴望並非互相排斥。許多夫妻都找到辦法整合他們的衝突，而無須採取角色分割的心態。不過首先我們必須理解，我們永遠無法消除這種困境。在情慾與家庭之間取得和解並非是一個有待解決的問題，而是一個必須掌控的矛盾。

第十一章

性愛只是性愛，有這麼簡單嗎？外遇的情感經濟學

「單單倫敦就有八萬名妓女，如果她們不是單一伴侶制神壇上的血肉祭品，她們又是什麼呢？」

——叔本華

一個男人走進酒吧，脫下婚戒，掏出一疊鈔票，揮手叫個美麗的女子過去為他跳舞……

我能猜到你們心裡在想些什麼。也許你覺得有點興奮，也許你感到厭惡，也許你很快就做出批評或為他辯護。「男人跟豬一樣！」「男人需要性，說不定他妻子同意。」「混帳。」「好色之徒。」「性癮者。」「犯賤。」有個字是你可能不會想到的，就是「愛」。女性出軌，是為了追求愛，一般人都如此假設，可是男性呢？他們出軌是為了追求性。尤其當所涉及的性關係是匿名的、交易的、商業的，這個假設更是強化。這類行為的特點就是不帶有情感。他寧願不知道她的姓名，這不就證明，性是這類交易中唯一的商品嗎？

然而，在曲折的外遇故事中，事情總不如外表看來那麼簡單。許多女性的婚外情也是受到身體慾望而推動，而許多男性另尋歡愛的背後也有複雜的情感需求——即使是那些偏好隨意或商業的性關係的男人也不例外。

加斯（Garth），五十五歲，患有長期勃起功能障礙，與妻子薇樂莉（Valerie）難以歡愉。「我不希望他難過，所以我們完全停止嘗試了。」她告訴我，「後來我卻發現，他從我們結婚至今，都經常去脫衣舞俱樂部、參加性派對，也找妓女！」薇樂莉也是五十來歲年紀，她氣憤得有些失控，「我相信他愛我，但他怎麼可以扮演兩個角色：在家裡是個愛我但患有勃起功能障礙的丈夫，在外頭卻是個欲罷不能地追求匿名性關係的人？你想想，我竟然為此放棄我的性生活？」

斯科特（Scott）比加斯小二十歲，剛與三十一歲的克莉絲汀（Kristen）建立新戀情。他們曾經每天歡愛，但後來他卻失去興趣，足足已有六個月。他並非不覺得興奮，但他只想一個人獨處，看色情影片解決。克莉絲汀很擔憂他們之間性愛減少的問題，但她也了解他正處於艱難時刻，他的事業在掙扎中，他的母親又剛過世。然而，有個女友告訴她，見到斯科特與兩名女子走進某家飯店電梯時，她的擔憂變成了恐懼。他承認是在Tinder約會網站認識她們，她們想玩三人遊戲，其中一位還傳染性病給他。克莉絲汀不斷深究下，對斯科特擁有各種色情癖好不禁大吃一驚，他會上Tinder網站找伴侶，偶爾會花大錢找一晚一千美元的伴遊女郎。「要是我曾羞辱他、嘮叨他或拒絕他，我就能理解，但我沒有，他的行為實在是沒道理。」

另外還有約拿（Jonah），也是三十來歲，與大學女友丹妮（Danielle）結婚。他們有兩個孩子，性生活似乎已逐漸冷淡，丹妮這時卻發現，他每星期去按摩都是「快樂收尾」那種，而且他花在電腦上的時間並非在玩魔獸世界那麼單純。

有許多像約拿、斯科特和加斯這樣的男性來我的診室，一同前來的妻子都顯得困惑、震撼，而且往往不齒丈夫的行為。這一類特殊的出軌者，幾乎都是異性戀的男性。他們通常已婚，或者有穩定男女關係，並且希望維持下去。身為父親、兒子、男朋友或丈夫，他們都是負責任、有愛心。如果你要人幫忙，要借錢，要聽取意見，他們就是你會找的那類人。如果他們想搞婚外情，他們不必花錢就可以得到。而且與一般常理相反，他們家裡通常都有一位美貌的妻子，等待和他歡愛。然而，他們卻寧可到別處尋歡：召妓、濫交、脫衣舞孃、網上性工作者、性慾遊戲或情色內容。

這類男性為何選擇在他處發洩性慾？為何選擇性交易的方式？他們在家是個堂堂君子，卻暗中偷偷到脫衣舞俱樂部尋歡，做妻子的又情何以堪？

在以往，如果女性發現丈夫去召妓，情況並不算嚴重，這好過他與鄰居妻子私通。受到傷害在所難免，但不會危及婚姻，因為丈夫不會因此離開妻子。事實上，許多人並不將召妓當成出軌行為，有人甚至認為就因為有妓女存在，男人才不會出軌。法國知識分子喬治．巴代伊（Georges Bataille）認為，「如果壓制賣淫行業，強烈無常的性慾將摧毀這個社會。」

可是今天許多女性卻會認為，召妓就如同其他不付錢的婚外情一樣，是嚴重的出軌行為。這就足以引發更廣泛和更讓人苦惱的問題：究竟自己是嫁給了一個怎樣的人？願意付錢尋歡的人，究竟為人如何？而他為何要去尋求這種墮落或有損人格的性愛形式？

要譴責這類男性很容易，因為他們一方面不理會妻子，另一方面又去光顧這種出賣、剝削和羞辱女性的最黑暗行業。我們可以輕易將他們視為喜歡為所欲為、厭惡女性或性慾過旺的不成熟男孩。他們當中某些人確是如此。但治療加斯、斯科特、約拿等男性的過程，卻促使我更深入地探索各種足以驅使善良男人潛入陰暗世界的原因，比如缺乏安全感、幻想、情緒混亂等。他們在這短暫的幽會中所要尋找的是什麼？如果他們是付錢行事，那麼他們付這個錢是為了得到什麼？很顯然的，他們找到性愛、擺脫糾纏的關係、找到樂趣、找到新鮮感、找到刺激感，不會被哭鬧的嬰兒所打擾。就只有這些了嗎？這些男性在不忠者當中是頗為耐人尋味的一群，他們讓我恍然了解，他們是男子氣概、出軌行為、經濟理論和文化現象等多方面元素的交集，值得我們深入探索。

男性的渴望：當愛情與性慾分離時

我與加斯首次單獨面談時，他說，「你一定認為我是個完完全全的蠢貨。」他接著告訴我，他經歷過的各種「卑劣」外遇故事。他不止如此對待薇樂莉，在前兩段婚姻中也是如此。

他表示，「同樣的過程每次都發生。起初都是充滿濃情蜜意，但是大約一年後我就失去興趣了。我甚至無法勃起。說來也許你覺得奇怪，我甚至覺得我不應該碰她。」

他最後那句話並不讓我覺得奇怪，這是了解他所陷僵局的重要線索。許多性慾旺盛的人，最終會逐漸變得溫柔。但他所形容的情況更像是某種本能，他會對伴侶產生負面的性反應，彷彿他是面臨不應跨越的禁區。這種禁忌感讓我想起，也許他的情況，就是治療師傑克．莫林（Jack Morin）所稱為的「愛與慾分離」。

「情慾生活的難處之一，在於我們與愛人必須的性慾需求和情感連結之間培養一種舒適的互動方式。」[79]莫林如此寫道。我猜測，加斯在婚外尋求性慾的滿足，其實是他無法將親密感與性慾良好整合的表現。處於這一困境中的男性，並非只是無聊、尋求新奇感或打算分手。加斯對我說，「你得相信我，我並不喜歡這樣做。我不想成為那種出軌的男人。此外，我對無法滿足薇樂莉而感到難過，我試圖透過其他方式照顧她來加以彌補。她以為勃起功能障礙是因為我患有糖尿病，但這種情況其實很久以前已經發生。」此外，他在外頭浪蕩時並沒有這個問題。

加斯對他在外頭與女人調情的行為並不引以為榮，只能無奈地認為，愛情與性慾並無法在同一屋簷下並存，而他做這些事也保持謹慎低調。若非薇樂莉發現，也不會促使他如此自省。在我們見面時，他已經認識到，他的行為與妻子是否具有吸引力無關，也與他愛她多少無關。

我對他目前為止的結論給予肯定。「我要正式表達我對你的觀點：我不認為你是個完完全全的蠢貨。但很顯然的，你有些再三重複的行為，導致你和幾任妻子都承受許多痛苦。你聽聽薇樂莉怎麼說，我相信你知道如何去愛。但是在你付出愛的過程中，有些東西妨礙了你，使你無法與所愛的女人一起歡愉。」僅僅協助加斯停止這些婚外行為，其價值並不大，除非我也能讓他領悟到他這種內在分裂感的驅力。

我請他多談一些童年發生的事情。每當出現這類重複性的性愛停擺狀況，往往意味著其背後存在著某些心理創傷。我們的情慾癖性和壓抑，源自於我們的早期經驗，並在我們的整個人生中不斷發展。這些性慾障礙有時得費點心理偵查的功夫才能發現，但情慾心理問題極少是毫無緣由，偶然發生的。

加斯的童年有個漫長而憂傷的故事，故事的中心人物是他的父親。加斯的父親是個酗酒者，為人兇惡，常常大發怒火，在他的長子加斯身上留下各種有形與無形的傷痕。許多時候，加斯都挺身承受父親的打罵，以保護無助的母親和弟弟。

針對婚姻關係中的男性這一課題撰寫過大量作品的特里・雷爾（Terry Real），曾描述一種特殊的「危險三角形」，其中包括「強大、不負責任和／或家暴的父親，需要依靠及受壓迫的母親，以及被夾在其間的善良兒子。」他深入剖析，這類兒子與母親形成不健全的關係，當他們成長後，「會對他們本身的各種情緒感到恐懼。」[80]他們有善良的心靈，覺得需要禁抑本身的情感，自認為有責任讓母親開心，並且以這種態度對待人生中後來出現的女性。雷爾稱這種情況為「侵入式心理創傷」，它不止存在於精神中，也存在於身體中，因此它具有力量抑制身體的親密感。加斯的情況十分符合這種模式，頗能解釋他為何會對他所愛的女性感到負有責任，然而卻無法被她們挑起性慾。

他與父母的關係及他與妻子的關係，這兩種關係之間產生巨大的情緒共振，其效應如此強大，以致兩者不幸地互相糾纏。因此才促使他覺得性愛是「錯的」，幾近有亂倫之意。當他覺得伴侶開始像自己家人時，其性關係就首當其衝，受到傷害。頗為弔詭的是，在這時刻，一般避忌的外遇反倒顯得是較輕微的犯禁行為，家裡的性愛反而比較嚴重。

愛情會使我們產生責任感，並擔憂我們所愛之人的幸福。但這種自然的感覺對某些人卻會造成重壓，尤其是當孩子需要照顧他父母時。由於他能貼心理解所愛之人的脆弱性，卻因此妨礙他輕鬆放下，而這種輕鬆感正是親密感和歡愉所不可或缺的。就像我們小時候玩的「信任遊戲」，我們放心讓自己倒向那些肯定會扶住我們的人。在性關係中也是一樣，你只有在確信對方結實可靠，有能力承受你渴望的力量時，你才會感覺放鬆。

加斯這類男性的外在的行為反映了他們內在的分裂。這種「愛與慾分離」的現象有許多變體，男性與女性都可能發生，但在加斯的情況中，這是他童年創傷的延伸。許多被父親毆打的男孩，都對自己發誓以後絕不會做出像父親那樣的行為，因此他們極力壓抑各種形式的攻擊性。這裡的問題是，他們試圖控制這種自己不贊同的情緒時，結果也扼殺了他們與所愛之人共享歡愉的能力。

我向加斯解釋，渴望的情緒免不了都會包含一些攻擊性成分，這不是暴力，而是某種堅定自信、努力振奮的力量。有了這種力量，你才能夠去追求、去爭取，甚至去挑起伴侶的性慾。著名性慾研究者羅伯特．斯托勒（Robert Stoller）形容這種客體化是性慾的重要元素——這不是將對方當成物體，而是視之為獨立的性存在體。它能創造出一個健全的距離，讓你挑動伴侶的情慾。如果你要和這位共組家庭的伴侶繼續保持性關係，這種客體化極為必要。

對於害怕自己具有攻擊性而選擇隔離這種攻擊性的男性，其渴望會與愛情變得疏離。對他們而言，情感越是親密，性慾就越是沉默。這種分裂現象最為極端時，男性可能對伴侶無限深情，但卻全然無性關係，與此同時又熱衷於情色內容，或參與各種形式的性交易。在這種不帶情感的情境中，他們就不怕靠近對方。他們的渴望因此能夠自由顯露，無須擔心傷害所愛之人。

有人或許會將這種「愛與慾分離」的現象與佛洛伊德的聖母妓女情結聯想起來，這兩者肯定是相關的。然而，我所體會的這種分離，並非只限於女性如何被看待，而是也涉及男性身分的分裂。能夠去愛，能夠強烈感受到依附及責任感的部分，是屬於好男孩的部分；具有性慾的部分則是屬於壞男孩的部分，是無情的、顛覆的、不負責任的。我可以用下面這一句話總結：他們在情感上說「幹你」之後，卻只能在性慾上說「幹我」。這種說法很無情，可是任何曾在這種關係架構中生活過的男人都會馬上有所體會。

當我與這些男性在婚外的性伴侶交談時，常覺得自己逐漸了解那些在舞臺上、街角中、螢幕裡的女性的吸引力。男人去找這些女性，想當然耳的解釋是，他是喜歡她們的身體。但這真的是最基本的吸引力嗎？我與這些女性交談時，我所關注的不是她們的外貌，而是她們的態度。她的行為顯示，她絕對不是一個弱女子。她在性慾方面是堅定的，甚至是有要求的，從未讓他聯想起受苦的母親或操勞過度的妻子。她充滿自信、隨時奉陪的態度，能刺激他的慾望，使他獲得釋放，無須再為其歡愉付出關心和負責。正如心理分析師麥克・巴德（Michael Bader）所寫道，她的淫蕩感會減輕他的恐懼，使他不再害怕對她施加原始性的、甚至是捕獵性的強烈慾望。因此，他對本身的攻擊性所具有的內在衝突會暫時解除。他能夠安全地輕鬆放下，這是他在面對他所愛和所尊重的妻子時無法做到的。

「愛與慾分離」會以各種形式出現。對某些人，當伴侶擔任起父母的角色（無論願意與否）時，這個現象就會發生。這可能是「我的配偶很像我母親／父親的樣子」這種典型情況，或者恰好相反，是「我的配偶像我所希望擁有的母親／父親的樣子」。這可能是身為母親者的單純角色。有位女性告訴我，當她懷第一胎時，她的伴侶在她外形顯露有身孕後就不再撫摸她，直到她生下孩子。當她懷第二胎時，同樣情況照樣發生。她其實希望得到撫摸，更希望能歡愛，但是他卻拒絕。因此當她懷第三胎時，就另外找了個情人，這個情人自然是很樂意享受與孕婦的性愛。

無論這種情況如何發生，與親密伴侶過於熟悉對性關係而言確實是個麻煩，這會導致人們對其伴侶的情慾認同消失。他們的情感上可能非常恩愛、溫柔，但卻是缺乏渴望。

「愛與慾分離」是我見過的外遇問題中最具挑戰性的一種。我們自然而然會認為，如果這些男人不到外頭尋歡，他們就能把精力帶回家。但是我卻見過不少人雖然不另尋歡愉，依然無法在家中燃起情慾。這種分離現象在有些人身上特別嚴重，要幫助他們解決問題極為困難。

此外，還有一種潛伏的陷阱。在外尋花問柳的丈夫從隨性轉為認真。他愛上對方，並認為他終於找到夢中情人：在漫長時光中第一次覺得對同一個女人產生愛情與性慾。他於是認定自己過去是愛錯了人，因此毅然脫離家庭與婚姻，與新歡結合。然而，不久之後他又會再度陷入同樣困境之中，加斯出現這種狀況已經是第三次了。

妻子薇樂莉了解當前情況對她不利，她見過這種情況發生在他前任妻子身上。現在，輪到她身處其境，如果她毫無行動，最終必將離婚收場。首先，她採取一種務實態度，對加斯說，「如果你要有情人，我也要有！我不能讓自己人生的最後三十年獨守空閨，吃巧克力冰淇淋度日。我也要來一個轟轟烈烈的第三幕。」但加斯並不為所動。

「結婚不能這樣！」他反對。這類無法接近妻子的男性，卻往往不能忍受其他男性接近他妻子。他們心中有個小男孩，帶著失去母親的恐懼。

「我不能只是討好他，我們不能這樣過日子。」薇樂莉怒氣沖沖，「這樣太有失尊嚴了，也會使他更軟弱！他只是個噁心騙人的混蛋。我怎麼能夠和一個我無法尊重的人建立親密關係？」她申請了離婚，希望下一次能找到一個其愛情與性慾能和平相處的人。

解開男子氣概之謎

斯科特獨自來見我。克莉絲汀直截了當對他說，他所有的解釋都毫無道理，叫他最好「盡快解決他的麻煩」。我的任務是幫助這位年輕男子了解，為何他會對這位美麗又有才華的妻子毫無興趣，反而每天花那麼多時間滑手機觀看情色內容。

斯科特在德州的休斯頓長大，中學和大學時是個受歡迎的足球員。他總是擁有許多女朋友，在正式男女關係之外也有許多放縱行為。克莉絲汀原本是個模特兒，後來轉當物理治療師，他們約會已將近兩年。

「請你告訴我，你們的戀情是怎麼開始的？你最初跟她做愛沒有任何困難？」

「完全沒有。我們一天做愛好幾次。」

「真的嗎？」我問。

「沒錯啊，這不是我該做的事嗎？我如果沒每天跟她做愛，她會認為我並不愛她。」

「可是你真的想每天做愛嗎？」我試探地問。

「坦白說，我並非每次都想做，但是我照做不誤。我不是說我不享受，但有時我會擔心，我也許不能維持太長時間。我不是每次都清楚她是否有高潮，或者她是否和其他男人上床時一樣享受。所以我請醫生給我開一些威而鋼，克莉絲汀並不知道這回事。有時即使我沒有任何困難，我也會服用，只是為了討她歡心。」

我問他，是否問過克莉絲汀她要什麼，或者他只是一廂情願以為克莉絲汀就是希望找一頭種馬？他承認說，他從未問過。

「種馬後來為什麼會累了？怎麼就停止了？」我問。

他說，這是逐漸發生的。最初他感覺自己滑手機的時間越來越多，在床上的時間越來越少。起初他並不擔心，畢竟他是從十二歲開始就在看情色內容了。

斯科特的性教育開始於更衣室裡。「我球隊中有位學長，介紹我看一些很棒的網站。」女友很多，但他不太有自信，所以開始學喝酒來「減輕緊張」。在大學裡，他參加一個男生聯誼會，一大群男生自吹自擂，說自己每晚如何威猛。「我總覺得自己比不上。」他坦承道出。

對斯科特來說，男子氣概相等於性能力。他對愛情、男性、女性有某些過高的期望，這是他自己無法達到的。另一方面，他的女朋友卻對他有不同期望：希望他更溫柔、更多溝通、更開放自己的內心情感。但是他不想自己過於婆婆媽媽，這導致他內心對所謂的男子氣概有各種矛盾的觀念。

男子氣概現在出現許多新定義，並提倡現代男性應掌握新的情緒技能，這在以往並不屬於男性的範圍。於此同時，以性能力為主的舊定義卻是積習難改，依然存在，讓許多男性有苦難言。這種觀念不但過時，而且往往弄巧反拙，只會讓男性感到羞辱。解答信箱專欄作家艾爾瑪．庫爾茲（Irma Kurtz）對這種困境的結論是，「身為窩囊廢或身為強姦犯，這兩者之間可伸展的空間日益縮小，男性要讓自己與其勃起功能躋身於這個空間中已經十分艱難。」[81]

像斯科特這樣在男人主義文化中成長的男性，從兄弟們那兒聽來的都是有關性愛至上的言論，也讀了一大堆類似觀點的文章。我告訴他，這些研究多數是針對年輕大學生而做，我們其實對成熟男性的性慾問題知之甚少。也難怪那麼多男性對自己或其他男子都感到困惑，多數男性不知道周圍朋友是如何對待性慾，他們感到有壓力以致不得不誇大其詞。當年一群男生在更衣室內大談女朋友如何需索而他們得假裝頭痛時，斯科特的世界就開始轉變了。

如今，像斯科特這樣的男性對其性能力如此在意（研究人員也是同樣在意），這一點並不奇怪。各種有關性渴望的研究，多數是偏向女性。我們都假定男性總是性慾無窮，因此男性的性渴望自然沒什麼好研究的。因此，如果沒有勃起，那就一定是機械故障。我們認為女性的性慾是有程度之分，但對於男性則是非此即彼，非硬即軟。所有這些刻板印象，對他們的自尊心或男女關係都無益。

斯科特聽得有點不耐煩，他單刀直入地問，「出軌行為又怎麼說呢？」

「我們就快談到那裡。」我答道。深入挖掘他對於男子氣概的觀念，其實有助更準確地解讀他的性慾行為。表面上，他的行為表現出是標準的「捕獵男性」特點，但如果我們接受這種表面意義，我們將強化他的男子氣概形象，而這種形象正是導致他出現性慾障礙的原因。

斯科特接受的是一種過於渲染的男性性慾定義，認為這是靠生物本能驅動、不複雜的、隨時隨地的、並且總是在尋找新奇對象。心理分析師伊特爾・博森（Ethel Person）準確形容道，

「這種大男人觀念呈現的是一個高大、有力、永不疲倦的陽具，附著在一個冷靜的男子身上，他渴望能夠自我控制、經驗豐富、能力十足且見識廣闊，足以令女性痴迷渴望。」[82]

近年來，許多優秀的研究指出女性的性慾具有多維性——包括其主觀性、涉及關係的特性、環境特點以及有賴於某種巧妙的條件平衡。然而，這些研究不經意之間卻強化男性簡化論的觀點。我們必須讓男性與女性都對其性慾具有更細緻的認識，才能對他們的出軌行為有更深入的理解。

說到渴望這一方面，男性與女性的相同點其實多於不同點。斯科特的性慾藍圖中，沒任何東西促使我認為他的性慾比女性較不複雜或較不情緒化，也並不較少涉及情感關係。我聽斯科特說，他為了取悅女朋友而飽受壓力，以她高潮的次數來判定自己的表現，並擔心她會覺得前任男友表現更好，我感受到他的羞恥、表現焦慮及被拒的恐懼。「難道這些不是涉及情感關係？」我問他。

我協助斯科特在他的歡愛困境與潛意識感受之間建立連結。我們談論他的焦慮，尤其是他擔心自己有如一個騙子，即他外表顯得自信，其實他只是在假裝。他的事業目前岌岌可危，但他承認並未告訴克莉絲汀或任何商業夥伴。「我不想他們認為我是個失敗者。」他母親過世使他憂鬱傷感，毫無疑問也加重他的問題。

男性的性慾，也是同樣取決於他們的內心世界。這並非僅僅是生物本能。性愛、性別與身分，對男性而言也是緊密相連。男性感到憂鬱、焦慮、缺乏安全感、自尊心低落、愧疚或孤獨時，會直接影響他對自己性慾的觀感。如果他在職場上遭人輕視，或覺得自己個子太小、太矮、太胖、太窮，都會直接影響他激發性慾的能力。

我讓斯科特花點時間自行思考這些新觀念。他告訴我，這些都很有道理，能說明他為何對克莉絲汀失去興趣，尤其是在他母親過世後及公司業務艱難的那段日子裡。「可是為什麼我在別處還是對性愛有興趣，唯獨對我女朋友除外？」

這就是男性與女性不同之處。男性比較傾向於向外尋找較不帶複雜情感的性關係，以安撫自己內心的不安，包括自慰與付費性交易。事實上，我能夠想像，他們對自己的性慾困境所產生的分離感，是對自己內心情緒不安所作的直接回應。我認為，正是由於男性的性慾是與伴侶關係之間密切相關，因此許多男性尋求相反的性慾空間，從而避開反覆出現的恐懼、焦慮和缺乏安全感，導致種馬無法施展雄風。他們透過匿名性愛以尋求自由與控制權的程度，與他們的情感關係困擾的程度是成正比的。

在男性世界裡，有關他們是誰及他們應該如何表現等問題，他們所收到的訊息是如此矛盾，也難怪他們更偏向尋求情色內容、付費性交易或匿名性愛，更勝於涉及關係的親密情感。我觀察到在重視情感的男性當中，有越來越多人會去尋求不帶情感的出軌行為，我認為這種現象並非偶然。去脫衣舞俱樂部、去召妓、去滑手機看色情影片，都能讓男性得以避開現代男子氣概所造成的緊張困境，讓自己感到輕鬆。

付費性愛有個特別具有吸引力之處，就是男性可以肯定至少在這六十分鐘內，妓女會盡力服務，這個過程不存在複雜情感。螢幕上的女郎也難以抗拒，因為他無須引誘她，她也不會拒絕他。她不會讓男性覺得渺小，她的叫聲也讓男性覺得她還滿享受。情色內容的誘惑力在於能提供短暫承諾，讓男性此時無須面對自己性慾的脆弱感。

妓女、脫衣舞俱樂部、全身按摩、情色內容等等之間，有許多不同之處，不過它們都能產生一種共同的情感回報。它們讓男性受到女性所關注，解除任何需要表現雄風的壓力，他們只須收穫，無須耕耘。

聽了這些男人的故事之後，我有以下領悟：婚姻中的性愛涉及多重的情感互動，因此花點錢尋求匿名性愛似乎更划得來。男性選擇付費歡愉，或獨自看一場色情影片，他換取的是一種簡單性，以及一種不複雜的認同感。他購買了自私的權利——享受短短一個小時的心理自由，然後跳上捷運回家。已經有不止一位男性這麼對我說過：你不是付錢給妓女要她來，而是付錢要她走。

儘管如此，我們真的能夠把這種行為稱作「單純之性愛」嗎？要知道，這整個行業之所以存在，難道不就是為了讓男性避開某些情感困阻，同時滿足他們某些不言而喻的情感需要？當男性覺得孤獨或不被愛時；或感到憂鬱、不安、無助時；當他受困於親密情感或無法與對方連結時，他花錢買的，究竟是性愛，還是伴隨著性交易一同而來的善意、溫暖、友誼、逃離、控制或認可？

性慾對男性而言是一種尋求認可的溝通方式，讓他們可以流露各種被禁抑的情感，比如溫柔、軟弱、脆弱、需要撫慰等等，這些情感傳統上都不適合男性展現。然而他們透過追求性慾之名來加以掩飾，在與其他肉體接觸時尋求滿足這些需要。當我們說，男性要的就只是性愛，這句話也許不能單從字面上了解。性愛，其實是男性走入情感空間之門。

耐人尋味的是，女性的情況可能恰好相反。她們的性慾需要並未得到文化的認可，但是她們的情感需要卻是人人公認。也許女性在追求愛情的背後，隱藏著她們身體的渴望，但她們只能以情感作為包裝才能順理成章。有句諺語說，「男性透過愛而得到性，女性透過性而得到愛」，看來也許是說倒反了。

無論男女，來到治療師的診室時，常說他們是由於慾望被拒絕，所以才與別人上床。如果我們只看他們行為的表面，並給他們貼上老套的標籤，比如男性都喜歡出軌、性愛成癮，或其他更糟的形容，而女性則是孤單寂寞、缺乏愛情，那麼他們真正的動機和渴望，就會被埋藏得更深了。

性愛與愛心男人

約拿心想，「只是用手而已，技術上並不算出軌。」這是他對自己喜歡去「全身感官按摩」而提出的開解之詞。這種按摩簡稱FBSM，也叫做快樂收尾按摩。約拿和斯科特一樣，年約三十來歲，與他所愛的女人住在一起，卻愛用滑鼠按鍵或信用卡來獲得快感。但他們兩人之間的相似之處也僅止於此。斯科特是以大男人主義作為其性別模型，約拿則是典型的「新好男人」。他由母親一手扶養長大，對同理心、情感素養、對方同意、公正態度等等觀點是根深柢固。這兩位如此不同的年輕男子結果卻陷入同樣困境，這實在值得深思。

約拿去了幾個月的按摩之後，覺得只是躺在桌子上不夠有勁，於是就開始為他最喜歡的按摩師蕾妮（Renee）口交，而她後來也投桃報李。約拿繼續為自己開解，「我有付錢，所以這不算是婚外情。我們沒有相愛的危險。我得到在其他地方所得不到的釋放，所以也保護了我的婚姻。」

他這段面對考驗的婚姻，是屬於上班族妻子與住家男人的組合，這是一種日益普遍的現象。丹妮與約拿都是三十來歲，大學時代就在一起。他們住在北卡羅萊納州的研究三角園區，有兩個年幼孩子。丹妮最近發現了丈夫這些另類情慾行為的證據。

約拿的出軌行為，也是起因於缺乏安全感這種常見心態。「我是個土包子，不覺得自己很性感，也無法維持很久。我在認識丹妮之前並沒有很多女友。」他覺得自己很幸運，能被這位外向、聰明、美貌的女生看中，但卻對丹妮以前那些健壯的男友感到擔心。「我知道她以前的男友很多是運動健將，我是剛好相反。」他說道。

丹妮告訴我，她喜歡的是約拿善解人意的一面。她承認自己偶爾會渴望有個更堅定自信的情人，但她覺得自己所選的男人在其他方面都非常完美。他細心、忠實，深愛著她，而且坦白說，他缺乏安全感，所以絕對不敢追求其他女人，不會像她那位喜歡拈花惹草的父親一樣。她一廂情願地這麼想。

我對他們關係中的內在情感做了探討。丹妮在生活的其他方面，都是表現出幹勁十足的樣子，她其實也希望自己有時不那麼「積極」。跟約拿在一起時，她可以放下戒備，無論心情快樂或鬱悶都可以說出來，即使情緒崩潰也不要緊，因為約拿會安慰她。他在情感方面可以依賴，所以她可以放心表達自己的軟弱。至於犧牲一些性愛上的不協調，完全是值得的。

至於約拿，他得到這位自信的美女的肯定，並且希望她能消除他那土包子的自我形象。令他詫異的是，他後來逐漸了解到，原來她更希望他保持原來的樣子。這女人愛上他，正是針對他最擅長的能力——照顧女性的需要。他就是依靠這能力，支持母親度過離婚的難關。但是在私底下，他卻認為她由於有此要求而表現出支配權，因此感到生氣。必須先說明的是，無論丹妮或他母親，都未要求他如此犧牲，但既然是愛心男孩，無可厚非都會如此待人。

多年來，丹妮和約拿都希望分享更多激情，但他們在這方面的缺失，卻是他們不經意間共同營造出來的。丹妮希望約拿保持關懷體貼的角色，這對她是有利的，她也假設他沒有在外頭鬼混的能力。她壓低他的情慾表現，讓他變得更為安分。約拿的問題則在於，他不是無法引起妻子的情慾，而是無法引起自己的情慾。

當我問及他們的情慾是如何消磨掉的，約拿說，「我就是不太能夠進入情況。」丹妮常需要出差，而他則開始瀏覽網際網路上日益氾濫的情色世界。他甚至無須離開住家，也能隨意浪蕩一番。「我花二十分鐘搜尋，三十秒鐘觀看。」他說道。也就是同樣一種探險精神，讓他終於不再瀏覽螢幕，轉而流連按摩院。

為何像約拿這樣的男子，會寧可一面觀賞色情影片一面自己解決，或者到按摩院讓按摩女郎代為處理，也不跟自己所深愛的女人共同享受歡愉時刻？我用對待加斯和斯科特的方式，採取情感經濟學的角度檢視其情慾歷險記，從而進一步了解他的出軌行為。

約拿在他追求性慾的平行人生之中，擺脫了自己那種善良、細膩的住家男人的一貫形象。「我覺得自己在性慾方面從未完全成長。這是第一次，我能夠不害羞地表現出自我。我感到自己充滿渴望、強大、自信，像個男子漢。我不再只是個濫好人——我也能夠好色、也能夠出軌、也能夠說謊，這讓我覺得十分刺激。我覺得愧疚，但卻愧疚得很爽。」

這對他妻子有何影響呢？丹妮其實同樣在婚姻生活中感覺性慾得不到滿足。讓人糾結的是，當她丈夫在按摩院這類遭社會非議的環境中尋求本身的性覺醒時，她卻是躺在家裡閱讀社會認可的《格雷的五十道陰影》。我並非就此認為他們的道德感不相上下，但正如我對他們提出的，他們的幻想世界確實有共通之處。在她讀的這本書中，男主人翁希望能成為另一個人——但她並不想家中出現一個像男主人翁這樣的男人。

這是夫妻之間讓人困惑之處。情慾這回事並非總是政治正確的。當代西方文化的珍貴內涵如民主、建立共識、平等主義、公平、互相容忍等等，若過於認真地應用於床笫之間，只會令性愛變成沉悶無聊。性別角色之間的重新平衡，是現代社會最偉大的進步之一，促使我們的性別權利大為改善。然而正如達芙妮·摩金（Daphne Merkin）所說，「無論任何有關性別權利的法令，都無法抵擋情慾幻想的世界中藐視法則、狂野難馴的狀態。」[83] 性渴望並非根據好公民的規則行事。我不是說，我們應該回到性別角色清楚區分、父權至上、女性處於從屬地位的黑暗時代，但是我們有必要思考我們在今日文化架構中的性慾選擇，無論是獲得認可的或是不當違規的。

另一種快樂收尾？

如此說來，女性如果發現，她原本以為丈夫只愛香草的清淡口味，其實背地裡也愛麻辣口味，她該怎麼辦呢？對某些人，發現伴侶擁有一個自己全然不知的性慾自我，是絕對無法容許的。對另一些人，這卻可能為他們造就一個新的共享空間。有些人對伴侶出軌的形式會一直耿耿於懷，與對方離婚是唯一的結局，但也有些人在發現這類未知的性慾行為時卻受其吸引。所幸的是，約拿與丹妮恰好屬於這第二類人。他的出軌行為帶來了傷害，但也顯示出他內心也有激情的一面，他是好男人，也是男子漢。她原本認為他是個「性慾相對偏低的男人」，這次事件後卻大為改觀。他們的性生活激增。與此同時，還附帶了一個更重要的轉變，就是提升了他們之間的性愛誠實感。

所謂性愛誠實感，並非單指招認出軌行為的細節，而是指以開放和成熟的態度與伴侶溝通，透過性愛行為而打開自己內心深處。有時候，這意味著兩人各自說出已埋藏內心一輩子的祕密。儘管大家都認為，情感的透明度是現代生活中伴侶親密感的關鍵所在，但我往往驚訝發現，伴侶之間真正的性慾溝通其實並不足夠。我對出軌行為的後期工作之一，就是直接指導伴侶之間應在何時何地談論性愛，如何談論，為何談論。

約拿接受了我的建議。當丹妮表示願意聽取他的心聲時，約拿向她說出這次性慾探索過程中學到些什麼。他們各自讓對方走進了自己內心的紅燈區。「有些事情我以為會嚴重傷害我們的關係，比如說出我幻想與某個我們認識的人做愛，事實上卻為我們打開一個新的視野。」他說，「隨著她更能夠接受我，我也更被她所吸引。」

至於丹妮，她對約拿隱密的情慾內心有更多了解之後，也能以新的角度看待他的出軌行為。雖然痛苦無法完全消除，但約拿的出軌行為過去只是被視為性慾上的反抗，現在則成了讓他將長期隱藏內心的渴望坦白透露的出口。

隨著他們的性生活日益融洽，他們開始進行各種實驗，比如共同觀看「合乎倫理的色情影片」，共同去脫衣服俱樂部，丹妮也試著跳豔舞。她告訴約拿，她常幻想與另一個女人上床。「有一次，我們決定一起嘗試全身感官按摩。」他說，「我希望讓她體驗我最愛的活動——百分之百接受別人服務，完全放鬆無須主動，純粹體驗對方帶來的享受。」

丹妮選擇了按摩師，約拿則負責安排這次行動。他說，這樣他就「依然能夠體驗安排和期待全身感官按摩的樂趣，而且這次完全無須冒著影響婚姻和家庭的危險。」他們都覺得這次經驗十分刺激。過去被禁抑且具有傷害性的行為，現在卻成了他們「共同的探險」。

約拿覺得自己不再那麼分裂，因此也比較不必在家庭以外發洩其性慾。這對夫妻正如珍妮絲・亞伯拉罕・史賓格（Janis Abrahms Spring）所說，「你最後可能發現，你需要經歷一次婚外情這樣的核爆炸，完全摧毀你過去形成的結構，然後從頭來過，重新建立一個更健康、更專注、更成熟的版本，來取代原有的結構。」[84]

但我有言在先，我並非鼓吹以出軌行為來解決婚姻僵局，我也不是建議用三人關係來療癒每一個破碎的心靈。我完全意想不到，約拿和丹妮會以如此具有創意的方式來重新營造他們的關係。雖然他們的做法未必適合每一個人，但說明了夫妻之間的確有可能表現出韌性與創意。

當丹妮問約拿，是否會再犯，約拿坦承說，他很想念蕾妮為他專門服務時那種獨特感，有時也懷念剛發現自己也具備的壞男孩形象。「我懷念這些祕密、危險、刺激所引發的任何自我部分，但我很確定我們現在的關係太過珍貴，不值得拿來冒險。」他誠實表態沒嚇壞她，反而讓她更心安。她現在更了解他，他們之間的信任有深厚基礎，那就是他們能夠完全坦誠，毫不害羞地分享彼此的思想和渴望。他們感受到對彼此的接納感日益加深，這足以保護他們，避免未來再次發生背叛行為。

性成癮：出軌行為醫療化

這些出軌故事中，每一個都涉及錯綜複雜的個人、文化與生理因素。但是，我與同行們討論這些個案時，他們往往會提供一個特殊解釋：性成癮。加斯、斯科特、約拿都相當符合這種流行疾患的描述條件，這些條件都偏重於強調「過度」與缺乏自控能力。

在治療業界中，性成癮是個熱門課題，但我並不打算參與這個極為爭議性的辯論。然而，既然這一章的重點是這些熱切追求性慾的男性，我似乎無法免俗，必須對這個課題稍做討論。

性成癮其實並無一個獲得正式認可的診斷標準。許多研究者與臨床人員都是借用化學性依賴症狀的定義來套用在這種疾患，並且造就一門大生意，包括收費昂貴的康復與治療中心。某些臨床人員歡迎這類標籤，因為它證明了過去常聽到的「男人就是男人」這種說法並非正常，也不能接受。另一些人則認為，性成癮並無科學根據，並認為性成癮的診斷是治療師主觀評斷各種性行為屬於健康與否而採取的醫療化外衣。

無論我們冠之以什麼名稱，這種性慾強迫行為都是許多人實實在在面對的問題，他們和伴侶們也因而承受巨大痛苦。許多生命、名譽和家庭都因此被摧毀。某些男性會覺得，能為他們的行為冠上一個疾病名稱是個好的開始，這能消除他們的羞恥心，讓他們敢於尋求亟需的協助。可是即使我們以疾病稱之，它也並未失去其汙名意味。我曾經與不只一位母親面談，見到她艱難地告訴孩子，「我要離開你們父親，因為他是個性成癮的人。」如果配偶是個酗酒者，她們就不會感覺如此窘迫。有位妻子堅持認為，她比較贊成性成癮這個醫療標籤，而非強迫行為這個字眼，因為性成癮表示丈夫確實患上某種真實疾病。可是她的丈夫並不以為然，他寧願稱呼自己為「混蛋」，這個標籤至少表示他並非毫無控制能力的強迫行為患者，他對自己的行為依然具有掌控能力。

無可否認，性成癮診斷可說是一場古老文化戰爭的最新表現方式。對於性慾怎樣才算太多或太少，怎樣才算正常或異常，怎樣才算自然或不自然，自古以來就是人類極為關注的課題，而且形成兩極化觀點。每種宗教或文化制度，都曾對此提出各種規範，認為應當准許或節制，應當放任或壓抑。性慾的常態和性慾的病理學，從來都未曾獨立存在於時代的道德觀之外，而且與經濟、性別觀念及權力結構息息相關。舉個例子，在女性貞潔受重視的時代，女性曾被診斷為「女色情狂」；時至今日，我們更重視女性在性慾上的自信，因而投資成千上億經費來治療新的魔咒「性慾缺乏症」。同樣的，性成癮診斷也是在疾病的社會建構中產生的迷人研究。它反映了一種古老的恐懼，就是縱慾過度（尤其對於男性）可能是個導致異常人生的危險滑坡。（耐人尋味的是，女性則很少被診斷為性成癮，我們寧可將她們視為愛情成癮，我認為這也是個同樣危險的滑坡，但卻是一個比較動聽的說法。）

當我們將加斯、斯科特、約拿等人的行為加以醫療化，我們必須注意可能會落入我的同行道格．博朗．哈維（Doug Braun Harvey）所稱的「過早評估」陷阱。我們如果要有效地了解並整合男性本身的性慾行為，並且要他們的伴侶（及其治療師）對其出軌行為做出建設性回應，我們就必須將他們的廣泛動機（包括個人、家庭和社會方面）都考慮在內。

第十二章

背叛行為有其根源？婚外情與其他婚姻摩擦

「婚姻的枷鎖如此沉重，需要兩個人才能抬得動，有時甚至還得要三個人。」

——大仲馬

德斯特（Dexter）鄙視地說，「至少我沒到處跟人上床。」他確實沒這麼做。可是多年以來，他都在不斷欺負妻子摩娜（Mona），貶低她，嘲笑她的飛行恐懼症。他甚至還有一個惡習，就是帶孩子們去旅行時故意安排轉搭幾趟航班，使得摩娜不敢參與旅行。他是個好父親，也克盡供養家庭的責任，但又極力不讓摩娜知道家裡的財務狀況。他會爭辯說，他存入她帳戶裡的錢總是綽綽有餘，可是他的口氣卻清楚流露出認為她無能。她因此感到孤獨和自卑，這並不讓人意外——而就在她與這位並無惡意的獨裁者相處二十二年之後，她遇見了小她十歲的羅伯特（Robert），生活終於出現變化。過去六個月來，摩娜感受到他的善意，並發現自己其實也能說有趣的話。

摩娜心中萌發一些自信。德斯特多年來習慣了妻子的脆弱性格，這時卻發現她對他的奚落展現出不尋常的韌性，這種陌生狀態讓他覺得不安和起疑。他偷偷在她車裡安裝全球衛星定位系統，真相因此揭發。他帶著新的憤慨，以她的婚外情來印證自己對她的觀感，並覺得自己大有道理對她加倍羞辱，現在他甚至用上「淫婦」、「妓女」這樣的字眼來辱罵她。

美國現今在這方面的社會觀念十分明確，就是認定出軌行為是婚姻中最壞的事。這一行為所造成的違背信任問題，其嚴重性甚至超越家庭暴力、因爛賭而花光家中積蓄、甚至超越亂倫。二〇一三年的蓋洛普民意調查指出，美國成年人有91%認為出軌行為是「道德錯誤」。人們對不忠行為的譴責，遠遠高於民意調查中所列出的其他道德上也不怎麼高尚的行為，比如多重伴侶（3%）、人類複製（83%）、自殺（77%），而最耐人尋味是它也高於離婚（24%）。《大西洋》雜誌的艾莉諾．巴克霍（Eleanor Barkhorn）在分析這項民意調查時認為，「很難想像在其他相對常見和法律許可的各種行為中，有哪一種是遭到更多人反對的。」[85]然而，摩娜的處境卻讓我不由得質問：「所有背叛行為都是因伴侶不忠所導致」這一假設到底是否正確？

在婚姻治療這項工作中，我總是小心翼翼，避免因德斯特沒出軌，就認為他道德更高尚。他對伴侶的忠誠，帶有報復及相互依賴的意味，而他多年來惡劣對待妻子，也讓妻子的背叛行為顯得情況特殊。事實上，有許多自身行為表現欠佳的伴侶，往往會急切地要詆毀出軌的伴侶，搶占受害人的身分，並深信主流文化觀點會偏袒他。沒錯，出軌行為會帶來傷害，但是如果我們在婚姻罪行中給予出軌如此特殊的地位，就可能使得出軌發生前已存在，甚至可能是導致出軌的惡劣行為遭到忽略。

背叛行為形形色色，性行為的背叛只是其中之一。我經常見到一些人，他們要在性行為方面保持忠貞是極為容易的，但是他們可能在其他許多方面都違背了婚姻的誓言。婚外情的受害者，不一定就是婚姻的受害者。

為什麼摩娜不乾脆離婚呢？她是有想過離婚，甚至多次提出這個想法。但是德斯特卻不當一回事，照樣拿這件事來揶揄她。「你又能去哪裡呀？有誰會要你這樣一個又殘又沒用的五十幾歲女人？」她和羅伯特之間的情感，帶給她力量，她知道在這牢籠之外還是可能找到新的生活。現在她正在申請離婚，德斯特的恐嚇方式無法再支配她的一切行動。她的朋友幫她找了個厲害的律師，會設法挖出慷慨的他到底有多少資產。

找個第三者來解決婚姻不幸福的問題，看來像是懦弱的行為，但也可視為勇敢的行為。有時我們需要親身與其他人在一起，才能體驗到生活的甜蜜感，也才會努力追求。一個人若長期生活於巨大的情感折磨中，飽受常見的婚姻虐待[86]（包括種種忽略、冷漠、恐嚇、藐視、拒絕和鄙視），尋求外遇也是一種自我保護和自我作主。在一段具有破壞性的婚姻中，忠貞態度有時更等同於弱點，而非美德。受困於婚姻中，與對婚姻忠貞不二，這是兩回事。在婚姻中受到肢體虐待的人，撥開殘暴的手，讓另一隻撫慰的手牽起來，是勇敢對抗暴力的表現。無論在個人層面或權力關係層面，違抗法規有時也是建立新社會秩序的必要手段。

我在此並非為了轉移過失者的責任，而是要強調婚姻關係中滲透著掌權者和無助者之間的多重互動。是誰先背叛誰？這是個許多人都應當提出但又不敢提出的問題。

羅德里戈（Rodrigo）無法鼓起勇氣向妻子道歉，每次他延長出差行程去辦自己的私密任務時，他知道自己正在傷害亞歷山德拉（Alessandra）。但他每次開口想說「對不起」時，都會想起他妻子多年來最擅長對他採取極傷害人的冷漠態度。他內心立即又升起一種自己其實沒錯的感覺，他心想，「到底該道歉的人是誰呢？」

茱莉（Julie）給我寫信時說，她丈夫已經「二十年對她情感不忠。」但她並非是在說另一個女人。「無論是說要去旅遊、晚餐、音樂會，他都失約讓我白等，總是把工作視為最重要。我姐姐說，至少他沒出軌，但是工作占據他的時間卻比情婦更多。現在我認識了另一個男人，他有許多時間陪我，難道不忠的那個是我？」

錯置的親密感會以各種形式發生。「拉斯（Russ）最愛的其實是冰毒。」迪倫（Dylan）說，「多年來我不斷求他戒掉及尋求協助，但他吸冰毒所得到的快感顯然比我的陪伴更重要。現在我找到了一個真正關心我的男子，他卻因此很沮喪。」

為什麼同樣是不再關心身邊人而轉向關心其他事物，但一種被視為是絕對違背信任的行為，另一種卻得到人們好言相勸？這些尋求者固然是在尋求性愛，但他們也同時在尋求深度、讚賞、深情的目光——各種其他進入對方內心的形式，但不涉及肢體性愛。你可以稱之為親密感，可以稱之為人性的連結，總之，就是讓我們覺得受到重視的互動行為。

這類景況中，若人們通常會問的第一個問題是，「為何他／她不離開？」第二個可預見的問題則是，「他／她有想過跟對方談這件事嗎？」這是個講究民主的夫妻溝通時代，我們對談話治療都深信不疑。無可否認，兩人若能敞開心扉對談，確實最能讓對方聽見自己的心聲。但是，如果對方無心聆聽我們的悲傷，那種寂寞感更勝於無人相伴的孤獨。自己一人用餐雖然辛苦，也比不上與一個態度冷淡的人共餐那麼痛苦。

許多沮喪的伴侶起初都會想方設法和對方談論問題，開始時都態度溫和，為對方著想，後來卻感到憤怒和受挫。他們最終放棄努力，讓自己受創的心到他處滿足渴望，而他們的冷漠伴侶終於發現事態嚴重。他們當初能採取不同的處理方式嗎？當然可以。但是出軌的警訊最能撼動情感淡漠的夫妻。

被拒者的反抗

伴侶出軌會讓人覺得渺小，但是多年來覺得渺小也可能導致自己出軌。當孩子還小，需要父母照顧時，父親卻老是與好朋友在體育酒吧看現場轉播，為人妻者若在婚姻以外得到他人欣賞，不啻是一種精神的慰藉。當你的婚姻已經變成一所家庭管理企業，每天談的都是大小家務事，婚外情就像是日常生活的沉悶散文中突然閃現的一首詩，讓人精神為之一振。若你的伴侶每天傍晚六點鐘就出門，去老地方灌點黃湯尋找醉意，你也會有足夠時間上網找個男人，尋找你自己的醉意。若你每天常得為一點芝麻小事而爭吵，對此心感厭煩，正好有個同事對你的幽默感表示欣賞，你不禁也會想起自己過去也曾活得有點尊嚴。種種哀怨、細小衝突、遭受拒絕等等，生活中這類事件很多且人人不同，足以讓我們冀望另尋慰藉。對婚姻失望，自然就祈求逃逸，尤其是這些不如意的婚姻偏偏又缺少性愛的親密感時。

偷偷在婚姻之外尋求滿足自己的渴望，看起來或許是明顯違背承諾，大膽犯禁的行為。但是我們也得想想，若夫妻的床頭早已掛起「不准進入」的牌子，我們對這段婚姻又會做何想法？我所指的並非性愛減少至每週一次，或每月一次，而是更嚴重的情況。在婚姻關係中，性渴望某個程度降低是正常現象，而兩人之間性慾的差異是必然存在，也是必須協調的。我所指的是夫妻之中一方對伴侶的性需求堅決不予回應，時間長達幾年或甚至幾十年（即使他們之間一直保持恩愛和親密）。我們並不是主張婚內強姦或義務性愛，但是我們必須清楚一點，當其中一位伴侶單方面決定完全不需要（或只需要極少）性愛時，這就不能算是單一伴侶制，而是屬於獨身主義了。

夫妻失去情慾關係，這種情況應如何處理？如果視之為某些性慾疾病，未免過於簡化。我了解性慾缺乏的本質，因此也不敢忽視性慾缺乏所產生的巨大力量。我們的文化在強調夫妻的幸福時往往壓低性愛的重要性。性愛似乎是個可有可無的附加項目。夫妻關係恩愛自有許多價值，許多夫妻能夠培養恩愛關係，又不會面對性愛不協調的痛苦。然而，要是夫妻的性愛嚴重缺乏，而且不是經過雙方同意所致，就可能在原本十分完美的關係中，留下一道難以承受的裂痕。而且，如果夫妻之間多年來未曾有親密接觸，就更容易受到親切的陌生人所吸引。

馬琳（Marlene）告訴我，如果她丈夫有婚外情，那倒還容易忍受，難以忍受的是他完全拒絕她的性愛要求。「如果我知道他是在追求別人，雖然於事無補，但多少還令人欣慰，可是我們之間並無第三者存在，我也無人可以歸咎責任。」

我收到過來自世界各地的無數信件，寄件人都是些飢渴的伴侶，他們都感到絕望、生氣、頹喪、挫敗、缺乏自信、孤獨、不受重視，得不到肌膚之親。而有違一般刻板印象的是，他們並非都是男性。看來假裝頭痛不想要的不只是女性。

阿曼達（Amanda）與保羅（Paul）結婚十年，她跟他做愛的次數她一隻手就能數完，而且手指還有剩。「結婚幾週之後，他就失去了興趣。」她說，「我想盡各種可能性：他是不是有外遇，他是不是同性戀，他是不是那種曾被牧師性侵的男孩？」她曾嘗試與他開誠布公談論這個問題，曾尋求諮商，也曾用盡各種新奇方法來激起兩人的性愛，但卻都無功而返。保羅沉靜的性慾極難理解，他去檢查過睪丸酮（結果正常），也服用過威而鋼（有效引起身體反應但是卻讓他感到噁心）。阿曼達說，她對他不離不棄，陪他度過這一切，是因為保羅為人善良，而她對婚姻的承諾十分認真。但是最近，她在教堂認識了另一位男子。她對我說，「目前還未發生什麼事，但是我正站在懸崖邊緣。」

布萊德（Brad）覺得，潘美（Pam）總是處於「我不是很想要」的心情，而他也只能任其擺布。「每天晚上，我和她之間，就隔著她的蘋果平板電腦，那就像是個抵擋性愛之盾。我買了性感內衣給她，要她穿給我看，但是四個星期後，東西還放在椅子上未曾打開。她只想我擁吻她，就是說，『你哄我，然後一起入睡。』我不能忍受這樣的關係，我那麼需要性愛，她卻告訴我說她無能為力！她覺得她配不上我，雖然我每天都告訴她，我只希望與她相伴。」

「那次安全套破掉，路易絲（Louise）第四次懷孕。我要她墮胎，但她不肯。」克里斯多福（Christophe）回憶道，「我是個有責任感的男人，我知道必須想盡方法照顧她和孩子。她十分渴望當母親，卻因此完全忘記了自己也是為人妻者。她連續七年給孩子餵奶，那可是很多催產素！我卻完全被排除在外。我們之間沒有愛情、沒有接吻、沒有性愛。我的第二個女兒十八個月大時，我發生第一次婚外情。無論我有沒有出軌，我們之間的性愛都已靜止多年。她認為我的外遇毀了婚姻，我覺得她的說法太荒謬了。」

薩曼莎（Samantha）只求有個人跟她一同白頭到老，她就心滿意足。「我從沒想過，我有一天會陪伴著坐在搖椅上的丈夫，內心隱藏著出軌的罪咎感。」然而，她十年來都是個忠貞的妻子，只是婚姻卻逐漸磨損。「我改變了。他開始去睡另一張床，因為他會打鼾，無法熟睡，我的背部受了傷。我求他跟我一起睡，但他說許多夫妻都是分床睡的。我們的性愛逐漸減少，變成只有五分鐘的草草了事，這對我而言完全無法滿足。家裡一切我都要親力親為，金錢、房子、孩子，都是我負擔。他每晚都在家，但跟不在一樣。」

薩曼莎在Craigslist分類廣告網站上認識了肯（Ken），同樣已婚，牢騷滿腹。然後她又在Ashley Madison網站認識了理查德（Richard），也是同路中人。「我今天的處境就是這樣。一個已婚女人，在本地有個有性關係的朋友，還有個遠距的已婚男友。」她對自己所作所為，有時也感到震驚，有時也感到愧疚，但是她並不想停止。「我不能再回去那種死寂的狀態。」

無性婚姻的評論者指出，一年做愛如果少過十次，就跟沒有性愛差不多。真是不知他們是怎麼得出這個數字？大約有百分之十五至二十的夫妻是處於這個類別之中。故此，如果你每年做愛十一次，那你真是幸運極了。也許你想知道，你所僥倖逃過的劫數是怎麼一種景況，你不妨去看看廣受歡迎的Reddit論壇Deadbedrooms（死寂臥房，會員達數萬人）。大數據分析師賽斯・斯提芬・大衛維茲（Seth Stephens-Davidowitz）在《紐約時報》發表的報告指出，在Google上搜尋「sexless marriage」（無性婚姻），其搜尋結果的數目遠遠超過任何其他婚姻問題[87]。

很顯然，很多人都在哀悼性慾之神的死亡，而且應該還有更多人雖然能夠達到性愛次數的標準，但是卻不能得到滿足。他們的哀傷，每天都會在我的收件箱中出現。

「我的伴侶除了想做愛之外，對我的身體興致缺缺。前戲對他而言，就如要發動一輛老爺車一樣。我們上床不久，他就把膝蓋放在我兩腿之間，看看是否已經潮溼。我試過許多次告訴他，溫柔一點，多說些讚美的話，說些我喜歡和會讓我激起性慾的話。結果是：他告訴我從來沒人會有此抱怨。這種情況已經發生多年，我擔心的是，我是不是因為過於恐懼孤獨，所以無法表現出自重。」

薇拉（Willa）依然與布萊恩（Brian）有性關係，但卻沒有多少愉悅或連結的感覺。「這只是我的例行公事，也不比做其他家務來得愉快。有一天，我突然這麼想，也許我並不討厭做愛，我只是討厭與我丈夫做愛。我在婚外找了個伴，測試一下我的理論，你知道嗎，我真的沒說錯。」

吉恩（Gene）說，「我喜歡多點變化，慢慢來，但是她只是抓著我的話兒開始幹起來。她讓我射精，力求盡快完事。」這一大群失望的伴侶們，大家該怎麼辦呢？

我在診室裡和在網上，花了許多時間，設法讓火花熄滅的夫妻再度點燃性的渴望。我們通常從導致性生活完結的最常見原因開始，包括父母暴力、早期性侵犯、種族偏見、貧窮、疾病、失喪、失業等等。這種種消除權力的方式，促使人們覺得在他們所生活的世界中，信任與愉悅太過於危險。我們探討他們的情慾模式，以及他們的情感歷史如何在他們的性慾行為中表達出來。「告訴我你是如何被愛，我就告訴你你能如何做愛」，這是我的引導問題之一。挖掘這些問題，有助解除性的障礙。

我介入阻滯的夫妻關係，協助他們度過積累多時的委屈。我教導他們如何將批評化為要求，將不滿化為反饋，並彼此敞開心扉坦誠相待。解開這些心結之後，夫妻才能學習利用他們的想像力來培育歡愉感。我請他們看待性愛別過於嚴肅，應代之以活潑有趣的態度，無論在臥房內或在生活中，都努力培養雙方的期待和神祕感。此外，我也備有一本介入關係的攻略本，用來協助他們重新對知覺、感官及神聖的親密性產生連結。這個過程所涉及的不單單只是交談。我也跟性教育者、創傷治療師、性學專家、舞蹈老師、服裝顧問、針灸師、營養師等所有能幫得上忙的人共同合作。人類的性慾與所有這些治療法都有可配合之處。

有些夫妻確實能夠扭轉事態。但是也有另一些夫妻，雖然已經盡其所能，終究難以找回情慾衝動。他們是否就只能認命，畢竟是魚與熊掌，不可兼得——因為他們不願為了性愛而付出家庭完整的代價？或者對他們而言，性愛是生命中如此基本的部分，缺乏性愛足以促使恩愛婚姻以失敗告終？

失去了性愛的親密感後，夫妻關係還能保持良好嗎？我說的不僅僅是性愛，也包括其行為：前戲、進入、高潮、入眠。我指的是某種感官和性慾的能量，這種能量是成人愛情關係與兄弟姐妹或好友關係之間最大的區別。無性婚姻是否無可避免終將導致發生婚外情？

只要雙方都贊同維持這種情況，愛情依然能夠繼續成長和保持穩定。但只要其中一方感覺其性渴望得不到滿足，並且延續至人生的不同階段，他們就像一堆乾柴，等著火星濺起烈火。他們受困於性愛忠貞與性愛壓抑兩者交加的困境中，其情慾的渴望若然爆發，其實並不足為奇。

馬特（Matt）無法明確說出性愛何時完全消失，但感覺已經是年代久遠。他和梅西迪斯（Mercedes）在三十來歲時相識，不久後結婚，至今已有十年。起初他們做愛，因為感覺愉快。後來他們做愛，因為想生孩子：也就是現年七歲的薩莎（Sasha）和四歲的玢兒（Finn）。後來他們不做愛，因為忙著照顧孩子。再後來，他們偶有做愛，因為多少有點總好過沒有。最後，他們完全不做愛了。當我與他們見面時，玢兒與母親一起睡在大床上，馬特則縮著身子躺在工作室的沙發上。梅西迪斯有想過做愛，但她其實並不積極。事實上，她從來都未對性愛特別熱衷。她現在有其他需要忙的事。

很顯然他們是在順應著他的渴望和她的回拒之間謹慎地互動。最初，他熱烈地提出要求，她也積極地回應。她喜歡他的主動性。慢慢地，他的興趣由於碰到阻力而逐漸消退，並且逐漸演變為純粹的生理需要。這種態度卻讓她更為不起勁，更為退縮。他要求得越多，她就越反感。而她越封閉，他就越窮追不捨。這是一種典型的「你追我走」的互動方式，即兩人各自的行為會互相增強對方的行為，而這些行為又是對方所厭惡的。

在星期一，馬特會明確說出自己想要做愛。在星期三，他只會暗示一下，不希望對她產生負擔或引起她自覺性慾欠缺。到了星期五，他只會稍微碰觸她，如果她沒有反應，至少他能假裝他並沒有提出要求。

有些時候，梅西迪斯也會稍做反省，「我有什麼做錯了嗎？你只不過是一時衝動，我卻得跟著你忙個不停。」有時馬特嘗試發揮一點鼓勵性，他會這麼說，「你看！上次我們做得不錯嘛！你一定會喜歡。」可惜的是，這些善意卻帶來反效果。「你別以為自己很了不起，這一點都不性感！」有時候，他會改用溫柔策略。「我很抱歉你會這麼想。但願你別太難過。」這時她就會感謝他的體諒，輕輕吻他，然後轉個身關燈睡覺。洩氣之餘，他躲到另一個房間裡，打開電腦自己解決。

他難免會氣惱。為什麼他得完全聽命於她？她難道不知道她是在折磨他？他煩悶痛苦，但盡量忍住心中怒氣，可是一年又過去了，他終於忍不住爆發。「我受夠了你的胡說八道，你對我不公平，你自私自利！」他知道，說這話不會讓他得到做愛的機會，但是無論說不說，他都沒有機會做愛，那說出來又何妨呢？至少他能疏解一下自己胸中的鳥氣。可這一來，即使梅西迪斯對自己逼使丈夫難以發洩性慾而偶有愧疚，聽到這話倒是又理直氣壯起來了。「這種話你也說得出口！」她會反擊，「你這麼說，就想激起我的性慾嗎？」

每年兩次，這種錯綜複雜的拒絕性愛之舞會被暫時中斷，那就是在他們結婚紀念日和他的生日這兩天。「但是她基本上就是躺著不動，她只是敷衍一下我。」他說。這種「憐憫的性愛」絕對不是馬特所盼望的性愛。

對此困境，梅西迪斯其實也不無困擾。她知道，她的墨西哥家人一定會說，「你是他妻子，滿足他的需要是你的責任。」可是她跟美國女友們提及此事時，她們的回應卻是她比較愛聽的，「如果你不想要，你就毋須跟他做愛。」「他讓你對你無能為力的事感到內疚，這是他自私。」「他最好別在外頭亂來！」

梅西迪斯就是擔心這回事，因此她多次提出接受心理治療。坦白說，這對夫妻也夠努力的了。他們一一排除造成此困境的各種可能性：舊日的創傷、慢性的病痛、信任的問題及其他解釋。但是性愛對梅西迪斯而言，只是為了生育目的，除此之外別無意義。她是個感性女子，喜歡許多事物，尤其是跳舞，但是對於做愛卻從未有過任何熱忱，也不明白為何需要給予重視。「他是個素食者，我也能接受他不吃肉啊。做愛又有什麼不同呢？」

多年以來，馬特都是盡量忍受。他嘗試降低期望，自行解決，參加三項全能運動，全心投入工作。這些應對方法都不足以填補這孤獨的深淵，也不足以對抗他多年來性愛被拒而不知不覺滋生的軟弱感。終於有一天，他認識了美琪（Maggie），她是個性成熟、活潑，也是三項全能運動員，結婚將近十年，丈夫的手只愛觸摸電視遙控器。他們同病相憐，也給他們帶來一線希望和活力。

馬特並非故意去尋找外遇，但是他實在無法再忍受這種缺乏性慾的日子。他喜歡做愛的滋味，歡愉的時光，時間靜止的感覺。他向我保證，他與美琪的關係絕對不會影響他對梅西迪斯的婚姻誓言。他們已經在這性愛樂園中共度十四個月，他們都很開心，因為他們找到一個擺脫無性牢籠的途徑，但是又無須讓彼此的家庭面對破裂。這類事件並不罕見。

當婚外情保護了婚姻

馬特和美琪的觀點聽起來無論有多荒謬，其實自有其邏輯。許多人發生婚外情，並非是為了逃離其原有婚姻，而正是為了繼續留在其中。「我還得再等三年，孩子們才會離家獨立生活。」我的案主吉娜（Gina）告訴我，「因此我得繼續留在家裡，臉上掛著笑容。到時候絕對不會是一次友好的離婚，他為人傲慢，占有慾也強。我希望先讓孩子離開家裡，再採取此一行動。」最近，在加州的一個研討會上，有位女性告訴我，現實處境讓他們必須繼續在一起，因為他們有個殘障孩子，這孩子需要父親和母親，家裡也需要兩份薪水。他們是好朋友，但僅限於此。她每週兩次出外「跳舞」。她說，「他從未過問，這讓我保持正常心態。」

達芙妮（Daphne）上次抓到馬丁（Martin）看情色內容自慰時，她說了一大串難聽的話。但是，馬丁並未因此停止，而是設法隱藏得更好一些。由於他們已經分房兩年，所以這並不困難。不過，如果他想看看那些韓國城的女郎，就必須等她出差時才行。他稱這些女郎為「視覺道具」。他知道妻子絕對不喜歡他這麼做，可是他的辯解是，「她要什麼才會喜歡呢？要我想像我二十歲的女祕書彎腰趴在我桌上嗎？那些跳舞女郎只是做她們的工作。我的祕書倒真的可能讓我受到引誘。對達芙妮來說，什麼都沒差。可是我覺得，我所做的事其實是在保護我們的婚姻。她要我怎麼辦？什麼都不想嗎？」

馬丁對自己在婚姻外的遐思，顯得坦白而務實，芮秋（Rachel Gray）則是顯得充滿詩意。她結婚二十三年，與丈夫的性關係很少來電，但是彼此卻有許多共同的價值觀與興趣。她寫了一首詩傳給我，訴說她為什麼發生那麼多次婚外情。

猶豫的日子之後
他燈光已熄，
我繼續終日燃燒。
你心中知曉。
與我共舞吧，我心未亂，
我應當如此，心甘情願。
把我抱緊，填滿我的空虛，
恍如無吻的迷幻情慾。
你也想要，你有自己的理由。
保持聯絡，打我手機。
我也許踩著舞步蕩開，但不會放手。

我的心同意，我的理智在抗拒。
溫柔的擁抱，就能再拉我回來
再舞一曲。這難道就算是罪？

馬特也不覺得這是什麼罪。一想到梅西迪斯萬一知道後的心情，他就難過，可是無論是婚外情或婚姻，他都不打算結束。他已經找到失去的東西，也不覺得有必要做出選擇。他的婚外情是一個穩定器，能解除基本婚姻關係的壓力，但不會摧毀它。第三者的作用就像是個支點，讓他們夫妻得以保持平衡。他無須面對浮士德的魔鬼抉擇，選擇失去家庭或失去自我。正如分析師歐文・赫希（Irwin Hirsch）所指出，「外遇有時能提供一個情感距離，讓不完美的愛情、性慾和家庭關係得以長時間繼續堅持。」[88]

心理學家珍妮特・雷布斯坦（Janet Reibstein）稱之為「切分觀點」，認為這是「一種對實際婚姻經驗的可理解反應」。她認為，現今人們對夫妻關係的期望過高，無可避免導致人數眾多的已婚者覺得，婚姻中有某些方面讓他們失望[89]。當婚姻的某些部分如意，另一些部分不如意時，人們的反應是將這些不如意的部分切分開來，而這個部分通常是指性愛。這種觀點能使伴侶之一因無須滿足對方的所有需要而減輕負擔。

比如伴侶之一有某種戀物的性癖好而另一位伴侶卻不苟同或甚至感到厭惡時，或兩人的年齡差距為雙位數時，這種安排尤其普遍。此外，若伴侶之一是殘障者或慢性病患，這種情況也很常見。得不到滿足的一方，既不願離開，也不願永遠過著無性生活，於是就會悄悄在他處尋求性慾的滿足。

桑尼（Sonny）很熟悉這種策略。「直白地說，我愛我妻子，她絕對是個大美人，但是我從未有原始的衝動想要和她上床。」他說，「我們能分享正經八百的香草性愛，但她一點都不喜歡新奇的花樣，她甚至嘲笑所謂性主導的觀念。我盡量順從她，但我逐漸了解，我並非只是喜歡性愉虐的方式，應該說我自己就是這樣的一個人。」因此，桑尼就為他的原始衝動另外尋找可以發揮之處。他上「SugarDaddy」（蜜糖老爹）網站，找了個喜歡他這種原始奔放的幻想的「甜心寶貝」。他並未精心策畫想擁有這雙重身分，既是關心家庭的父親，又是甜心寶貝的地牢主宰。但是，他卻認為這是最佳的解決方法。

這類安排通常都是心照不宣，尤其是在異性戀夫妻之間。人們通常是和自己達成祕密協議，而不是與他們的婚姻伴侶開誠布公地討論。其實在這方面，他們可以向同性戀者和多重伴侶社群借鑑其做法，對這些人群而言，性愛停止未必就導致對話也停止。我所輔導的多對同性戀人，比較會共同商討他們之間是否應採取單一伴侶制的問題，尤其是雙方顯然不再有性關係時。

若雙方達成共識採取非單一伴侶制，就意味著他們各自可決定要在他處滿足自己的渴望。相比之下，外遇則是單方面的決定，是其中一人私下祕密決定最適合雙方的方案。他們可能認為，這個方案對所有相關者都最好，既能保護婚姻，也能解開性慾不協調的僵局。但無論怎麼說，這都是單方面對蒙在鼓裡的伴侶施加權力。

他說得也有道理。因此，當遭瞞騙者對伴侶的婚外性行為表示氣憤時，我會溫和地將他們的注意力從對方所做的事，轉移到雙方都沒做的事。伴侶的渴望得不到滿足，只好在他處尋求解決之道，這是背叛行為，要看到這點並不困難。但是，另一位伴侶由於對性愛的態度冷淡，其實不知不覺中也推了對方一把，要看到這點就不容易了。若要坦誠對話，就必須聆聽故事的每一方面。

選擇離婚或另有他途？

馬特與美琪的關係只要能一直保密，就能滿足他們的目的。可是一旦梅西迪斯發現，規則就變了。在治療中，我們首先關注的是事件揭發所造成的災難。兩人都不想離婚，因此我們展開一次有關婚姻誓言與信任的對話，並擴大忠誠與貞潔的定義，不只局限於性慾的排他性這一狹窄範圍。

這對夫妻的處境，宛如「第二十二條軍規」的典型矛盾狀態。他們共同度過漫長的人生歷程，有快樂也有悲傷。他們深情地回憶當年搬進第一個住所，那是只有一個臥房的公寓，他們設法將雜物間改建成育嬰室。他們努力工作，終於能搬到一間排屋，還擁有一個陽光小院，他們對此很感自豪。他們大力支持對方的事業，寧可對睡眠、家務、照顧孩子等方面較放鬆，這樣兩人都可爭取升職。他們經歷了三位父母的離世，兩個孩子出生，一個孩子流產，還有一次患癌驚魂，而他們依然堅定相守。他們的生活交織著希望和夢想——某次假期是在一間森林小木屋度過，去過一趟非洲之旅，養了一條小狗陪孩子們玩。即使到了今天，他們依然在後院共飲熱騰騰的爪哇咖啡，這是他們每天必不可少的享受。他們在這每一方面都深愛著對方，唯一的問題只是他們不再做愛。

像他們這類夫妻，是否非得做出選擇，要嘛拆散如此完美的婚姻，要嘛就永遠別做愛？我們的文化強調婚姻勝於一切，因此，大家只能離婚或默默承受，這是僅有的兩種合理選擇——結果是許多人都選擇了外遇這第三種大家心照不宣的出路，這其實不令人意外。一如潘蜜拉．海格（Pamela Haag）所見，「在我們尚未打算修改這些已不太合時宜的婚姻規則之前，我們必然會先加以違抗。」[90]

對於婚姻，我們需要新的選項。我們可以不假思索就指責外遇行為拆散家庭關係，但在許多個案中，也許更具破壞性的因素其實在於我們頑固而不顧一切地堅持性愛的排他性。已經離婚的夫妻們，如果當初願意面對彼此性慾需求的差異，並嘗試理解這種對話對其婚姻結構的意義，他們之中有些也許不至於離婚收場。這種對話必然需要討論的是，「單一伴侶制」這一理想愛情觀。

請別誤會我的意思：非單一伴侶制可不是治療所有傷口的萬靈丹，也不是對抗背叛行為的緩衝器。但每當我見到人們受到傷害，被迫做出無論結局如何都極為痛苦的決定時，我至少希望自己能為他們提供另外的出路。我是個裁縫的女兒，我常覺得我的工作和裁剪服裝十分相似，我不會為每一對夫妻都縫製相同的衣裝。

多數人一聽到性開放的婚姻關係時，就馬上亮起紅色警報。在誓言相愛的世界裡，很少課題會引發如此厭惡的反應。萬一她不再回頭怎麼辦？他難道不能欣賞一下我們的優點，並接受萬事皆難兩全其美的現實？萬一她真的墜入愛河呢？婚姻本來就得互相妥協嘛！我們可以愛上某個人，卻又跟另一個人做愛，一想到這個觀念，有些人就禁不住發抖。我們害怕一旦觸犯某個限制，就會繼續觸犯所有其他限制。這固然不無可能。但許多人其實都發現，封閉式婚姻並非防止婚姻災難的保障。

此外，我並不喜歡與虛幻誓言一同合謀造假。太多人都在假裝努力改善對彼此的渴望，他們喜歡這個概念，但是並不希望現實中真的發生。他們希望保留這個家庭、伴侶、或他們共同建立的生活；但是他們並不想跟對方上床。當這種態度是如此明顯時，非單一伴侶制會不會是個比離婚來得較好的結局？如果大家連思考一下這個可能性也不願意，我們就只能眼睜睜看著許多互相關懷的婚姻關係及快樂平穩的家庭被一一摧毀。

像馬特和梅西迪斯這類夫妻也許會決定離婚，也許是現在或將來，也許永遠不會發生。但我希望，無論他們如何決定，都是事先經過深思熟慮，充分考慮到雙方的需要，並且思考過能否畫一個更大的圓圈，足以包容他們兩人以誠實的態度繼續生活。我相信對所有當事人而言，這種方式應當比一再出軌的行為更好。當外遇行為二度發生時，人們難免馬上會說，「一次不忠，以後也難免會不忠。」彷彿這足以證實其人格上的缺陷。然而，更正確的解釋可能是，因為他們的核心問題一直未曾解決。

這種對婚外情人云亦云的譴責，容易分散我們對背後真正原因的關注，還會將婚姻關係中的各種罪行劃分為不同等級。今天，情感被拒與性愛被拒這兩者，並未同樣被視為好色行為。當我們把外遇當成所有背叛行為的根源時，我們是在集體抗拒對婚姻在夫妻之間和文化中的複雜性做某種必要的思考。

第十三章

情人的兩難困境：與第三者對話

他選擇了她，只是個兼職。
你對這故事也很清楚！你看，
一切結束之後，他會放下她，
就如掛上電話一樣。

——安妮．塞克斯頓，《你們都知道第二個女人的故事》

薇拉（Vera）對著鏡子查看頭髮，然後望出窗外。桌上擺放的餐具高雅而整齊，香檳放在冰桶裡，剛從花園採下的番茄生菜閃著光芒，令人垂涎。他們約好的時間，已經過了一個小時，但是她忍著不打電話給他。這個單臥房公寓，地方不大，但陳設雅致，她來回踱步一會兒，又回到窗邊，看看他的車子是否出現。即使已經過了三十年，她依然期待著首次見到他在樓下大街下車時那種焦急。她感到熱切、興奮，有點緊張，她就像任何一個熱戀中的女人一樣。

但是她並非「任何一個女人」，她其實是「第二個女人」，也稱為拆散別人家庭的女人、搶走男人的女人、情婦、祕書、蕩婦。這些都是施加在這類女性身上的文化標籤，而她們早在李莉絲（Lilith）神話的時代就已經存在（譯註：李莉絲在傳說中是亞當的首任妻子）。薇拉討厭這些標籤，正因如此，她和一生鍾愛的情人埃文（Ivan）用盡各種方式，隱藏他們之間長達三十年的戀情。當人生終了時，她將把這個祕密帶進墳墓之中，唯一知道這段戀情的是她的女兒貝絲（Beth）。當貝絲五十五歲時，她已經送走了這兩位主人翁，也收拾了所有證據。貝絲來找我，告訴我她母親的故事。

「我母親這位維繫一生的情人埃文，是個財雄權重的已婚男子。他們在城裡工人階級住宅區中擁有一所公寓，他們每週見面三次。公寓有個小花園，他們喜歡一起做點園藝。她在七十七歲那年突然去世，我有責任處理他們的愛巢，並幫助埃文減輕其哀慟，當時他已經八十五歲。沒其他人能夠安慰他，因為完全沒人知道這件事。幾年後，我參加了他的追悼會，不過他家人都不知道我究竟是誰。」

貝絲形容她的母親是個大美人，活力十足，富有冒險精神。她的第一任丈夫遺棄了她，而她當時還有孕在身。她後來改嫁，卻遭到丈夫家暴，最終也落得分手。「她為人堅強而獨立，雖然他們不給女人貸款，但她還是買下房子，把我們帶離這段惡劣的婚姻。」

「他們的戀情偉大而美麗。」貝絲如此形容她母親與埃文的關係。「我很高興她在經歷那些壞男人之後，能夠遇到這段戀情。他們結識時，埃文已經結婚數十年，他知道自己絕對不會離婚。他剛失去長女，無法想像妻子若再失去他會如何受創。」薇拉相信埃文的妻子知道他另有戀情，但是從未公開表露。埃文是個負責任和慷慨的人，他確保妻子經濟無憂。

「他們這樣的安排，在各方面都很適合她，因為她能享有很多自由。」貝絲總結說，「她可以到愛巢去，打扮得性感，讓他覺得她多麼美麗動人，並為他準備美味午餐，開一瓶葡萄酒共飲。然後自己獨自回家。」貝絲是她唯一的女兒，也是唯一聆聽她傾訴的人。不過，貝絲有時倒希望，母親別將他們的關係說得那麼詳盡。「關於這樣的一段戀情是如何演變，如何延續，她都十分了解各種細節。比如，他對妻子說了些什麼謊言；找了什麼藉口爭取相處的時間；其婚姻因此出現性生活失調；她與情人之間的情慾探索。我母親因此絕對不能噴香水，以免在他身上留下痕跡。他們必須用現金支付房租，並用假名簽署租房契約。」

「我知道的事情太多了。比如這一件事，埃文在妻子陪伴下去做健康檢查，醫生問起他們性生活如何，埃文說他們已經多年沒有性愛了。醫生於是開了威而鋼給他，妻子這時轉過頭問他，『親愛的，你應該不會想要再重新開始吧？』診治結束之後，埃文只好偷偷告訴醫生，他其實常有性愛，請他一定要開這個藥給他。我不是真的很想知道這些細節，可是現在卻必須為此保守祕密。」

貝絲說，當薇拉逐漸年老之後，對於這種「處於他的生活之外窺視其中」的相處方式，日益感到困難。她陷入道德矛盾之中——不是由於她和埃文的戀情，而是由於她與埃文串謀瞞騙他妻子的行為。有時候，她會覺得她為了他而犧牲了自己最寶貴的年華。她只能獨自出席每年的聖誕節家庭聚會，只能獨自旅行，只能以單身女人的形象生活在這個世界中。

我嘗試問她幾個問題，「這對你有什麼影響？這件事是否讓你相信愛情的偉大力量？是否讓你發現欺騙的力量？是否讓你覺得欺騙也能如此巧妙？」

她露出挖苦的笑容。「哎呀呀，這可問倒我了。在某方面，我很理解母親的痛苦，但我也知道她能感受到自己比他妻子更有吸引力。埃文的妻子擁有成功人士的一切外表，但是卻與一個毫無感情，不願碰他的丈夫共同生活。他把他最好的一面給了我母親，我母親也給予同樣的回報。沒錯，這讓我相信愛情的偉大力量。我過去都沒想到的是，這段歷史也緊緊糾纏著我本身的二十六年婚姻。」我再次想起，外遇的暗影，並不僅僅籠罩置身其中的三個人。

「在面對婚姻壓力時，我很快就會起疑心，感到不信任，有時反應實在太大，顯得不必要也不合理。我彷彿能聽見埃文對他妻子說的謊言，聽見母親輕聲地說計畫有變，聽見他們為了在一起而自圓其說的故事。我擁有我母親感性的一面，我也希望得到她所擁有的那種愛情。但是，我卻擔心自己最終落得成為埃文的妻子那個地步。」

「你如何看埃文這人？」我問她。

「我去了他的葬禮，足足有五百人參加。大家都讚美他是個如何關懷家庭的人，我感到實在難以接受。最難受的一刻，是有個人站了起來分享他的回憶，他說埃文經常指著他妻子說，『你們看她是不是很漂亮？是不是很動人？』他也常常對我母親說這同樣的話。她為他付出了三十年的愛情，付出了極大的代價。可是他無須付出任何代價，除了給她的錢之外。我想把她的故事說出來，這是她應得的。」

走出暗影

貝絲的母親並未親身說出她的故事，但有許多其他女性都把自己的經歷說出來。當有風聲傳出，我正在撰寫一本有關外遇的書籍時，我開始收到許多信件，大都如此起頭，「我是個已婚男子的情人……」「我是個大家常說的第二個女人……」「我是三角戀情中的第三者……」他們寫出他們的故事、希望、恐懼及愧疚之痛。他們向我傾訴他們的困境。

「我該等待多久？」

「我應該逼他做出選擇嗎？」

「我該如何處理心中的妒忌？恐懼？不滿？」

「他的婚姻是否將一直支配我們的愛情？」

「我是否有機會為他生個孩子？」

「我在想，如果他要的只是性愛，他最終是否真的會選擇我？」

「我覺得自己破壞了女人間的情誼。我背叛了另一個女人。」

「他對她說謊，我又怎能知道他沒對我說謊？」

「我是個好人，有道德，有原則，但這些個人的道德原則我都違反了。你能幫我嗎？」

「我怎能在家人面前一直假裝我還是單身？」

「我如何維繫自己的尊嚴？」

「我如何才能結束這段關係？如何才能不結束？」

所有這些問題，都包含著一個要求，就是：請把我的故事寫進去。這些人給我傳來一封又一封的訊息，強調他們與這個課題息息相關——說到底，如果少了他們，這個課題也不復存在。

多數臨床文獻所描述的婚外情都只涉及兩方的人，儘管婚外情事實上必然是三角戀情。「情人」的這個角色很少被提及，而在治療過程中，總是被忽視或者被貶低。多數治療師都只想盡快在兩人的基礎上完成個案，情婦往往比較不被當成一個人，而是被當成某種病原體。第三者的感受，似乎對婚姻關係的療癒並無關係。由於婚姻治療師很少能跟出軌者單獨面談，因此也沒機會討論某些跟第三者有關的問題，比如若要結束婚外情，應如何顧及各方感受？出軌者有多掛念情人？有多傷感？大家的口頭禪不外是，「跟她斷絕關係」，「切斷所有聯絡，不可遲疑」。

至於普羅大眾，則通常都是以比對待出軌丈夫更為苛刻的態度，來批評「第二個女人」。當歌手碧昂絲（Beyonce）發表以外遇為主題的專輯《檸檬水》時，網上一片譁然，大家議論紛紛，都想知道她所指那位神祕的「擁有一頭秀髮的貝琪」究竟是誰，並且極盡羞辱此人，這位女子受關注的程度遠超過那位出軌丈夫傑茲（Jay Z）。

我在這裡用「她」作為代名詞，因為身處此境而寫信給我的人幾乎都是女性。這些都不是一時的放縱、一夜情、或即興的友誼賽。這些都是長期情人，她們付出多年時間，甚至長達數十年，一直保持單身，與已婚男子相戀。一說到情人，你或許馬上就聯想到某個頗有姿色的小美女，年紀可能只比出軌男人的女兒大沒幾歲。為了免於你有如此刻板的想法，讓我告訴你，現在已出現一種「新第三者」——她們通常已經離婚或守寡，年紀可能是五十、六十、甚至七十餘歲，她們多數聰明、事業有成、冷靜現實。她們絕不是天真、孤獨、絕望的女子，願意擁抱任何形式的愛情。事實上，她們以務實態度看待自己的行為，她們不但選擇保守祕密，更是讓自己成為人所不知的祕密。不過就此看來，身為第三者似乎是專屬女性的痛苦遭遇，無怪乎她們的稱號並無男性的意涵。我們從未聽過「搶走女人的男人」或「第三個男人」。更況且，女性過去一向以來，都未曾擁有足夠的金錢來同時支付外頭的愛巢和自己住家的租金！

我見過許多男性是與已婚女性發生婚外情（有時是已婚男性）。然而，我至今還未曾見過任何一個男人會一直保持單身，等待另一個男人的妻子三十年，冀望她最終會離開丈夫，與他共組家庭。如果有單身男子會介入婚姻的三角關係中，比較可能的原因是他不想涉及太多的承諾。這令我想起了格雷（Greg），他與一位已婚情人愉快地交往了兩年，大家每週見面一次。有一天這位情人提著一個行李箱出現在他家門前，卻讓他驚恐不已。「我從來沒希望她離婚。沒錯，我們是這麼提及過，但我以為那只是一些枕邊絮語。」兼職的男女戀情，對他最適合不過。

這種漫長的情人關係令我深感好奇——她為何會做出如此決定，她從中獲得了什麼，她付出了什麼代價，她如何讓自身的處境合理化。無論我們對這些女性的行為有何道德上的批判，可是她們畢竟在這場婚外情中也扮演著主要角色，她們也需要我們施以同情之心。

婚外情的敘事方式很值得我們關注，因為我們未必能清楚看出，這兩項關係中，何者會有美好的未來（若非皆以失敗告終的話）。這個婚外情是不是就純粹只是婚外情？或者這是一個等待曙光的愛情故事？其中的阻礙有哪些？有涉及子女嗎？雙方可曾做出什麼承諾、付出多少時間、延後多少次希望？有些問題可以當著兩夫妻面前提問，比如「你如何稱呼他／她？是稱呼名字，還是用個代替詞？或者只是稱呼對方為『那個女人』或『那個男人』？」另外還有一些問題則只能留到與出軌者單獨面談時才加以討論。

人們常問我，「你會跟第三者面談嗎？」如果夫妻之間打算和解，我就絕對不會與第三者見面。但是有許多第三者是獨自前來見我，來訴說他們內心的痛苦。有些人其實是被耍弄，誤信了對方的虛假承諾，並以為對方的婚姻已不再有性愛，也不再有感情，只是在等待著離婚。也有些是在不知情下成為第三者，因為對方聲稱並未結婚。還有一些甚至發現，她並非對方唯一的情人。也有這種情況，婚外情雙方都已婚，他們一同來見我，問我這些問題，「如果我們確實是真心相愛，希望終身相守呢？如果我們各自的婚姻都是錯誤呢？現在我們找到人生中的真愛，難道應該放棄機會嗎？如果我們選擇結合，但這將傷害許多人，我們真的能夠心安嗎？」我無法為這些問題提供簡單的答案。我能做到的是，全心全意理解他們的痛苦困境，並表明他們之間的感情也和各自的婚姻同樣值得同情。

情人的疑問：「我們的感情應當妥協嗎？」

「我從未如此深愛一個人，如此付出感情，無論在情感或性愛關係上都如此坦誠，也從未有人如此關愛我。」

說這話的是安德莉雅（Andrea），來自溫哥華的五十九歲的離婚建築師，她如此形容與房地產開發商麥克（Michael）之間的七年戀情。她補充說，麥克結婚已經三十年。她寫道，「我需要一些指引，但是那些文章都是老生常談，過於簡單化，都說我是被利用了，男人皆不可信，我應該離開他。我有些朋友也這麼說，似乎我是個天真女人，不懂得為自己著想。這未免太瞧不起我的智慧與自我意識。」

我們於是展開了一場十分有趣的電郵對話。安德莉雅主要是透過網路與麥克培養情感。她告訴我，他們兩人一個晚上可以互通超過五十次訊息。她喜歡以書寫方式自省。

安德莉雅對她情人的婚姻抱著務實的態度，這也許是因為她自己過去那段長達二十五年的婚姻也並不幸福，她的丈夫無論在性慾上或情感上都對她很冷淡。「我是否希望他還未結婚？當然希望。他也這樣希望。但他愛妻子，也尊重她。即使他們之間情感已經很平淡，但是他還是不希望為她帶來痛苦。三十年很漫長，即使是了無生氣的婚姻也會帶著一種家的氣息。這點我能夠體會。就像舊鞋子一樣穿起來很舒適，害怕作出人生中的重大改變。我也有過同樣想法。」

「要你承受這一切肯定是痛苦的。」我回應道，「你有何感受？」

安德莉雅知道自己缺乏安全感。她覺得自己的身分是屈居於麥克的妻子之下，彷彿自己並不重要。她必須忍受他人對她的評斷，必須忍受保守祕密的孤獨感。可是她表示，由於她能告訴麥克這一切感受，又能聽到麥克每天對她表達愛意，這都讓她感到舒坦。「我怎麼能夠為了他依然尊重和愛著他孩子們的母親，就忘了這些美好的愛呢？」

許多類似處境中的女性，即使稍微對她們提起對方的婚姻，就無異於巨大壓力，足以影響這三角關係中的微妙平衡。她們往往會來到一個關鍵時刻，感到已經厭倦於這種偷偷摸摸的行為，終於發出了最後通牒、期限、威脅。「如果你再不做決定，就由我幫你做決定。」

安德莉雅了解，無論提出威逼、控制對方或大發怒氣，對她都不會有什麼好處。「其實，如果他是出於責任感或壓力而這麼做，我就不想要他了。除非是他自己選擇，我才會想要他。因此我沒叫他離開妻子，我假設他不會這麼做，因為他一開始就向我表明。我也不問他是否還和妻子上床，我假設他還有，至少是偶爾會做。我可以選擇繼續下去或離開，但我必須接受目前的情況。作出選擇需要力量，需要睜大眼睛想清楚。」她只要這麼想，就比較不會感到無助。

我不知道她是否經常都能如此自省。在她的內心深處，她會不會想，如果他是真心愛她，他就應該克服萬難與她在一起？一小時之後，她又傳來一封電郵。

「當然，我會幻想他結束婚姻，和我一起。」她寫道，「我常尋思，我是否太過於不重視自己的需要？我覺得『的確如此』。幾乎每天，我都在問自己，『我得到的是什麼？我得不到的是什麼？』」她的答案時有變化，得看她是否缺乏自信而定。不過她最後的結論是，這是值得的。

她也問自己，她是不是真的想要完全跟他一起生活？她覺得並沒有結婚的必要。此外，她也坦白承認，「我未必能讓他一直喜歡我，我也可能對他厭倦，或者他會出軌也說不定。我想，我們都擔心最終會走上許多婚姻所面對的悲傷命運。從這個角度看，我畢竟並未過於忽視自己的需要。」

我問她，有什麼方法讓自己好過一些。她的做法是盡量投入工作，讓自己忙碌，也多和朋友來往。她特別喜歡與男性朋友共度時光，尤其是曾對她表達過愛意的朋友。麥克也把一些他的老友介紹給她認識，這讓她覺得更窩心。

三角戀情有好幾種，安德莉雅的是其中之一：她是個單身女人，她的情人則是已婚。如果雙方都各自擁有「正式」的關係，那又是另一種情況。我問她，是否想過另外再找個男人交往。她承認說，她常認為如果自己也已婚或有個男友，事態會比較簡單——「這樣大家就算是扯平了。我應付目前處境，加強自己自尊心的方法之一，就是對其他機會也保持開放態度。我在網路上也掛有一個約會簡歷。」但歸根結柢，她還是心屬麥克。「如果只是為了保持權力平衡，就削弱我們之間的美好情感，怎麼說都不太值得。」

我的下一個問題是，「如果他公開承認你是她的情婦，而不是視為祕密，你們的關係會有什麼不同嗎？」她回答道，她沒想過這個問題，她認為這種情況不太可能。「在我們開始交往初期，向對方示愛之後，他說過在考慮告訴妻子，我說，『別這麼做！她一定會要你作出選擇。』我知道，他對她抱有強烈的忠誠感，即使他有某些重要的需要並未得到滿足。他也很肯定，妻子絕對不會願意與他人共享丈夫。我的決定是，只要我自信能獨自擁有他的愛情和情慾感，我願意和他妻子分享他的時間和關注，儘管我會因此難過。」

每位處於這種景況的女性，最終都不免會在自己腦海中盤算資源如何分配的問題——究竟他妻子和家人得到了什麼，她自己又得到了什麼。有些情人會使出更絕的招數，就是要求已婚的男方只能和她做愛。「他跟她一同生活，一同吃早餐，共用一個銀行帳戶，跟她一同逛公共場所。既然性愛是他唯一跟我做的主要活動，至少這項活動應該是完全屬於我們的才對。」還有一些情人會認定某些地點或時間是只屬於他們兩人。「每個夏天，她會到加拿大一個月，去看她家人。這是完全屬於我們的時光。」

安德莉雅的資產負債表大致上是如此：「她得到他的忠誠、家庭、經濟能力、日常陪伴、假日、共同的朋友。我得到的是我本身婚姻中所缺少的一切，包括深刻的情感、性愛、知識上的連結、浪漫情懷、互相尊重、信任及歡樂。我珍惜這些事物，更甚於他給予他妻子的那部分，所以我覺得我得到的是他最好的部分。」當然，麥克的妻子並沒有機會進行這些經濟學的盤算。「可是這些資源應當如何分配，也是在我控制範圍之外的。」安德莉雅很快反駁道。

每個情人都會把這些理由算個一清二楚：他們的婚姻並不美滿，他們已經不做愛，反正他們就快離婚了，他們只是要等多一年，等孩子長大離家獨立生活。

當然，妻子也有自己的故事要說，也有自己的帳目要算，只不過她的帳目中少了情婦這一項。也許她就是由於丈夫感情冷淡，所以也就提不起性慾，但是她願意忍受這種親密感的欠缺，以換取他的忠誠。如果她知道他的忠誠其實也分了一半給別人，她必然會大發脾氣。知道丈夫在外頭擁有另一個情人已經夠痛苦了，更何況這段婚外情如果為時已久，丈夫與情人之間也有承諾、儀式、例常活動，這種痛苦更是無以復加。

安德莉雅偶爾會想到麥克的妻子。「我從未對她有過敵意，我也同情她的處境。我有一次差點就在雜貨店碰到她，當時我面對良心的譴責。不過一般時候我並不覺得愧疚。」我們難免要問這個問題：她到底知道了嗎？「她從未對他說起什麼，但是經過這麼長時間，她怎麼可能完全沒感覺到呢？所以我相信她只是假裝視若無睹。如果我知道她已知道我們的事，而且承受著痛苦，我會覺得很難過，可能會因此結束這段戀情。」安德莉雅剛提出的，正是一種最常見，也最便利的合理化藉口。

她將自己和朋友們做個比較後，覺得自己景況還算是滿不錯。她有不少朋友都是生活在「美滿婚姻的面具」之下——外表看來很滿足，在家裡其實是已經分床而睡。「我覺得她們也沒怎麼比我好。」她說。「我們都只是在跌跌撞撞地到處尋找幸福。我們作出了某些妥協，而且我們都在某些程度上依靠一些合理化的藉口，以求繼續維持情感關係。」

神祕女人的代價

很顯然，安德莉雅寧願自己是個被愛的「第二個女人」，而不想成為不被愛的妻子。沒錯，這是個代價，但也有其獲益之處。在這方面，她令我想起另一位案主蘿絲（Rose），她母親因無性婚姻而受苦，因此她發誓絕對不嫁給對她缺乏性渴望的男人。她有個已婚情人，這是完美的安排——蘿絲和泰德（Tad）每週見面兩次，這個關係已經維持三年，泰德對她的渴望並無退減。當個情婦對蘿絲來說很合適，就如小說家蘇珊·齊弗（Susan Cheever）所言，「我擁有自由，而且有人對我夢寐以求。」[91]

蘿絲有好幾次要離開泰德，但他都把她追回去。她要我幫她擺脫這段關係，但是她首先必須先了解她從這項安排中得到什麼。她為了避免成為被拒絕的妻子，因此轉而成為被追求的情婦。在她的認知中，這段關係雖然缺乏安全感和公開承諾，但她認為是值得付出的代價，直到最近她才改變想法。我告訴她，「要擺脫你母親的沮喪命運，其實有更好的方法。」

儘管這類情感亦有其益處，但是我卻一而再地見到這些祕密情人在此隱密關係中受到重大創傷。的確，身為情人可享有性愛的歡愉，又無須洗衣煮飯，看來比較划算，但是她們卻欠缺合法性，這種欠缺足以侵蝕其自尊與自信。她覺得自己很特出，是因為對方想盡方法跟她見面，但是她不能對別人公開這個身分卻降低她自身的價值感。她時而感到被愛，時而感到被忽視，心情在這兩者之間擺盪。諸如自我價值、兒童期遺棄感和焦慮依附等心理問題，往往導致她更為糾結。她一方面覺得自己「有所不足」，另一方面願意接受這些碎片情感，認為這已經超出自己所需，這兩者是息息相關的。

我在瑞典遇見了英格麗（Ingrid），她是這種二分法的完美代表。多年以來，她都極力想要結束一段斷斷續續而為時漫長的關係。去年，她以為自己已經完全放下，但他又讓她重投懷抱。過去六個月裡，他每天上班前和下班後都跟她見面。她形容他們之間的愛情是「幾近宗教性的心靈交融」，但另一方面她也嚮往著為他切菜做飯的平凡生活。最近，他跟她卿卿我我之際，提起了結婚和共同生活的想法，這增加了她的希望，也增加了她的焦慮。「如果我們很清楚只是情人關係，我就能自己擁有個人的生活，無須抱著虛假的希望，也可以自由與其他人約會。但是現在，我卻感染了他的夢想，連自己也希望這個夢想成真。」

英格麗生氣自己會捲入這感情中，也感到羞愧，但又怕自己一旦斬斷情絲，也許就永遠再也體驗不到如何深刻的愛和情慾。「我就是不明白，為什麼他不離開她妻子！」她斷然地說，並且列出許多她情人對其婚姻的不滿之處。「我們這個國家的人最擅長『友善的離婚』，而且金錢和撫養權對他並不是問題。可是他為什麼一定要跟她在一起？他就是選擇這麼做。我敢肯定，他到了七十五歲時，還是會跟她一起，還是會說他不愛她，他愛的是我。」

我問她，「那你需要的是什麼？」

「我希望報點什麼仇，為了我所受的痛苦，也為了我的痛苦導致其他依賴我的人所受的痛苦。」她誠實回答，「我不理智時，會希望告訴全世界，他背叛家庭已經十年。但是，對於我人生中許多曾質疑他對我的愛、他的意圖、他的誠意的人，我也希望重新建立我在大家眼中的尊嚴。我渴望他會選擇我，並且讓全世界知道。」

這段缺乏合法性的關係，讓英格麗難以承受。「我想像著自己參加他的喪禮，卻沒有權利哀悼他，他人也不會對我的失喪給予安慰。萬一他去世了，但沒人知道我們有過如此深刻的愛情呢？從他去世那一刻開始，我們的故事將消失在虛無之中，我將變為孑然一身。」

這個想像既酸楚，又準確。我想起貝絲，悄悄地參加了她母親的三十年祕密情人的喪禮。我想起安德莉雅，她慶幸麥克只有幾個朋友知道她的名字。我想起羅珊娜（Roxana），她的情人心臟病發作，而她必須假扮成護士，才能到急症部門探望他。我也想起凱蒂（Kathy），她寫信告訴我，她是在讀當地報紙時，才知道自己那位已婚的長期男友已經去世。所有這些女性，都由於被剝奪了權利而深受其痛。無論我們如何評斷她們的行為，我們也都應當能體會到她們的痛苦。

至於英格麗，我希望能幫她擺脫這個糾纏。我感覺到，她這段不當的情感與她小時候得不到重視有著密切關係。她告訴我，她還是個小女孩時，父親和她很親密，但隨著她逐漸長大，父親無論是肢體上或情感上都逐漸跟她保持距離，這讓她感到羞愧。「我長大成人之後，只擁抱過他一次，就是他已經昏迷的臨終時刻。」她說，「我渴望聽到他表達對我的愛，但是他唯一有興趣的只是金錢。」從此以後，英格麗不再相信自己值得被他人所愛。

我問她，「你與父親的關係後來有改變嗎？」

「我父親去世前剛好寫完自傳，他在自傳中清楚說出，我對他是無比重要。」英格麗說到這裡就停了下來，眼眶中充滿淚水。她也見到了兩段情感之間的關聯了：她現在也希望她情人能做同樣的事——公開說出他愛她，不過千萬別到了快死時才說就是。

「我的情人在許多方面都療癒了我過去的創傷，並給予我所渴望的愛。」她反省道，「但他也讓我的需要再次得到認可。我想，這段感情是一種修復，也是一種重複。」英格麗心情煩亂，但也心存感恩。也許她現在已經有力量解決這段糾纏不已的情感。

愛情的盡頭

英格麗思想成熟，有能力割捨這段有所不足的感情，但另外卻有許多人被困在這種藕斷絲連的關係中可能長達數十年，眼睜睜看著她們的希望（及生育能力）逐漸消散。特里・雷爾（Terry Real）有個詞語十分適合這種婚外情，就是「穩定的曖昧」。這類關係處於不明狀態中，但是卻有固定規則，這些規則難以擺脫，但也難以依賴。當事人留在這種模糊狀態中不願離開，藉此同時逃避孤獨與承諾。這種混合了令人心安的穩定性與不明朗性的奇特狀態，在這個透過Tinder約會網站約會的時代裡正日益普遍，然而這種特性並無新奇之處，它其實長久以來都是婚外戀情的特徵。

麗亞（Lia）有兩個年幼孩子，她兩度離婚，最近從田納西州搬遷至紐約，並與一位年輕的已婚男子發生戀情，他是她小兒子的職能治療師。她對這段戀情並未猶疑太久，「我感到孤單，沒有朋友，而他關心我，所以我就被他打動了。」但是她無法結束這段戀情，因此對此感到愧疚。多年以來，她都被困在一個循環中，「他對我很體貼，孩子們也喜歡他。我怕失去他之後我會孤獨。但是我理應擁有更好的婚姻，完整的關係，而不是這種片段的戀情。然而，我又怎麼知道以後還會不會遇見更好的男人？也許我再也沒有其他緣分，也許他就是將伴我一生的人。可是，我又不能只是坐著空等，希望他有一天會離開他妻子。」她一面漫不經心地閱讀Match.com

婚戀網站上的個人簡歷，這個想法一面在她腦海中反覆縈繞。

麗亞的問題錯綜複雜，難以輕易解決。儘管她當前的處境充滿不確定性，令人堪憂，但有件事是十分確定的，就是她的情人絕對不會滿足她的期待。如果她和情人分手，她將陷入全然的不確定性之中，但也將促使她面對抉擇，尋求新的可能性。她需要擺脫這種無助感，重新讓自己發揮力量和作用。這個過程難免會有痛苦，但也會讓她重獲尊嚴，甚至獲得更美好的未來。

有時候，我是在輔導婚外情中的已婚者，但腦海中總是惦記另外那位身陷困境的女子，總是希望透過他，那位女子能夠得到解放。吉姆（Jim）五十三歲，已婚，有三名子女。他和二十八歲的勞倫（Lauren）約會已將近七年。他們發生婚外情時，她還在念大學，是他公司裡的實習生，現在她已成為一位年輕藝術家，正在努力建立自己的聲譽。她心裡渴望，未來能跟吉姆共同建立家庭。然而，與吉姆見面時，我覺得吉姆很顯然沒有作出重大人生改變的打算，這對他並無好處。他擁有所要的一切：美滿的家庭，舒適的生活，在家庭之外還擁有一個情人和熱烈的性生活。更重要的是，他已經當上父親，並不希望重新再來一次。他擁有自己所希望的穩定狀態，並且知道如何讓這種狀態保持不變。

每當她表達自己的不滿時，他就會用更多浪漫手法讓她重投自己懷抱。時間不斷流逝，她開始覺得自己其實是被利用，因此對他施加壓力，要他與妻子離婚。這時他會許下承諾，平息她的怒氣，但她知道這些都是空洞的誓言，於是抽身而退，開始與其他男子約會。他擔心就此失去她，於是又施展出渾身解數，讓她再次上鉤。他十分清楚如何把她拉回來，比如為她租個新套房，為她負擔下一次展覽的費用。他是自私地想再拖延一些時間，但是她也將在這段時間中逐漸喪失自己的生育能力。

「你必須讓她自由。」我告訴他，但他堅持認為他並未阻止她離開，他也未曾承諾要離開他的家人。我相信，就技術上而言，他並沒胡說——他是有說過不會離開他家人，但是他是不是也有說過他愛她？

他說，「我當然愛她呀！」我相信他的話，但正因如此，他必須結束這段感情。他們在顛鸞倒鳳時他對她說的那些甜言蜜語，都讓她腦海中充滿了希望。情人的美夢是不會在真空中生存的——其生存的土壤，就是彼此愛的宣言加上對婚姻生活的抱怨。她能否抽離這段感情，關鍵在於吉姆願不願意解開這個三角關係。我願意協助他小心處理，減輕她失去愛情的哀傷。我們可以很輕易唾棄吉姆這樣的男人，認為他自私，腳踏兩隻船。但問題是，他們往往也深陷愛情的漩渦中，也需要他人理解他的哀傷。

結束感情的方式，無論是要親口告訴對方或以書信傳達，都必須展現出負責、成熟、關懷、清晰的態度。我花了許多氣力幫助吉姆，擬定他該說的話，列出好幾個不同的表達方式。他必須承認雙方在感情上的互動，表示感謝與她共同分享的深刻情感，對過去曾經提出的虛假承諾作出道歉，清楚列出未來的界線，並表示要結束這段感情。這些都是情人分手的重要元素。這並非表示他不再愛她，而是正因為他愛她，所以他不得不離開她。一旦提出分手之後，就必須堅持實行。他不能再讓她抱有任何一線希望。分手難免是痛苦的，但如果勞倫知道傷心的不只是她一人，那分手的意義就截然不同。

這種分手的方式，不同於其他許多治療師的方式，他們大多認為應當果斷地結束。最典型的是，他們會要求案主完全停止與對方通訊，刪除她的聯絡資料，解除臉書上的朋友關係，而且不再提及她的名字。但是我見過這種做法的後果並不盡如人意，因此才會尋求更具有人性的介入方式。我極力安慰過許多女性，她們一直受往事的陰影所籠罩，原因就是她們的情人基於治療師（或妻子）的要求，突然斬斷情絲，結束長期戀情，全然不說一聲再見。

「他什麼都沒說，只是說了他喜歡我，還有我很漂亮，過後突然間就完全失去音訊了。」吉兒（Jill）回想道，「我還上網搜尋，看看會不會他或家人發生了什麼意外之類。如果他直接對我說：我們分手吧，那倒還好。他什麼都不說，對我的傷害更大。」

凱特（Casey）與丹（Dan）的婚外情是以緩慢的方式結束，這種分手的方式稱為「冷卻法」。「他開始感到愧疚，然後開始退避，他傳給我的簡訊減少了，赴約會時開始遲到。他以更帶有愛意的口吻談論他妻子。」最終，凱西聽說他妻子懷孕了，於是提出分手。「我知道他最後還是要消失的。」

凱特（Kat）想，佐爾（Joel）以為自己可以一走了之，回到正常生活，當成什麼事也沒發生。她對此感到非常生氣。「實在是個膽小鬼！難道他連自己來跟我說清楚的禮貌也不懂嗎？」她非常清楚他的日常行蹤，於是特地去這些場所，他與妻子在心愛的餐館一同用餐時，他孩子的棒球賽上，他上班前去的咖啡館裡，凱特就出現在他眼前。「他真的以為我會這樣就罷休了嗎？」她怒氣沖沖地說。

達比（Darby）倒是有收到她那位交往十年的已婚情人的一個簡訊，雖然這簡訊也不怎麼讓人心安。「我需要離開一陣子。」他說，然後就消失了。兩年之後，她心中那團暗影還是非常沉重。「我曾感到憂鬱，甚至想要自殺。」她說，「我的朋友們說，我必須放下，但是他沒親口對我說要分手，我很難放下。我母親對我說，這樣一個對妻子不忠的男人，你能期望他做什麼呢？也許她說得對，但至少他應該把我當成一個人來對待。」

如果婚外之戀在痛苦公開之後，能促使其中得以延續關係的雙方在未來能更坦誠相待，但對於另外那位女子，至少也應該把她當成一個人來對待。她需要對方把話說清楚，讓她感受自己也受到尊重。如果當事人必須結束婚外情，以便自己的婚姻能夠繼續，他應該以關懷和尊重對方的方式加以處理。如果情人本身要求分手，以便重建自己的自尊心和正直感，她需要的是支持，而不是譴責。如果是要結束婚姻，讓祕密的愛情公開，這段戀情轉為合法性的過程也需要協助。要是我們不曾理解第三者的觀點，我們也將永遠無法完全理解，愛情在我們生命的景觀中留下的曲折路徑。

第四部

從今以後

THE **State** OF
Affairs

第十四章

占據婚姻：對單一伴侶制的不滿

「他們會說你混帳
也許會說你瘋了
或至少你
應當默不作聲
你的腦袋一定灌了水
才會那麼當真
以為自己真的能夠
同時愛上不只一個情人。」

——大衛·羅維斯

「外遇事件如此普遍，是否證明單一伴侶制並不符合人類的本性？」

這個問題一再出現。今天，提出這個問題的，是一位來參加工作坊的女士。她站出來對著麥克風這麼問道，「為什麼我們不乾脆廢除單一伴侶制？少了這種不自然的掌控，我們不就能避免各種痛苦、苦難和欺騙嗎？為什麼我們不把婚姻建立在非單一伴侶制的共識上，一勞永逸地解決出軌問題？」我見到在座有好幾人都點頭贊同。

有位四十餘歲男子站起身回應道，「我想，人們要四處跟人上床不是問題，但是我們可不應當視之為婚姻！若要這麼做，幹嘛不保持單身算了？真正的婚姻就必須要有真正的承諾。」

「為什麼只能對一個人作出承諾呢？」另一位男子提出相反意見，「我們能對許多朋友作出承諾，對很多子女作出承諾，為什麼獨獨不能對很多情人作出承諾？」

「這是不同的情況。」那位單一伴侶制的支持者辯解道，「《聖經》認為愛與性都是神聖的。你不能到處留情。」

「但現在每個人都在這麼做呀！」這場爭論開始熱烈起來，那位引發辯論的女士大聲地說，「他們只是說謊而已。大家的差別只是在於，我們有些人能夠接受單一伴侶制違反我們天性這個觀點，我們只是誠實對待自己和伴侶而已。」

我了解她論點中的邏輯，她是說「如果單一伴侶制並非人類的天性，那麼將這種制度強加在人們身上，只會導致他們別無選擇地發生外遇行為。如果你不想他們說謊，就讓他們自由地出軌，這樣就不會有人受到傷害了。」

對於有關先天內在或後天習得的爭論，我贊成學術社會運動人士麥格．約翰．巴克（Meg-John Barker）的觀點，他強調重點「並非在於是先天抑或是後天，是生理本能抑或是社會建構。實際上我們在建立關係時，是受到一組錯綜複雜的生理、心理和社會因素共同影響，這些因素互相糾纏，難以分解。」[92]無論是天生與否，我們現在最為關心的是，眾多男性與女性顯然認為單一伴侶制意味著性愛必須合法而情感上必須排除他人，這樣的制度實在難以維持。因此現在或許正是時候，我們該換個新角度來審視這個課題。

然而，我們必須謹慎，不能將單一伴侶制的討論與外遇行為的討論互相混淆。這是兩個截然不同的課題，我們不妨列舉一下兩者的差異之處。外遇行為只是非單一伴侶制的其中一種，而且是缺少共識的一種。非單一伴侶制還有其他許多形式是建立在雙方具有共識的基礎上，這種共識是指雙方明確地商討兩人關係中的性愛與情感界線。但是，具有共識的非單一伴侶制並不意味著就能免於發生背叛、妒忌或心碎的行為。你也許以為，開放式婚姻就能避免婚外情，事實並非如此。

只要有規則，就有人違規

就和任何違法貿易一樣，如果外遇行為被合法化，黑市交易不免要大受打擊。但我總是好奇地發現，即使我們能夠隨時都自由地尋找其他性伴侶，我們依然會受到犯禁的力量所誘惑。單一伴侶制也許未必是人類的天性，但我敢肯定犯禁行為一定是。

在任何婚姻關係中，無論是最嚴厲的或是最寬鬆的，都一定設有其界線，而一旦有界線，就會有人想跨越。違反規定的行為，讓人覺得既刺激又性感，無論這些規定是「一生只為一個人」、或「可以做愛但不能談戀愛」、或「一定要用安全套」、或「不能讓他插入」、或「你可以跟其他人上床但一定要讓我看」。所以，即使是開放的關係，還是會發生各種外遇行為，還是有人會妒忌，還是有人要心碎。如果犯禁的慾望是主要的驅動力，那麼即使大開方便之門，也無法阻止冒險者翻越籬笆。

「我們一向規定，准許對方在外頭也放縱一下。」蘇菲（Sophie）說道，「但我告訴他，絕對不能跟我的學生或朋友上床。你知道他幹了什麼嗎？他不只是跟我的女學生上床，還跟她愛得暈頭轉向。」

「我們說好，愛情的性愛和娛樂的性愛必須劃分清楚。」多米尼克（Dominic）告訴我，「尼克（Nick）有找別人上床的自由，我也不把這回事當成是『出軌』，直到我發現，他竟然和另一位來自紐西蘭的男子發生感情，這種感情應該是只限於我們兩人之間。」

在多數人眼中，具有道德約束的非單一伴侶制，必須是建立在信任與透明的原則上。但是，愛胡鬧的人類總是會想出對策。就比如四十一歲的運動教練馬塞爾（Marcel），妻子葛蕾絲（Grace）是與他任職於同一間中學的科學老師。他們結婚這十年裡，妻子曾多次向他建議不如採取較為靈活的男女交往方式，他總是堅決反對。可是終於在某次攀岩活動中，他被一位女性深深吸引，妻子原本令他厭惡的建議變成具有吸引力，因此他告訴葛蕾絲能否准許他與那位女子來往，葛蕾絲也答應了。他說，「我太感謝她了，也覺得很虧欠她。我終於明白這些年來她想告訴我的是什麼。」

從那天起，馬塞爾和葛蕾絲兩人同意雙方採取開放式婚姻關係，但基礎是必須誠實及保持溝通。當葛蕾絲對他說想跟另一個男子上床，要他同意時，他覺得非常困難，但終究還是准許她這麼做。他看著妻子打扮赴約時，他也感到自己「異常興奮」。他回想道，「對於我們彼此作出的承諾，我覺得很自豪，要做到這點實在不容易。」

然而，馬塞爾的自尊心後來卻大受打擊，因為他有位朋友不小心說出葛蕾絲在他們決定開放婚姻關係之後，卻祕密發展了一段婚外情。他於是質問妻子，赫然發現妻子在與他決定開放婚姻關係之前及之後，都多次與他人祕密約會。「而我卻自以為我們是如此『前衛』，我真是太幼稚了！怎會這樣呢？就在我同意開放婚姻關係後，她卻開始祕密行動起來？」

答案太明顯了。正如凱特琳・法蘭克（Katherine Frank）和約翰・德拉馬特（John DeLamater）所指出，「向對方提出『一定要用保護措施』的告誡，只會加強不用保護措施的刺激感；在婚姻之外不可有性行為的誓言，也會被扔到一旁，助長冒險精神……『負責任的非單一伴侶制』最終可能只是落得成為叛逆和情慾行為的素材。」[93]在情慾世界裡，協商性自由與祕密的歡愉相比，其吸引力實在不大。

要是你心裡在想，「我早就告訴你，開放式婚姻是行不通的。」讓我告訴你，馬塞爾和葛蕾絲至今還是在一起，還是維持著開放式的婚姻。不過他的理想主義已經清醒了，他不再單純以為這種婚姻的靈活性有能力抵抗背叛行為。

只要開放，不要離婚

暫時撇開不忠與欺騙的問題不談，我認為有關「合乎倫理的非單一伴侶制」的對話，可說是一種勇敢的嘗試，它希望克服所有夫妻都會面對的核心存在矛盾：安全與冒險的矛盾、共處與自主的矛盾、穩定生活與新奇體驗的矛盾。有關單一伴侶制的爭論一般似乎都在針對性關係這方面。我則認為，這場爭論涉及一個更基本的問題：一種新形態的承諾，是不是真的能夠解決法國哲學家帕斯卡・布魯克納（Pascal Bruckner）所說的，「歸屬感與獨立性之間可能性極低的結合」[94]？

艾莉絲（Iris）三十餘歲，有過一段打從結婚一開始就慘兮兮的婚姻，她不想再度陷入這樣的婚姻之中。她希望擁有「開放式關係」。「當我們回家時，我希望大家是出於自由意願，而非出於義務。」她認為她和艾拉（Ella）所達成的共識加強了彼此的信任。「我們很投入，但我們並不擁有對方。我們尊重對方的獨立性和個體性。」

巴尼（Barney）現年五十餘歲，結過兩次婚，也離過兩次婚，接受過心理治療的次數連他也不太數得清。「他們說，我在親密感和承諾方面有問題。但我認為沒這回事，我還是個忠誠的人，可是我必須誠實地說：單一伴侶制並不適合我。我不想一直嘗試討所有人歡心，我希望做個真心的人，我希望一開始就建立一個可行而又光明正大的關係。」

「我一直希望能與許多朋友都建立有意義的連結，而我是個雙性戀者。」黛安娜（Diana）是位三十餘歲，充滿活力的律師，她說，「如果只是偶爾在我男友生日時玩個三人遊戲，這對我是不足夠的。我需要的是認真的關係，並包含所有我愛的人。單一伴侶制就如讓某個人擁有我全部的性慾，身為女性主義者，我厭惡這種做法。」

她的主要伴侶是科學家艾德（Ed），他們相愛已經十三年。艾德也是個雙性戀者，他對此也有同感。「我們都覺得，我們的關係並不會由於我們喜歡新奇和多元化而受到損害。我們都很了解，對方是個有性慾的個體，我們都不想澆滅對方的性渴望。」然而，這兩位相愛的伴侶對外的做法並不相同。黛安娜有幾位關係穩定的情人，「他們就像是我們家庭的延伸部分。」至於艾德，則是喜歡認識新伴侶。這種雜交方式難免帶有風險，因此當艾德與其他情人約會時，他們最關注的是健康問題。為了確保艾德所挑選的對象安全，黛安娜曾暗中進行偵察，確保對方為合適人選。這種挑選新伴侶的規則，使這對具有創意的伴侶能繼續維持關係。

這些愛情的改革者認為，傳統方式會導致約束和不誠實行為。他們追求的是真心、選擇與真實性。他們希望與伴侶之間的連結，不會導致他們失去與自我或與其他人的連結。他們希望共同編織人生，但又不願在這過程中失去自我的特質。

今天，那些非單一伴侶制的支持者，已經與六七十年代那些鼓吹自由性愛的先驅者大為不同，至少來到我診室的人讓我有此感覺。他們當中，一部分是父母離婚或者對婚姻感到幻滅。他們並非反對作出承諾，但卻希望能以某種更實際的方式來讓雙方的盟誓能維持久遠，而他們的結論是這種關係必須不排斥其他情人。基於這個觀點而採取的形式多樣化且差異極大，有些夫妻允許對方偶爾「解放」，與其他有雜交行為者上床，或者建立三人或四人性關係，甚至加入多重伴侶網絡，使愛情與家庭生活出現重大改變。

信任、忠誠與依附的心態會以多種形式出現。女性主義理論家沙蘭達．菲利浦斯（Shalanda

Phillips）指出，「這類經驗對單一伴侶制的完整性作為一種穩定建構方式提出了質疑，不是對這個制度全然回拒，而是將這個制度從其內部進行拆解。」[95]這些不願遵循舊規則的人是希望為這個詞語建立更完整、更具延展性的定義，而不是完全以性行為的專屬性作為其定義的根基。因此，諸如心理學家塔美．尼爾森（Tammy Nelson）等觀察家認為，這場運動的本質並不是「非單一伴侶制」，而是一種「新單一伴侶制」，是對「單一伴侶制」的承諾行為重新作出建構和設計。

當然，這並不是人類的婚姻性交規則首次遭受質疑。過去數百年來，都有各個群體嘗試採取新的模式。其中，男同性戀群體對這方面的探索尤其積極。在過去，由於尚未出現獲准許的異性戀規範模式，因此他們自行推陳出新，採取非專屬的性關係，並且取得相當的成果。現在，在平權主義與包容性觀念盛行的時代，要求獲得同樣權利的異性戀者數目也與日俱增。最近在《性與婚姻治療期刊》發表的一項調查顯示，目前的單身人士中，有五分之一曾嘗試採取某種形式的開放式關係[96]。

我見過許多人都曾涉及這項重新訂立愛情邊界的行動，不少夫妻問我，要如何應對這類多重關係的新景觀。目前，相關的社交規則並不多，我們也只能隨機應變。當我在接受治療師培訓時，所謂的「關係」，按定義就是指涉及兩個人的關係。當時我從未聽過有所謂的「三人戀」、

「四人戀」或「多邊戀」這樣的字眼，因為這些另類關係並不具備合法性。然而，所有這些情況現在卻都已經成為我工作中的家常便飯。

有些夫妻打從一開始就採取多重親密伴侶的措施，另一些則是在經過多年排他性的感情生活之後，開始感到好奇，想嘗試能否為雙方的長期婚姻關係劃定新的界線。還有一些人則是在發生婚外情之後，開始思考是否應當開放婚姻關係，也許這才是處理外遇危機的成熟方式，而非數十年如一日過著兩人相守的情感生活。

所有這些人，都是想要探索這些難以預測的問題：愛情能不能不專一？占有性是愛情的本質或者只是父權制的殘留部分？妒忌能否被超越？承諾與自由能否並行存在？

你也許會這麼想，「這是絕對不可能的！婚姻本身已經夠複雜了。開放式婚姻只會毀掉家庭！孩子們也將深受其害！」但是就在八十年代，人們也曾對那些跨越宗教、種族和文化的婚姻或者對因再婚而兩家人同住的情況提出不予好評的預測。在過去半個世紀以來，性愛革命持續發展，每當出現新動向，批評的浪潮都會不絕於耳。也許，我們應該給這些婚姻革新者一些時間去嘗試他們的想法，畢竟舊式的單一伴侶制實際上也並非十分完美！

如果這種獨具創見的婚姻形式讓你覺得太過於混亂，那我不妨告訴你，我在聽了數以千計的外遇故事之後，才真的覺得那些婚外情才是混亂不堪，這些新的婚姻形式反倒顯得較為井然有序。由於外遇而導致的婚姻痛苦與家庭危機具有如此巨大的殺傷力，致使我們有必要去尋找某種更適合這個世界的新策略。我並非提倡人人都應放棄單一伴侶制，但當前的婚姻制度顯然未必適用於每一個人。因此，我會尊重這些單一伴侶制的反對者，也尊重他們為了創造新婚姻形式而作出的貢獻。

重新定義忠貞愛情

若要對單一伴侶制提出更具建設性的批評，我們就不能老是注重一個人應該擁有多少性伴侶這類無意義的問題，而是應該對所謂的忠貞愛情作出更深入的探討。正如性愛專欄作家丹・薩瓦格（Dan Savage）所認為，若將性愛的排他性作為忠貞愛情的不二指標，未免過於草率。他常舉這個例子來說明他的觀點：有位結過五次婚的女性指責他不忠貞，因為他和他那位結婚已二十年的丈夫在性關係上是採取不排他的方式。「到底誰才是真正的不忠貞呢？」

道森（Dawson）和他妻子艾米莉亞（Amelia）剛經歷一場婚外情，他們一同坐在我的診室裡，道森表達了同樣的不滿，「我忠誠對你已經有二十五年，在前二十四年裡，我們生活幸福，心裡沒有其他人。最後一年也很幸福，只是多了另一個女人。即使如此，我對你的忠誠態度從未動搖。你需要我的時候，我總是在你身旁。當你哥哥因酗酒治療期間住在我們家一年，當你患上乳癌時，當你爸爸去世時，我都陪伴在你身邊。這次外遇我感到抱歉，我並非有意傷害你。但是，你在衡量我的忠誠時，卻僅僅根據我的陽具伸往哪裡去，似乎其他所有一切都是微不足道。」

許多人都認為，性愛的排他性與穩定感、安全感、承諾及忠誠度是密不可分的。我們很難想像，在一個更具滲透性的婚姻中，我們是否還能夠保留這些美德。然而，正如精神科醫生史提芬・勒維（Stephen B. Levine）所認為，價值觀改變，是人生經驗中必然存在的一部分。我們的政治與宗教價值觀會改變，我們在專業工作上的價值觀也會改變，那麼，我們的性愛價值觀有什麼理由不會改變呢？他希望我們能認識到，「我們的價值觀會隨著我們思想成熟而改變……我們最初會以黑白分明的絕對主義觀點看待倫理與道德問題，後來會逐漸理解大多數事物都具有模糊的灰色地帶。」[97]

我們是否能夠考慮，將忠貞感視為某種關係的恆久狀態，其內涵包括了尊重、忠誠感與親密感？但是性愛的專屬性則不一定包含在內，這將取決於雙方的協議。當我們思考如何提出重新定義時，不應忘記那些已經在這方面作出努力的人。

今天的愛情多元主義者，已經對忠貞感、性愛、愛情和承諾等許多課題進行了更多深入思考，遠超過實行單一伴侶制的夫妻，其思考結果往往也促進他們與伴侶之間的親密感。令我訝異的是，他們所提出的關係形式，儘管形形色色，但是卻絕不輕浮。他們並非我們刻板印象中那種無聊、不成熟且對承諾心存恐懼的人，只知道過著淫亂胡鬧的生活，他們正好相反，都是些對自己的想法進行認真溝通、深思熟慮的人，並在生活中加以實踐。他們讓我學到的是，只要能夠開放地討論單一伴侶制及忠貞感的內涵等課題，無論最終雙方是否達致開放式婚姻，這類討論都將帶來莫大的好處。

平衡於單一伴侶制的兩端之間

我們的文化高度重視單一伴侶制，並對破壞這一制度者施加了無比可怕的後果，大家或許會覺得，這樣一個重要課題很有必要進行充分討論。現實中卻非如此，即使只是提起這個問題也顯得過於冒險。如果我們覺得有必要討論這個課題，就意味著認同愛情並不足以馴服我們心中騷動的性渴望。「我只是跟這個男子約會幾個月，昨天他卻隨口問我，是否真的嚮往單一伴侶制。他的想法很清楚：他其實對我不太了解。」

此外，如果你覺得外遇行為是個兩極化的課題，單一伴侶制課題就更是如此。這也是一個「要嘛支持，要嘛反對」的典型僵局。人們聽到這個問題，馬上想到是「封閉」或「開放」的觀點，兩者選一，絕無妥協。你要嘛就是只跟配偶上床，要嘛就是跟其他任何人上床。這兩端之間，並無層次的差別——你不能大部分時候屬於單一伴侶制，也不能對伴侶抱有百分之九十五的忠誠度。薩瓦格提出一個新的詞語「隨性式單一伴侶制」，希望能降低這個課題的衝突性。這個詞語的意思是，雙方彼此在情感上抱持忠誠態度，但也允許讓第三者參與的空間，無論是幻想、調情、一時放縱、三人遊戲、性派對或在Grindr約會網站與人相約。我的案主泰隆（Tyrone）喜歡這個詞語，因為「這表達出我們的十五年感情確實包含著基本的忠貞感，但也允許帶入某種輕浮感和靈活感，這滿不錯的。」

單一伴侶制絕對不是只有單純的一種，尤其是在這個數位時代裡。今天，我們對單一伴侶制各有自己的表達方式。我們可以決定能否在與伴侶做愛時腦海中幻想著另外一個人，在婚姻之外也尋找性高潮，回憶自己年少狂野的往日，接觸情色內容，傳送色情簡訊，瀏覽手機程式內容等等。換句話說，單一伴侶制是以一種漸變狀態存在著。當你問他人是否採取單一伴侶制時，我建議你先問問對方他們認為什麼是單一伴侶制。

塔美・尼爾森（Tanmy Nelson）提出一個十分中肯的觀察，就是大多數夫妻的生活中都擁有兩份獨立的單一伴侶制協議。一份是明文協議，也就是他們的正式宣言，比如婚姻誓言，這是兩人伴侶關係的公開守則。另一份則是非明文協議，並且「可能永遠都不會在某種宣誓儀式上公開提及。」這是人的文化、宗教和價值觀的體現。尼爾森明確認為，大家會共同認可某些公眾觀點，但是每位伴侶可能各自對單一伴侶制又抱有差異極大的非明文觀點，「往往在每位伴侶的非明文協議之間突然發生碰撞時，就釀成了一場婚姻危機。」[98]在我們這個領域，這種碰撞通常就被稱為婚外情。正因如此，我們寧願說些社會共同認可及伴侶所想聽的話，而將我們真正的想法暗藏於內心。這並非我們天生就喜歡欺騙，而是因為我們身處其中的文化並未提供空間以容納人的坦蕩言語。

單一伴侶制一直都是被視為婚姻的預設狀態，直到最近才有所改觀。這個制度的前提是，若你是真心愛對方，你就不能再喜歡上別人。這就是我們為何必須等到發生一時縱情或背叛行為時，才敢於開始談論這個課題。這個虛構的說法一旦被破解，你就無須再細心保護，因此你就能提出更真心的說法。然而，如果這種討論不是因婚姻危機所引發，那不是更好嗎？薩瓦格建議，單一伴侶制應該採取「選擇加入」的形式。他指出，如果人們有更多機會加以衡量，或許他們就不會選擇加入這個制度，也就不會因出軌行為而面對麻煩。我們與其懲罰那些在單一伴侶制的標準化測驗中不及格的人，倒不如直接承認這個測驗實在難度過高。薩瓦格是個出色的務實主義者，他提出的方法或許輕率，但卻顯露出他的哲學沉思。他所強調這個問題，既明顯也深刻。愛上他人並產生渴望，是個自然現象，但是我們擁有自主權，可選擇是否要對此採取行動。

加法經濟學

愛與性是否是有限資源，只有這麼多，給完了就沒了？與他人發生性關係是否是高回報的風險投資，能派發出乎意料的情慾股息？以往，人們遵循單一伴侶制有個原因，因為擔心最終可能需要撫養別人的孩子。現在有了避孕措施及親子基因檢測，已經再無這個憂慮。那麼，我們還有什麼好擔心呢？許多人最主要的擔憂其實是，今日的親密承諾是以愛情作為基礎。以往嚴格的責任感已經被波動的情感所取代。如果我們與其他人過於接近，其中一個就有可能愛上別人而離開。我們純粹是擔憂，如果不牢牢抓緊單一伴侶制，即使稍有放鬆，就有情感離散之虞。

前衛人士想告訴我們（可能也告訴他們自己）的是，相反的情況才是事實。他們相信，如果他們必須承受單一伴侶制的限制，他們更有可能逃離。他們的想法是，他們越自由，他們的關係就會越穩定。

這個觀點似乎頗適用於凱爾（Kyle）與露西（Lucy）的情況。他們的故事，開始於頭腦中的冒險。凱爾是個工程師，快五十歲，住在明尼亞波利斯。他經常幻想邀請第三者來跟他們一同做愛，尤其喜歡想像有另一位男子與妻子做愛，而他在一旁觀看。某天，他與妻子做愛時，鼓起勇氣向他妻子耳語他所想像的場景。妻子聽了他說的話之後竟激起了性慾，他彷彿覺得自己「猶如置身於婚姻的邊緣」。他們這種性愛遊戲持續進行了八年。後來，凱爾希望這種感覺不會那麼稍縱即逝。若能真的邀請一位第三者加入，他覺得除了能激起情慾之外，還能防止發生出軌事件。「我知道要一輩子都對一個人保持忠誠和感到興趣，是非常艱難的事。我想找個更好的方法來取代一般的『背叛行為』。」

就在第九年的某天，露西這位活潑的室內設計師兼兩個孩子的母親，在火車上認識一位頗有風度的男子，並開始聊天。他邀請露西去看歌劇，露西於是發簡訊詢問凱爾，「我應該去嗎？」他說，「可以啊，不過請幫我多買一張票。」他回憶起當天晚上的情況，「我就隱密地坐在他們後頭，我很興奮，想看看他究竟會不會觸碰她。」

幾個月後，有個更年輕的男子向露西提議，能否來一場無條件的性愛。「我鼓勵她接受。」凱爾說道，「自此之後，我們原本已經減少的性生活，再次變得激烈起來。」露西需要凱爾保證他真的不介意，因此她每次赴約之前，都會先和凱爾做愛。當她回來之後，凱爾一定要她詳細說整個過程，但是她必須再次做愛，她才能說得出口。上個月，他們採取進一步行動，露西跟他的情人去飯店開房，凱爾則訂了隔壁房間，這樣他就可聽到他們做愛的聲音。「當他退房之後，她就會來找我。」

凱爾和露西享受著犯禁行為的愉悅，但是卻不是背著對方，而是共同參與，這顯然違背了文化的常態。他們在百分之九十的時間裡是專屬於對方，不過偶爾會開放一下。他們以這種方式維持了完美的夫妻關係，也保持忠誠感，儘管這種行為並不太正統。他們採取一種有限度的玩樂方式，既安全，也可避免出軌。與其他人做愛，激發了他們之間的熱情。

在我的性渴望研究中，有個問題是我無論去到世界哪個地方都會提出的，「你在什麼情況下最受到伴侶的吸引？」我最常聽到的答案是，「當他或她被其他人所吸引時。」這種三人關係之間的注視，是極為性感的。因此，這類故事並不如你所想像那般罕見。開放式關係並不一定會損害夫妻之間的親密感，有時反而會有促進的作用。邀請第三者加入的幻想能以多種形式呈現，比如想像、扮演、觀看、加入、在家中等待、在門後偷看、聽取詳細的事後報告。

「單一伴侶制及非單一伴侶制兩者之間有互相促進的作用，無法分開。」治療師迪・麥當娜（Dee McDonald）如此寫道。她所指的是性雜交者，但我認為這個觀察也適用於許多能互相包容的夫妻：與其他人發生性行為，對他們而言並非那麼簡單。「更準確地說，這或許是一種為了挑逗和激起原有伴侶的性慾，而採取的更複雜、甚至更危險的方法……」[99]麥當娜提出了一個相關問題：當夫妻的身體在與其他人互動時，他們心理和情感上卻是在和對方互動，「究竟他們是在和誰做愛呢？」[100]

夫妻利用其他人來促進性慾其實頗為常見，但是卻未必能夠一直持續。澤維爾（Xavier）與菲爾（Phil）結婚十年，以各種娛樂方式進行性愛之後，終於承認一個令人難過的事實，就是他們的整個性生活都以委外方式進行，他們之間所存在的只是一個空洞。

從各方面來看，這兩位年輕人都相當成功。他們得到雙方家庭的認同，得到強大社群的支持，共同建立一個家，也有許多朋友。他們對彼此的事業感興趣——澤維爾是一個典型的大鬍子時髦男子，擁有一家素食巧克力工廠，菲爾則是一家共享工作空間公司的創辦人，專為年輕企業家提供服務。

他們屬於一個關係緊密的年輕男同性戀圈子，因此有很多性生活，做愛時對方往往在場，但是卻很少兩人單獨進行。「即使在我們的週年紀念日，我們也會邀請另一個人來玩三人遊戲，我們很少碰觸對方。」澤維爾說。我於是轉頭問菲爾，「你對此有何感覺？」他說，「我覺得你在設法讓我覺得不被排斥，但是這並不等同於得到接納。」有一段時間，他們共同參與的活動所帶來的性能量，掩蓋了他們之間缺乏性能量的問題，但這個問題最終難以迴避。菲爾表示不同意，認為情況並沒那麼壞——他覺得那只是個週期階段，如潮起潮落一般。「我並非打算找人代替你。」他堅持說。但是澤維爾卻慌張地說，「我們並非一方面共同選擇別人，一方面選擇彼此，而是我們共同選擇別人，而不選擇彼此。」可惜的是，這對情人由於將性愛交給外人，導致他們在家裡卻面對性慾的衰退。

澤維爾與菲爾並不打算停止與他人接觸。但我建議他們減少這類活動的次數一段時間，也許能讓他們恢復彼此的情感。具有共識的非單一伴侶制必須能同時兼備性愛的多元性及親密性，能跨越界線也能維持界線。他們偏好多元性多於兩人的親密感，這種態度傷害了他們的關係。

將性愛的注意力保留給對方，並非加強彼此連結的唯一途徑。然而，一旦我們決定不讓性愛成為我們與他們隔離的界線時，我們就有必要思考，兩人關係的獨特性應該由其他什麼事物來界定。哲學家班澤夫指出這兩種關係模式的不同點：一種的定義在於排他性，另一種的定義在於獨特性。第一種關係注重與其他人之間不能做些什麼，第二種關係注重與愛人之間有何獨特之處。一個強調負面的後果，另一個強調正面的可能性[101]。我請澤維爾與菲爾思考這個問題，「如果性愛是你們能夠與他人分享的事物，那麼有什麼事物是只屬於你們兩人的？」共同探討這個問題，有助他們重新取得共識，而無須放棄他們的自由。

非單一伴侶制的攻略本

兩人之間的承諾若要超越性愛的排他性並獲得新的意義，我們就需要探討界線的問題。非單一伴侶制的支持者並非只是沉迷於濫交行為，他們當中不少人都對其關係擬定明文協議，且如同法律文件一般詳盡。協議中常見的內容包括涉及誠實與透明度的條款；與其他情人來往的地點和方式；這些情人必須符合什麼條件及與他們之間有哪些特定性行為是許可或禁止的；涉及情感的程度；當然還有保護措施是不可缺少的。艾里（Ally）、塔拉（Tara）和里奇（Richie）是個三人組合，他們一同居住，一同睡覺，每個人也可自由與外人上床。艾里解釋說，「我們的規則之一是，與外人上床時，一定要使用安全套。我們三人是屬於流體結合的關係，因此若其中一人冒險不採取安全措施，我們全部都會受波及。」

在這類談論中，「流體」（fluid）是一個重要的詞彙，它其實並不單單是指身體的各種液體。它也指這些肉體接觸不像傳統的單一伴侶制那般硬性限制，而是更具流動性，目的是達到更大的包容性及適應性。學者兼社會運動人士吉米．赫特（Jamie Heckert）對這一特點說得最好，他區分了界線（boundaries）與邊界（borders）的區別：

「邊界是經過建構，其正確性是無可置疑的……界線則是在某個時間、對某些特定人士及某個特定環境才具有正確性……邊界依靠的是無可置疑且硬性規定的法律，界線則具有流動性，對改變持開放態度，就像河流的泥岸，而不是水道的石岸。邊界要求人們尊重，界線則祈求人們尊重。邊界將應當渴望與不應當渴望的事物清楚分開，界限則尊重人們心中渴望的多元性。」[102]

所有關係的界限都有極大不同，甚至伴侶之間的界限也可能有差異。伴侶甲也許同意伴侶乙與他人做愛，但是認為不應接吻，而伴侶乙則無所謂，覺得伴侶甲想做什麼都可以。伴侶丙也許不想知道太多，只要發個簡訊通知他，別讓他蒙在鼓裡就好，而伴侶丁卻想了解所有細節，他抱著她時做了些什麼諸如此類。這些偏好上的差異，也就是當代著名作家崔絲坦．塔爾米諾（Tristan Taormino）所稱的「平等的迷思」，她指的是傳統關係中一般認為所有伴侶都擁有相同需要和渴望的假設。她解釋說，平等這一觀念，被視為對稱的同義詞，導致夫妻不再關注雙方在性愛需求的差異性及情緒的敏感性[103]。在這些新協議中，對稱性是不需要的，需要的是雙方彼此同意。

某些夫妻甚至更進一步，同意只有其中一人享有多位性伴侶的特權，另一人則保持其專屬性。迪（Dee）告訴我，「我知道我有能力把不同情感區隔開來，但我丈夫哲羅姆（Jerome）卻無法如此。我情感上是屬於單一伴侶制，我可以出軌，但這不會影響我們的關係。但他卻是個貨真價實的浪漫情種，他容易深陷於『偉大的愛情』之中。我很清楚他這點，因為我就是他最後一次的婚外情。這是三十年前的事了，但是他並未改變。如果他再次跟另一個女人墜入愛河，他會樂意一切重新來過——結婚、生孩子等等。這實在太危險了。」哲羅姆也頗有自知之明，因此同意兩人之間不對稱的規定。「他最初很難接受。」迪說，「因為他需要我全心全意關注他，可是我想他也很享受我因此讓他體驗到的激情。其中的細節我就不多說了。」

傑斯（Jax）是一位三十四歲的音樂製作人，在將近三十歲時才出櫃。他和第一位認真的男友艾密特（Emmett）同居時，並不打算面對新的限制。「艾密特歲數比我大，享受生活已經多年，所以他有意安定下來。我愛他，但是我現在還不打算安定。此外，我是個臣服者（submissive）的角色，但艾密特不想擔任支配者（dominator）的角色，因此他同意讓我在別處滿足我臣服者的需要。」傑斯和艾密特就如迪和哲羅姆一樣，他們所履行的生活方式，正是心理學家麥克．拉撒拉（Michael LaSala）所稱的「內心的單一伴侶制」。

這種不對等的協議對某些人也許是合適的，但它應該是基於偏好的差異，而不是基於權利的不平衡，才能達到最佳效果。在兩人的關係中，性愛通行證是權力的象徵，就如金錢、年齡、經驗、自信心和社會地位一樣。泰勒（Tyler）是一位成功的籃球員，年紀將近三十歲，他與交往六個月的女友喬安妮（Joanie）一同來見我。她最近放棄了紐約的生活，搬到西岸跟他住在一起。她才二十一歲，畢業於藝術學校，正在思考「自己未來想做些什麼」。兩人之間，掌握控制大權的是泰勒，在這裡，城市是他的，錢是他的，事業也是他的。因此，當喬安妮知道泰勒還在跟某位舊女友有來往時，她實在難以釋懷。

泰勒嘗試對自己的浪蕩行為自圓其說。他說，「我並非覺得她比你好，我是希望我們三人能快快活活地一齊生活。」雖然喬安妮原則上並不反對這種三人關係，但是卻生氣泰勒背著她偷偷這麼做，而且裝作沒什麼大不了。

在我看來，這對戀人之間最特出之處，是存在著多重的權力不平衡，導致泰勒的建議遠不如他所說的那麼平等。由於她太過於弱勢，因此他們之間有關流動性的協商無法展開。非單一伴侶制需要平等的基礎與信任。兩人之間若要實施開放式關係，就必須具有共同的互動作用，雙方必須感受到是在平等的基礎上作出選擇。

成功的非單一伴侶制意味著兩人能夠同時橫跨於承諾與自由之間。至於喬安妮和泰勒的關係，我認為他們很容易就會變得兩極化，她會成為兩人關係的保護者，他則成為自由戰士。他所擔憂的是失去自己，她所擔憂的則是失去他。他們之間的新協議必須足以克服所面對的人性困境，而非加重此困境，否則這項協議無法取得成效。

當我進一步向他探問時，也證實了我的憂慮。他承認由於女友並不太具有參與即興性愛的天賦，所以自己希望能單方面擁有開放式關係。他解釋說，「她非常重感情，因此我想她不會喜歡開放式關係。」我聽過許多男子在我診室裡說這個故事，各種版本都有。他們通常會說，性愛多元化對男子是更為「自然」的，並用這個有待商榷的說法來讓他們的結論顯得合理化。這未免太容易了！當我指出，他們所尋求的這種所謂「進步」思想，其實正是「退步」的，因為這就是一夫多妻的做法，他們往往會大吃一驚。男人想要妻子接受他的情婦，這種思想並無新鮮之處。

我與喬安妮談話時向她強調，除非她獲得更大權力，否則將永遠無法自主地選擇。我們交談時，我見到她逐漸放鬆，並且對自己的本能感到自信。泰勒也能理解我對他提出的質疑，尤其是當我說，如果我們未曾嘗試，我們永遠無法知道女性有些什麼「天賦」。我為他們提供了許多需要思考和討論的面向，包括不平等、性別、權力和穩固的基礎，這些都是他們在採取開放式關係之間必須考慮的問題。

新型態家庭實驗

邁向更具包容性關係的文化轉變運動，並非只限於擴展性愛領土，性愛只是整個巨大社會運動的一部分，運動的意義在於重新探討家庭的內涵。由於人們離婚、再婚、再離婚、同居、領養、捐精和代孕、兩個家庭合成，這些現象導致過去以血緣和親屬關係所定義的家庭觀念不斷朝各個方向擴大。愛麗絲（Alice）結婚時，是在父親與繼父的陪伴下步上紅地毯。英卡（Inga）和珍妮（Jeanine）邀請捐精者擔任她們兒子的叔叔。桑蒂（Sandy）決定讓雙胞胎被人領養，並還繼續保持聯絡，領養人是佐（Jo）和林肯（Lincoln）。馬德琳（Madeleine）多虧有人捐獻卵子，所以能在五十二歲首次生育，這種捐獻行為不久前還只適用於男性。德魯（Drew）有五個兄弟姐妹，他們分別來自四次婚姻、三次婚外情、三個宗教及三個種族背景。這些例子在今天已經不會引起人們驚訝，德魯長大成人之後，如果對舊式的單一伴侶制有所懷疑，又有什麼好震驚的呢？

也許再過不久，我們對妮拉（Nila）的家庭安排也不會再感到訝異，每當她出差時，她的女友漢娜（Hanna）就會來和她丈夫與三個孩子同住，幫助處理家務。還有奧利弗（Oliver），他的男友安德利斯（Andres）會來他家度週末，而他妻子就到客房睡。他們那位上大學的兒子第一個反應是，「喔，老爸原來有個男友？媽，那你要不要也找個女友呀？」還有凱莉（Kelli）和班特利（Bentley），他們和另一對夫妻同住，成為一個四人組，共同撫養兩家人的孩子。在上述這些新型態的婚姻關係中，我們是親眼看著遺傳式社會結構正在逐漸轉變為拼湊式的創新結構。

這些新結構也帶來了新困境。我在倫敦見了一對結婚多年、四十開外的夫妻，黛波拉（Deborah）和布蘭特（Brent），同來的還有他們結識兩年的情人安娜絲（Anais），她將近四十歲，生育年齡即將過去。他們這個非傳統的組合，有個美麗的愛情故事，但是他們現在卻陷入一個僵局之中。安娜絲希望生育一個孩子；已有三個孩子的黛波拉也希望家裡再添一個嬰兒，但是卻不希望布蘭特當嬰兒的親生父親。兩個女人希望這個嬰兒只屬於她們兩人。麻煩的是，布蘭特並不願意讓安娜絲與其他男人上床。她該怎麼辦呢？她已經將自己的卵子進行深凍，並考慮使用精子捐獻，但是她目前卻陷入更深層的存在疑惑之中，她在想，「我究竟是只加入他們的生活中，還是在與他們共同建立生活？我在這個關係之中，究竟處於什麼地位？」安娜絲希望有親密感，但是卻不太知道親密感到底是什麼模樣？

許多人都希望找個安全之所，檢視自己內心妒忌之類的感覺，但不希望聽別人對他說，你有這種感覺就表示你們的組合有問題。也有人希望理解，在婚姻關係中極為重要的嚴謹誠實態度，為何如此錯綜複雜。

我認識一個十分關注這個課題的人，她就是黛安娜・亞當斯（Diana Adams）。她是位三十多歲的律師，熱烈提倡另類關係與家庭。她希望能為這些人提供更大的法律穩定性，協助他們訂立清晰的協議，並消除相關爭議。在她的私人生活中，她與伴侶艾德（本章較早時已經出現過）是開放式婚姻社群中的活躍分子。

開放式關係支持者（英文為Polyamorist，這個詞彙在二〇〇六年加入《牛津詞典》）強調，應當建立具有意義的連結，他們並非追尋即興的性關係或短暫的歡愉。他們想與其他伴侶們分享的並非「只是性愛」，他們也希望分享愛情，分享家庭生活。這類支持者往往認為，他們的生活型態是一種認真的努力，涉及正念、成熟性及大量的對話溝通。這就是為什麼他們的圈子裡流行這麼一個笑話，「性雜交者努力做愛，開放式關係支持者努力對話。」

撇開笑話不談，這場開放式關係運動在美國及全世界正方興未艾。許多選擇這種生活型態的人，都採取某種創業家一般的精神，追求更高的自由選擇權、真實性及靈活性。無怪乎在矽谷這類創業文化盛行的地區，開放式關係的支持者比例特別高。

常常讓我有所啟發的是，開放式關係這種生活型態追求的並非只是性愛和自由，他們是希望打造一種新類型的社群。他們提倡靈活的依附網絡，包括多位父母的概念，正是為了嘗試對抗許多現代夫妻因受困於核心家庭模式中而面對的孤獨感。這些多元化的情人，是希望追尋某種新的集體感、歸屬感及認同感——這些都是他們本來在傳統社會與宗教體制中所應該獲得的生活面向。

個人主義的現代精神，固然具有其吸引力，但是卻讓許多人的人生充滿不確定性。開放式關係的目標是實踐這些價值觀，同時將之融入集體生活的環境之中。

當然，這個理想並不容易實現。正如布魯克納（Bruckner）所述，「自由不會解除我們的責任感，反倒會使之增加。它不會減輕我們的負擔，而是會使之加重。它解決了某些問題，但是它帶來的矛盾更多。這個世界如果有時候顯得殘酷無情，那正是因為人們都『不受約束』，每個人的自主權互相碰撞，並且受到傷害：人類有史以來從未如今天這般需要承擔如此巨大的重壓。」[104] 自主權互相碰撞，對每一個現代愛情故事都造成威脅，而開放式關係更可能成為一場連環車禍。

當規則被打破之後，其後果會擴散至整個關係網絡。如果某個群體中有一人犯禁，是否應當將他逐出群體之外？群體中包含如此眾多的不同關係，我們又如何能一一關注？有個實踐開放式關係的朋友曾提到過一個事件，她很開心地與某位新男友互傳色情簡訊，並且知道他和自己一樣都有與他人約會的自由。可是她後來卻從另一位共同朋友口中知道，那位男子其實有個女友，兩人已經說好是採取單一伴侶制。「我像是被一噸重的磚頭打中一般。他跟我互傳色情簡訊，就是出軌行為。而我卻是在不知情下成為外遇行為的一分子。這讓我非常傷心失望。」

開放式關係支持者重視透明度與個人自由，卻因此招來更沉重的道德負擔——事實上，許多人似乎都認為，與經常欺騙和出軌的單一伴侶制相比，開放式關係應該具有更高的品德。其批評者特別指出，這種生活型態具有一種內在特權，因為他們能享有所有好處[105]。此外，我們也容易低估這種打破界線的創新行為所要求的高度自我意識。自由讓我們感到負擔沉重，因為我們得知道自己需要什麼。儘管如此，在這個追求更多個人自由與自我表達的社會趨勢中，開放式關係試驗是必然會發生的方向之一。

是否會有這麼一天，我們將見到「多人婚姻」這一形式被社會所接受，三人組與四人組共同說「我願意」？這並非不可能。但就目前來說，黛安娜．亞當斯更關注的是，希望另類家庭得到更多的社會保護。她表示，同性婚姻是男同性戀者爭取權益的重大勝利，並且引起有關婚姻與愛情定義的對話，但我們也不應忘記這項運動也是「同性戀者對核心家庭與傳統單一伴侶制性關係的批判」，這同樣也適用於單一伴侶制的反動者。這並非是為了「將婚姻制度強加於人們身上。」她說，「我們最終的目的，是反對政府基於我們跟誰做愛而決定你是否獲得稅務優惠、醫療保險及移民身分。」[106]

她的想法，讓我想起已故心理學家兼男同性戀運動分子麥克·席諾夫（Michael Shernoff），他對「男同性戀者激進地改變美國社會」轉而成為「男同性戀者融入保守的異性戀規範模式」這一現象，作出了批判性思考。他讚美具有共識的非單一伴侶制，認為這是男同性戀社群中「具有活力、規範式及健康的部分」，並對男同性戀婚姻的出現表示關注，認為可能導致這個「多個世代以來的可敬傳統」被歸入出軌的類別之中。他寫道，「成功協商非排他式性愛的伴侶，即使他們未必意識到以下這一點，但是他們確實是以最具建設性的方式表現出真正的顛覆性……因為他們所挑戰的，是認為愛情關係只具有唯一『適當』及『合法』方式（即異性戀規範模式）的家父長制觀點。」[107]

單一伴侶制一度曾是治療師的診室中毋庸討論的話題，可現在我卻必然會問每對夫妻，你們的單一伴侶制協議是如何的？缺少童貞的婚姻過去曾經是不可思議的現象，未結婚而有性愛也是如此。我們現在觸及的則是另一些新現象，即婚外性行為可與婚姻共同存在。我們的社會是否已經能夠接受各種離經叛道的觀念，比如流動界線是否可能加強婚姻關係而非加以摧毀？單一伴侶制是否面臨末日？或者說這只不過是單一伴侶制漫長的演變歷史中再一次進行重新定義的過程？

第十五章

暴風雨之後：婚外情的後續情事

「如果我的內心充滿昨天，我又怎麼能夠重新出發？」

——李歐納・柯恩，《美麗失敗者》

「所有苦難都是為了讓人有所看見。」

——馬丁・布伯

當暴風雨過去，危機消散後，生活又當如何？回顧婚外情時，我們能學到些什麼？我們都知道，違背承諾是夫妻生活史上的一個重大時刻，一般預期的結果只有兩個：一則和好，一則離婚。可是無論他們是合是離，我們都不知道他們未來日子會不會過得好。從這場苦難中所得到的領悟，是否能夠在他們延續下去的婚姻生活中帶領他們閃避命運的箭矢與飛石？他們是否會來一次短暫的二度蜜月，使他們的關係恢復到婚外情發生之前？他還會再犯一次嗎？她真的會停止嗎？他們離開治療師善意的目光之後，是否會去申請離婚？

對後續情事進行長期追蹤，有助我們更全面地了解外遇事件。我們所看的不僅僅是事件本身，我們也要知道雙方如何對自己和對別人敘述這個故事？時間會否改變我們的敘事方式？我們是否容易做出修改？我會在這命中注定的事件發生後一年、三年、五年或十年後，再次向當事人提出這些問題。這一小部分人的回應，不能作為統計證據，但是他們的個人證詞對我的思考及臨床實務具有價值。

我聽到的故事包羅萬有：有些是婚姻破裂，有些是婚外情永難彌補；有些結局是場大災難，有些順利和好讓人感恩；有些婚姻繼續辛苦走下去，時而吵鬧不休，時而冷淡相對；有些婚姻變得更牢固，外遇危機促進了夫妻的親密感、承諾與性關係；有些則是與婚外情對象共結連理。婚外情會帶來各種效應，可能使夫妻關係摧毀，或繼續維持，或迫使改變，或促成新的婚姻。每一段婚外情都會改變夫妻關係，而每一段關係也將決定婚外情如何後續發展。

婚外情多以離婚收場

不少婚外情最終都導致婚姻破裂。無論是純粹由於外遇本身帶來沉重打擊，還是夫妻原已感情生疏，外遇只是順理成章，但無可否認的是，婚外情經常都是在離婚法庭畫上句號。

我記得凱特（Kate）和瑞斯（Rhys）這對夫妻，他們想盡方法重建關係。但即使事隔五年，她的痛苦依然絲毫未減。她對我說，她會離開他，是因為他是個慣犯，「我絕對無法再信任他。」但是，瑞斯的外遇事件卻繼續跟隨著凱特，即使在她未來的關係中，依然像個幽靈般糾纏著她。她無法平息自己的妒忌心，導致好幾位男友都與她分手，最後，她嫁給一位有過同樣經歷的男子，他的前妻為了一位共同朋友而離開他。「我們在SurvivingInfidelity.com婚外情協助網站相識，了解對方的傷痛，也知道如何確保對方有安全感。」她告訴我。

至於賈米（Jaime）和莉莉（Lily）這一對中，破壞承諾的是賈米，但是她對這件事也是氣憤不已。「我想盡辦法，想贏回莉莉的心，讓她知道我愛她。但是她老是拒絕我，她只是想讓我付出代價。她只想處罰我，而不是與我重新和好。最後，我只好放棄了。現在她卻怪我，說我是個膽小鬼，完全沒盡力。她表現得像受了兩次傷，一次是因為我的婚外情，一次是因為我『胡說八道』，可是每次我打算跟她和好，她都拒人於千里之外。我承認，我毀了她對我的信任，但是她卻毀了剩餘的一切。」

我在處理外遇事件時，我的角色並非是婚姻的公共辯護人，也不是離婚的提倡者。但是某些時候，其結果顯然已經是無可避免，倒不如直接進入正題來得乾脆一些。我一直無法忘記首次與盧克（Luke）和安娜絲（Anais）見面的情景，雖然那已經是十年前的事。我們開始交談沒多久，我就徑直對他們說，「你們的婚姻已經完了。」盧克嚇了一跳：他一直想挽回這段婚姻，雖然安娜絲一直都拒絕跟他歡好，後來還發展了一段兩年的婚外情。

我還記得他的表情，他像個手槍已經上膛的殺手。我正是這樣告訴他，並建議在我們面談期間，請他把槍放回抽屜裡。我最近跟他聯絡，因為我想問他對我當時的大膽直言，他現在回想有何感覺。盧克對這事也記得一清二楚。我那麼快就提到離婚，他當時認定我已經放棄協助他們，而且是在袒護他妻子。「我覺得她是騙我來看治療師，而這個治療師不準備設法幫我們保住婚姻。我告訴表妹這件事時，她很驚訝，覺得我應該把你辭掉。當時，我想把咖啡桌砸在你頭上，把安娜絲丟出窗口。但是，你其實馬上就看到我們的結局，而我卻花了好幾個月才理解——我們去見你時，其實早已無藥可救，而且我應當活得更好一些。」

我很高興聽到他說最終明白這個道理，如果我當時真的有偏袒任何人，那我偏袒的其實是他。當時，我曾和安娜絲單獨面談，知道他們之間停滯的性關係恐怕再難有任何轉機。我了解盧克覺得孤獨、屈辱，有時會對她的退縮感到氣憤，但是他卻找不到出口。他童年時也曾因大人的外遇事件而受到傷害，現在他有個小女兒，因此他的首要任務是保持家庭完整。這個男人緊緊抓住三重背叛而不願放手，一是她的拒絕態度，二是她的婚外情，三是她毫無懊悔。有某些地方是他不敢獨自走入的，需要別人為他把門打開。

回想當初，他對我說，「你的話很殘酷，但其實說得沒錯。我想你很清楚我的情況，最好是別拖泥帶水。我一直希望她會表示懊悔，但她卻從未在意，這讓我十分難過。」

在某些情況中，伴侶可能希望對方懺悔，但是卻永遠不會得到。「你告訴我別再拿頭撞牆，這於事無補。」他記得，「這是一句關鍵的話。我因而明白，如果一開始如此盛怒，她無論做出什麼都不可能有助和解。」在這類情況中，當事人必須明白，他能否重新出發，並不是取決於對方是否表現出「適當」的愧疚和悔恨。盧克現在了解了。「經過了這些年，我明白了她當時不可能說出什麼我會覺得對的話，不可能這樣解決，她說什麼都不會『足夠』。」

盧克也記得，我當時還向他保證，他將擁有新的未來。「你說我還是會跟別的女人做愛，我還是會感受到無比激情，因為一定會有人渴望我，就如我渴望她們一樣。你說得沒錯。我甚至覺得自己內心在默默『感謝』安娜絲和她男友。你知道嗎？我過去一直有劇烈背痛，安娜絲搬出去當天，我的背痛就消失了。」

我問盧克，這次經驗是否改變他的世界觀。「我和安娜絲離婚後，人們最初覺得這是場失敗的婚姻。他們錯了。我終於明白，不惜代價維持婚姻才是錯的。最重要的是人要快樂。我們緣分盡了，我的生活也得以重新開始。」

安娜絲也許不適合當盧克的情感伴侶，但是他特別強調，她「是個共同撫育孩子的好伴侶」。他們至今還是朋友。他們一同前往觀賞女兒的足球賽，過後他會請她吃午餐。

「還有信任問題嗎？」我問他。

「我內心還是覺得受傷害。」他說，「但我能繼續生活，也再度戀愛。大家覺得我一定糟透了，從此一蹶不振，不再信任女人。他們說對了一半，不過我對人的信任感已經有所不同。過去的我，太過信任他人，也太過天真。現在我明白，即使最好的人也未必做對所有的事，也有行差踏錯的時候。我們都是人，任何人都可能跟安娜絲一樣出軌，我也不例外。」

「你原諒她了嗎？」我問他。他回答道，「原諒了，雖然當初似乎並不太可能。」他回憶起我曾告訴他，總有一天他會了解原諒對方不表示同意對方的行為。原諒是我們送給自己的禮物。當然，隨著時間過去，他終於明白這點。正如路易斯・史邁德斯（Lewis B. Smedes）所述，「原諒是為了讓囚犯重獲自由，並發現這個囚犯原來就是你自己。」[108]

莊重優雅結束婚姻

盧克說得很清楚，我們的文化將離婚視為失敗行為，如果離婚是外遇所致，則更是如此。婚姻能維持多久，是婚姻是否成功的終極指標，然而，許多「至死不渝」的夫妻其實生活得並不幸福。成功的婚姻，並不一定是以殯儀館為終點，尤其在我們這個平均壽命不斷延長的時代。有時候，有些婚姻就是緣分已盡，我這時都會盡力協助雙方莊重而優雅地結束這段婚姻。我也很想知道成功離婚者的後續故事，我覺得這並無不妥之處，我於是就此事聯繫了克萊夫（Clive）和潔德（Jade）。

我是在二十二年前結識他們，他們正值新婚，參加我為異族通婚者所主持的工作坊。他們當初無憂無慮，人生充滿盼望。後來他們共同生活了二十年，養育了三個孩子，並發生一段婚外情，終於來到了婚姻的終點，他們於是來找我求助。克萊夫最近招認了他與齊拉（Kyra）的祕密戀情，他深感愧疚，但依然決定與新歡共創生活。潔德極為絕望，想盡辦法挽留他。我記得她對克萊夫的每一句話、每一個動作、每一個笑容，都戀戀不捨，但她無法挽回他的心。

我覺得有責任把眼前雙方嘗試傳達的訊息清楚解讀出來，我於是說：「潔德，他不會再回到你身邊。你的痛苦使他感到愧疚，他的愧疚會隨即演變為對你發怒，因為是你讓他難過，而你這麼做是因為他讓你難過。他的人也許還沒離開，但他的心早就不在這裡了。」

我對他說，「你一直在等，希望等到自己的愧疚感消失後才離開，可這是不可能的。你必須讓她自由。」他猶疑不決，想要按兵不動，又想要遠走高飛，擔心自己若不盡快擺脫，就會再度泥足深陷。不過，我認為他們還是需要一些時間來個適當的告別。因此我建議他們另外安排個儀式。

人們結合時會舉辦婚禮表示開始，那麼在結束時也同樣應該舉辦個儀式。婚姻聯繫著人生的所有事物，包括過去、回憶、習慣、經驗、子女、朋友、家庭、慶典、失去、家居、旅遊、假日、珍藏、笑聲、相片。我們何必將這一切都全然捨棄，就如瑪格麗特・尤瑟納爾（Marguerite Yourcenar）用她的詩意語言所述，對待這段關係「猶如荒廢的墓地，躺著他們不再珍愛的死者，無人歌頌、無人敬仰。」[109]

儀式有助大家過渡至新的生活，同時也對過去的生活表達敬意。克萊夫和潔德曾立下盟誓，現在他們則要抹除往日誓言。然而，我們不能因他愛上另一個女人，就認定過去種種都是大錯特錯。這種結論既殘忍，又短視。二十年共同生活所遺留的痕跡，必然大於婚外情的光影。

當婚姻來到終點線時，大家歷經兩年往來交鋒，已經筋疲力竭——他感到混亂，她感到絕望，他為拋棄家庭而愧疚，她卻想繼續抓緊。所有這些事件，都讓人輕易忘卻大家共有的過往時光。我建議舉行這個儀式，是為了別讓克萊夫的婚外情蒙蔽了他們過去所曾擁有的美好婚姻。

有時候，打算離開的配偶不願意重提過去婚姻中的美好事物，因為他們擔心這會消減他們啟航的動力。他們似乎覺得，必須丟棄過去種種，才能離開得理直氣壯。他們未曾了解，這種做法只會抹殺自己的過去，也抹殺與他們共享過去的所有人，留下一群憤怒的子女、父母、朋友和舊侶。

我們需要一個新概念來看待終止的婚姻，不在於苛責這段婚姻，而是藉此創造大家情感的連貫性及敘事的連續性。婚姻不能只是簽個離婚書就結束，離婚也不應該是這個家庭的終結，應該是一種重組。這種離婚儀式最近開始受到公眾關注，作家凱特琳·伍特華德·湯姆斯（Katherine Woodward Thomas）稱之為「清醒分手」。

我請離婚夫妻寫告別信給對方，信中敘述他們所懷念的事物，所珍惜的事物，應當負起責任的事物，以及給予對方的祝願。這種方式能讓大家對豐富的往昔情感表達敬意，對失去的痛苦表示哀傷，並珍惜遺留的痕跡。即使大家是以平靜的心寫這封信，它依然能夠起到安慰的作用。

克萊夫和潔德再回到我的診室時，他們都已經寫好信，就存在自己的蘋果手機中。他們按個鈕，開始讀他們的信。

潔德的信標題是「我將懷念的事物」，這是個長達十頁的清單，內容按組分類，傷感地訴說兩人過去人生中的層層往事。有他們彼此常說的話，如嗨嗨小親親……來個吻吧……小寶寶寶貝；有結婚初期的回憶，如愛的留言、心情卡帶、播個不停的騷莎音樂、狗公園、停車收費表、歌劇；有他們所愛的食物；有他們的朋友；有他們所懷念的地方，如馬莎的葡萄園、巴黎、卡涅拉街咖啡館、5C公寓；有他們的「性感之處」；有他們生活中的各種「第一次」……

這些日常生活中的回憶對他們所具有的特別意義，是沒人能夠參與的。她列出她所懷念的心情：「覺得受到保護、安全、美麗、被愛」。她最後一組內容的標題就是簡單的一個「你」

字，包括「你的氣味、你的笑容、你的熱誠、你的想法、你的擁抱、你大而有力的雙手、你頭髮稀疏的頭、你的夢想、陪伴在我身邊的你。」

當她讀完這份清單之後，我們都相對無言，潸然淚下。不過，我們也應當讓她聽聽對方讀出他所寫的內容，所以我請克萊夫讀一遍。然後，他讀出自己所寫的信。

她的是一封情書，他的則是一份客氣的告別，再三感謝她與他共度這一段人生，為自己的不足之處致歉，並保證他會永遠珍惜他們之間曾擁有的關係。他態度友好，也關心對方，但是他的語氣完全是出於禮貌。從他信中的第一句和最後一句就可見一斑：「過去二十二年來，你都是那麼動人，也是我人生中一股美妙的力量，我對此心存感激。……我希望你能明瞭，儘管有此結局，我還是覺得我們的婚姻有其美好的一面，我必然會加以愛惜，珍藏於內心深處。」

一年後，我詢問潔德她的近況。她強調，這種分手儀式讓她終於了解那原本早已昭然若揭的事實。「我最初覺得這做法未免有點太過於前衛的氣息，但是我還是很高興能這麼做，而且也與某些朋友分享。儘管過去發生那些錯誤，至少這件事是做對了。我常心想，他會以什麼方式離開我？他是否會在某一天突然叫醒我，說『好了，我得走了』，就這樣走出門口？這個分手儀式，讓我這不斷縈繞的念頭加上一個句點。我急切需要某個方法，讓我接受他已愛上另外一個女人的事實，告訴我一切真的都已結束。」

有些婚外情只是逢場作戲，有些則是將開啟新的生活。克萊夫的情況屬於後者，這是潔德再怎麼等待都無法改變的事實。他信中的語氣，讓她終於了然於胸。她說，「那不是一封『我將懷念的事物』一類的信，而是一封『一切都已結束』的信。他說了一些動聽的話，但是這個男人不再愛我，這卻是肯定的。當時我震撼了一下，我還在痛苦之中，還深愛這個男人時，他原來已經離我而去。當時的傷害是難以形容的，但是我也因此睜開了眼睛。」

我接著聯絡了克萊夫，他記得那個儀式「很感人也很有效」。他的愧疚轉為感激，他的抗拒也被回憶所取代。他漸漸能夠做到一面懷念與潔德和孩子們的回憶，一面與齊拉展開新的生活。「在那一刻之前，我一直缺乏真實感。那次儀式的象徵意義，讓一切塵埃落定。」

這項具有宣洩性的分手儀式對這對夫妻而言是有效的。可惜的是，許多其他夫妻卻非如此，他們往往羅列出一長串的詛咒，而非甜蜜的回憶。我通常都會盡力協助當事人建立一種能賦予他們力量而非讓他們感覺受害的敘事方式。這種敘事方式未必都涉及原諒，有時也可表達憤怒，但是我希望這種憤怒能成為他們的動力，而非讓他們繼續深陷痛苦之中。我們在生活中必須繼續邁步向前——再希望一次、再愛一次、再信任一次。

婚外情轉為婚姻

當然，婚外情的結局，並不會因離婚而結束。這對原本躲躲藏藏的婚外戀人，可能隨後開始了他們的新生活。婚外情最終變成合法，成為他們的基本關係。他們之間的結合一度被視為不可能，現在則已實現——有時或許需要等待多年，等到孩子離家獨立生活，或者配偶找到新工作，或者岳母過世，或者付清貸款，或者離婚申請通過。因祕密戀情而建立的婚姻關係，一定會受到原有婚姻的影響，無論這種影響是好是壞。當我見到這類戀人展開新的人生旅程時，我都想知道，他們的未來有多大程度受到過去事件的影響。

毫無疑問的，戀情最終能夠走出暗影，自然讓大家鬆了一口氣。但是，大家馬上需要面對新的問題。有時候，婚外情暗中進行，還是比較美好的，一旦發展成婚姻，大家的幻想就消失了。我記得克萊兒（Claire）和榮恩（Ron）這兩人，他們情深意濃，願意付出任何代價和對方長相廝守。克萊兒在三年之後告訴我，「他一說出『我願意』之後，馬上就變成『我不要了』。」她生氣的是，經過五年漫長等待之後，榮恩終於屬於她——可是他現在卻不再願意碰觸她。更糟的是，她懷疑他背地裡又有了新的婚外情。這已是他的第三次婚姻。他似乎極為擅長將每一位妻子變成他的母親，而他們之間的性愛無可避免成為犧牲品。他愛他的媽媽們，但無法為她們而放棄這種行為。他的性渴望，永遠只保留給他的情人。克萊兒曾經擔任過這個情人角色，但現在地位也已被貶，成為那位得不到性愛的妻子。

對於那些在結婚後依然能繼續維持感情的婚外戀人，正如保羅（Paul）所說，他們的壓力在於「必須讓婚姻顯得值得他們所付出的代價。」他和瑋琪（Vickie）為了結合，幾乎將他們原有的人生拆除得乾乾淨淨。他們離開了四個孩子、三個孫子、兩座城市、兩座海灘度假屋、一架大鋼琴、古老的櫟樹、一隻狗、兩隻貓、還有一大群朋友。為了繼續相處，他們的人生遭到極大破壞，無怪乎他們對新關係的期望會如此巨大。我最近聯繫了保羅，他承認當他們在婚外苦苦相戀時，從未想像今天必須面對如此重負。他與嘉波莉（Gabrielle）離婚已經三年，大的孩子有時還會勉強來看他們，可是小的孩子卻站在母親一邊，不願來往。我問保羅，是否感到後悔？

他說，「我沒有後悔。我愛瑋琪。可是我卻懷念我過去的生活。我深感內疚、悲傷和孤獨。我尤其懷念每天見到孩子的日子。我很想跟瑋琪自由地談論過去的生活，但這很困難。因為她馬上會認為，我是想要與嘉波莉復合。」

「你曾幻想回去嗎？」

「有時候會。」他承認。

弔詭的是，婚外情曾經是婚姻之外的祕密行為，現在合法了，對前一段婚姻的懷念卻成了新的祕密。如果說懷念昔日婚姻並不等於想要與前妻復合，這種說法是很難讓新伴侶接受的。這種哀愁不應讓對方感到受威脅。要解除這種內心的隱瞞，雙方必須要有一個談論過去生活的空間，包括所失去的事物、悔恨及愧疚感。每一段關係，都蘊含著層層過去的影子。

婚外情存在於一個僻靜的世界裡，沒有受到種種生活事務干擾，轉變為新的婚姻之後，一下子就被繁瑣的大小雜事所淹沒。如何向孩子們介紹這位新伴侶？如何跟前伴侶來往？這種移植的生活需要時間「接受」。

我在巴西見到保羅（Paolo）和拉斐爾（Rafael），他們在大學結識並相愛，可是在他們的天主教社區中，男人之間的愛情並非正常。他們後來分手，遵守社會規範繼續其人生：娶妻、生子、過著體面的生活。二十年後，他們偏偏在阿姆斯特丹機場偶爾相遇。他們去領了行李，也再續前緣，這段婚外情在兩年後揭發，他們的家人和社交圈大為震驚。這個事件中，沒有壞人讓我們指責——有的只是兩個家庭破裂，造就一段新的關係，這是一種全然無奈的痛苦。他們失去了一些朋友，他們的父母有些不再跟他們說話，其中一場離婚較友好，另一場卻不然。人們責怪他們自私，可他們卻是冒著失去一切的風險努力追求被長久掩蓋的真實感受。時間最終證實他們其實清白無辜。

長相廝守不簡單

有些夫妻來找我面談之後會選擇離婚，也有許多願意為了繼續相守而接受治療，而他們最終也達到這個目的。可是，繼續相守的情況也各有不同。我有個案主說，「幾年前我發生車禍，我記得家人和朋友都給我很多支持。我的一隻腳斷了，我的痛苦很明顯，每個人也都很同情。可是當一對夫妻在發生婚外情後決定繼續相守，人們卻都會認定一切都已恢復正常，而你必須獨自面對那無形的痛苦。」

然而，也有其他案主告訴我不同的故事。「我們一度幾乎沉沒，但最終還是撐過去了。我們現在的感情更牢固，我們透過這場經歷才有今天的感情，這實在沒辦法，但我不會再這麼做了。」

我在工作中見到經歷外遇事件後最終選擇繼續相守的夫妻，會出現三種基本結局（在此感謝海倫．費希爾〔Helen Fisher〕的分類）：一是受困過去，難以擺脫（受傷者）；二是放下過去，重新振作（重建者）；三是浴火重生，感情更深（探索者）。

受傷者

對於某些婚姻，婚外情並非只是過渡性危機，而是一個黑洞，誘使雙方陷入無窮無盡的憤恨、報復和自憐心態中。即使在五年、十年之後，婚外情事件依然是雙方爭吵的中心。這類夫妻一直都在啃著同一根骨頭，繞著同樣的委屈團團轉，反覆地互相指責，埋怨對方給自己帶來痛苦。事實上，即使沒發生婚外情，他們也很可能發生類似的爭端。難以理解的是，為什麼他們不乾脆離婚？就如難以理解他們為何無法脫離彼此的敵意一般。他們是在婚姻監獄中，共同住在一個牢房之中。

他們之間的任何不和，都會牽扯到那場婚外情。這類夫妻帶著道德優越感，計較著雙方的對錯，無論多少悔恨自責，都不會讓對方滿意。黛比（Debbie）在馬克（Marc）經歷不少風流韻事之後，依然沒跟他離婚。表面上她希望維護這段婚姻，但是卻對他一提再提，說他是那麼幸運，因為她沒一腳把他踢出門，彷彿離婚後只有他一個會失去兩人共同建立的一切。馬克做錯事的額度多年前早已用盡，現在他已不容許再發生任何偏差。他要求黛比「不念舊惡」，但只會換來她的冷嘲熱諷。當我問黛比，是否懷念他們之間的親密關係，她的回應雖是為了保護自己，但未免弄巧反拙。她說，「我想做愛，但要是做了，就等於表示一切都沒事了。」婚外情發生至今已經三年，他們還是未曾再次做愛。可惜的是，馬克現在更常在睡床上胡思亂想，更勝於外遇之時。

這類衝突激烈的夫妻很少能採取中立態度，因為你若請求對方自省，就會被視為人身攻擊。

馬克問黛比，為何她每回無論對任何事情看不過眼時，都要扯到婚外情。他說，一些本來那麼完美的時光，比如女兒的鋼琴演奏會或者與朋友聚餐，往往因為她而大為掃興。她冷笑道，「絕對沒有完美的時光，因為都是你的錯。」

這類夫妻活在一種永遠的萎縮狀態中。在外遇者眼中，遭背叛者就只會憤怒和報復；在遭背叛者眼中，外遇者則就只會違規犯禁，永遠不知悔改。這類婚姻有可能繼續維持，但是夫妻之間的情感早已死亡。無論任何情況，外遇事件已經成為他們生活中的主要印記，破裂的情感再難彌補，他們餘生中將繼續扮演這一角色。

重建者

第二種結局是夫妻兩人由於重視彼此的承諾，因而得以重新創造生活。他們關心對方，希望家庭與生活圈子能保持完整。這類夫妻能夠放下外遇事件，但是未必能夠超越。他們的婚姻會回到事件發生前那種平靜狀態，不過他們的關係不會出現任何顯著改變。

婚外情是在婚姻中被揭露，而婚外情也會揭露婚姻的種種內涵。婚外情會發出耀眼的光，照射出婚姻的結構——有裂縫、有失衡、有腐朽、有陷塌，但也有牢固的地基、堅硬的石牆、舒適的角落。重建者會將注意力集中於加固這些結構。他們並非打算大事整修，但希望回家以後有個舒適的枕頭能讓他們安心休息。與此同時，他們盡力修補，重訂盟誓，並確保堵上所有裂縫。儘管激情的閃光令人陶醉，但是他們更恐懼失去一切。因此，說謊與欺騙會令他們痛苦，而非令他們興奮，結束婚外情對他們來說是一種解脫。回首之際，這段婚外情將被視為異常狀態，最好是永遠遺忘。

「我一方面對自己不離開麥克（Michael）感到失望，心想自己是否放棄了人生的最愛？」喬安娜（Joanna）回憶著與賈榮（Jaron）結束婚外情時的情景，「可是另一方面又感到解脫，因為我留下來，沒有把家庭毀掉。」

她回想，當時他們差點就離婚了。她沒想到他肯原諒她，而她需要他原諒，她才能原諒自己。當原諒來臨時，借用卡勒德·胡賽尼（Khaled Hosseini）的話，那情景「並非響起頓悟的號角聲，而是痛苦收拾起行囊，在半夜時分悄然遁去。」[110]

萊爾（Lyle）更感後悔。他想起與某同事的短暫戀情時說，「我從未想要有婚外情。我的婚姻很美滿，我很感恩，我愛妻子，也尊重她，我也不想離開孩子。我還是十分愧疚，婚外情結束後十八個月，我還在接受治療。可是我也很沮喪，因為我和妻子的性愛自結婚以來就一直乏善可陳，她對性愛從未很感興趣，也不知道這對我有多麼重要。我對此已經不抱什麼希望。儘管如此，我還是寧願看看情色內容，也不要冒著失去家庭的風險。」

對於重建者而言，夫妻性愛的失望感，及所謂尋求更浪漫的「實現感」這種自我中心的渴望，其力量還不夠強大，無法讓他們放棄更有意義的長期關係以及對家庭與婚姻親友圈的重大責任感。這類夫妻最終會偏向選擇熟悉的生活，捨棄刺激而帶有風險的婚外情與性愛激情。缺乏道德依靠的自我實現行為顯得空洞。他們重視深刻持久的愛情和忠誠感。做出正確的選擇，讓他們重新建立整體感，這遠遠比任何婚外情的誘惑更具價值。重建者認為，跟個人的幸福相比，兩人彼此的承諾更為重要。

探索者

我對第三類夫妻尤其感到興趣，婚外情成為他們婚姻轉變的催化劑。這類「探索者」領悟到，外遇行為雖然極其痛苦，但卻蘊含著某種正面事物。

這類夫妻在自己熟悉的世界崩解時，將關注的力量全然集中在對方身上，那是他們已經多年未曾體驗的強度。他們往往感到彼此的渴望強烈燃燒，混雜著強而有力的焦慮與誘惑。他們恐懼失去對方，這種心態成為點燃燎原大火的火苗。他們內心深深契合——帶著痛苦，但充滿生命力。

探索者的行為，讓我窺見堅韌關係的核心。克萊兒（Claire）與朱利安（Julian）就是這樣的一對夫妻。朱利安的婚外情揭發之後，他們的婚姻陷入混亂之中，但我記得與他們面談時，他們展現出非比尋常的能力，能表達和接受各種情感，而不是急於要求「結束」。他們對模糊與不確定性的忍耐，打開了繼續探索的空間，他們在這個過程中得以深入連結。

受傷者以道德至上的角度構建其苦難，探索者的觀點則比較具有流動性。他們更願意將錯誤與傷害這兩者區分開來，以更寬厚之心鋪建前路。

多年之後，我聯繫了朱利安與克萊兒，證實他們克服了這一次沉重打擊，他們都沒去找離婚律師。他們的某些新特質，在這次的悲傷中顯露了出來。他們的第一次婚姻已經結束，無法挽回，但他們選擇了再來一次。這個過程中，他們能夠將外遇的經驗轉化為更豐盛的情感之旅。

他們提到那場婚外情時，很顯然是視之為他們相處的漫長人生中的某次特殊事件，但絕不是決定性的事件。他們成功轉化這次事件的跡象之一，是出現在他們的用語之中：他們談話時不用「你」和「我」，而是改用「我們」這個字眼。克萊兒不會說出「當你這樣對待我時」這樣的話，而是兩人都會說「當我們面對這次危機時」，並回溯他們的共同體驗。他們現在就像是聯手編寫劇本的劇作者，共同為其成果付出努力。本來發生於他們關係之外的事件，現在被納入他們的關係之中。對於克萊兒與朱利安，這場婚外情已經成為一個標誌性事件，並被整合入他們的共同生活之中。最重要的是，他們知道答案並非黑白分明，因此能夠以一種接受雙方的人性弱點這一基本態度，共同討論這次背叛事件。

克萊兒與朱利安之間的關係變得更豐富、更精彩，但也可能變得較不安穩。他們的關係在原本的忍耐狀態中出現新奇感，在熟悉狀態中出現神祕感，在可預測狀態中出現危險性。朱利安說，「我不知道我們未來將會是如何，但絕對不會是沉悶的。」過去他們可能是置身於死胡同中，現在卻是不知路途通往何處。但這並不令他們恐懼，而是令他們激動，因為他們將共同走向這未知的前路。他們修復了關係，重新成為天生一對。

婚姻能從外遇中領悟什麼？

有些婚姻死亡，有些婚姻存活，有些婚姻重生。我們從這些經歷中，能有何領悟呢？我希望這本書足以說明，婚外情是變化多端的，甚至可能為夫妻帶來正面的轉變。我在這本書的開頭提到過一個比喻：雖然許多人在經歷不治之症後會出現改變其人生的正面轉變，但是我並不建議大家患個癌症，同樣的我也不希望大家去試一場婚外情。因此，許多人想知道的，是他們如何在無須謹慎經歷的情況下，從婚外情中汲取某些教訓。這裡所涉及的問題有兩個：一是我們如何才能保護婚姻關係免受婚外情威脅？二是我們如何才能將這種不當之愛所具有的情慾活力放入我們的合法婚姻之中？

答案並非那麼直截了當。保護婚姻是人的自然本能，可是你若採取一般的「婚外情防範」方法，卻可能導致雙方諸多受限，關係緊張。這會剝奪與異性朋友的友誼，否定公司同事之間的閒聊，限制網上活動，禁止情色內容，查問對方行蹤，做什麼事都得形影不離，必須與前伴侶斷絕關係——所有這些保護家園的措施都可能造成反效果。凱特琳・法蘭克（Katherine Frank）提出了具有說服力的觀點，認為「婚姻安全說」其實只會自取滅亡。如果夫妻想透過各種形式的監視與自我審查來保護他們的關係，他們就冒著很大風險，因為效果可能適得其反：這些做法可能「加強犯禁行為的誘惑感」[111]。我們越想禁止內心的渴望，越有可能引起反抗。

愛爾蘭詩人兼哲學家約翰・歐多諾胡（John O'Donohue）提醒我們，「愛情的反擊之力，巨大得令人驚訝。沒有一種環境能防止愛，沒有一種條約或承諾是愛所不能滲透，即使在一個完全隔絕的生活中，人格受到控制，每一天都嚴守規章，所有行為都井然有序，你會訝異只要無意之間落下一點火花，還是可能引起燎原大火，一發不可收拾。性慾的力量總會帶來騷動，在人們內心的隱蔽地帶中，性慾始終只是淺睡，隨時都會醒來。」[112]

我們的理想愛情太過於糾結難明，並深信完美的婚姻足以抵擋性慾的沉吟之音。我們排斥不守規矩的內心渴望，視之為不成熟的心態，成年之後就應當擺脫其糾纏，快步邁向舒適安全的新天地——就如史提夫・密契爾（Stephen Mitchell）所指出，這一想法就和我們的激情幻想一樣，都是虛幻不實。我們盼望事物恆常不變，全力追求盡善盡美，但從來無法保證一定能擁有。與其用這種無法實現的錯誤觀念來保護我們，倒不如學習與各種不確定性、誘惑力、吸引力和幻想（也許是你的，也許是你伴侶的）和睦相處。夫妻之間如果能夠自由誠實談論他們的渴望，即使所渴望的不是對方，雙方感情相反地會更加親密。

探索者的情況正是如此。他們的婚姻未必是採取「開放」結構，但是他們之間的溝通肯定是開放的。他們的對話方式是發生外遇事件之前所未曾有過的，這種對話不受限制、透露內心、冒著情感上的風險，能引起雙方的好奇心，想要了解這位既熟悉，又全新的眼前人。如果我們能彼此認可對方在這段婚姻中的自由時，我們也許較不需要到其他地方尋找這分自由。

況且，我們若能認同第三者的存在（即使只是其可能性），我們等於確定了伴侶本身性慾的獨立性。儘管我們希望對方的性慾只屬於我們，但是我們承認事實並非如此。他們也許會選擇只跟我們分享其性慾，但是其根蔓卻十分深遠。我們是對方無窮渴望的接受者，而非其唯一泉源。

我們的伴侶不屬於我們，他們只是借貸之物，可以展延借貸期，也可隨時收回。了解伴侶可能離開這一點，並不降低承諾的重要性，反而是會促使我們更重視積極的承諾和專注的相伴，這是許多長年夫妻所缺乏的。只要覺悟到你永遠都無法掌控伴侶，我們就應以正面態度警醒自己，不可自滿。我們應當時刻向對方表示感恩與理解；表達對方的獨特感；給予關懷；對待伴侶全心全意、大方慷慨、活潑幽默；發揮浪漫情感；給予對方愛、溫暖和照顧——這些都是外遇食譜中的天然食材，同時也是美滿婚姻的食材。就如舞韻搖滾雙人組的頌歌中所唱的，「像情人一樣對我說話，像情人一樣陪著我走。」

信任感方面又當如何呢？信任感是婚姻關係的中心，婚外情則是對信任感的違背。許多人認為，知道對方的行為才能談信任感。這是將信任感與安全感這兩者混淆了，就如我們得進行理智的風險評估以確保自己不受傷害一樣。我們需要保證伴侶會照顧我們，不會自私地只顧自己的需要，不顧我們的感受。我們要求明確性，即使這種明確性是個幻象，然後才肯信任對方。

然而，我們還可以換個角度看待信任，就是將信任視為幫助我們應付不確定性和脆弱性的力量。讓我引述瑞琪．博斯曼（Rachel Botsman）的話，「信任是一種能面對未知的自信關係。」[113]如果我們能接受說，我們所渴望擁有的確定性是永遠不可能實現的，我們就能夠重新看待信任的概念。沒錯，信任必須長時間透過行動來建立和強化，但同樣的，信任也是一種信念的跳躍——「這是假扮成諾言的危險。」[114]亞當．菲利普斯（Adam Phillips）如此寫道。婚外情將夫妻拋入一個新的現實世界中，願意繼續冒險前進的人，將會發現信任感再也無須依賴可預測的事物，相反的，信任感將成為應對不可預測事物的積極手段。

我們從婚外情中學到的另一件事是，被禁止的事物對多數人總是帶有誘惑性。關係穩定的夫妻有個必須持續面對的挑戰，就是他們必須找到方法來攜手合作參與犯禁行為，而非個人獨自行動致使雙方關係受到傷害。這些違法行為無須過於激烈、魯莽或者傷風敗俗，但是卻必須真心誠意。我雖然能提一些建議，舉一些例子，但是適合某些夫妻的方法可能對另一些夫妻就完全行不通。只有在你最終打破自己的原則，走出自己的舒適圈時，才能清楚知道哪些方法對你可行。只有你才知道什麼事物能在你的婚姻關係中引爆你的性慾能量。

潔德（Jade）與蘿絲（Ross）的做法是設立祕密電郵帳戶，在開會、兒童玩樂會與學校懇親會上，透過這個帳戶進行私密的情色對話；艾倫（Allan）和喬伊（Joy）的做法則是偶爾會將孩子留給喬伊的母親照護，兩人出門玩個痛快，無須急著趕回家。一整個晚上瘋狂地跳舞，與一板一眼的家庭生活正好相反。比恩卡（Bianca）與梅格（Mags）沒辦法安排出外玩，因此他們每週一次，哄嬰兒睡覺之後，就點起蠟燭，穿上盛裝，就在家裡約會一番。他們稱這個活動為「酒吧之遇」。

阿麗雅（Alia）再度學起歌唱，其結婚十年的丈夫馬穆德（Mahmoud）會去觀賞她的演唱會，但是不會跟她接觸，而是像其他隨意前來的觀眾一樣，靜靜坐在俱樂部後排座位，以陌生人的眼光看她表演。蕾塔（Rita）和班（Ben）會去參加謹慎挑選的性派對，並且在派對上只講法語。南特（Nate）與波比（Bobby）偶爾會在把雙胞胎帶去幼兒園之後，偷偷回家來一個不受干擾的成人早餐。安珀（Amber）和萊恩（Liam）則喜歡上網搜尋，找個有吸引力的人，邀請對方來家裡一同玩樂。

麗琪（Rikki）和維斯（Wes）同意彼此可以在外頭與他人打情罵俏，可以盡情玩樂，只要不超越底線就行。麗琪說，有男人想勾引她時，「自我的信心會大增」。另一方面也一樣，她如果看見有女人引誘維斯，兩人回家時自己也會覺得頗為得意。他們只會跟別人調情一番，但不會繼續行動，顯示他們兩人才是天生一對。他們讓自己的渴望流動，再將所產生的能量引導回婚姻之中。

這些關係持久的夫妻，對禁抑行為的誘惑不故意忽略，而是樂於讓誘惑進入他們的關係中，從而消解其力量。簡單而言，這些技巧能加強他們的關係，只要關係更緊密，雙方出軌的可能性就會減少。他們內心會有個界線，會認為「外遇固然有樂趣，但是並不值得。」話雖如此，這並不意味他們的關係能完全避免「婚外情」。他們也深知這點，因此也會在他們的愛情故事中繼續增添新的內容。承諾與自由這兩者是相輔相成的：承諾會帶來安全感和開放性；與對方相處時感覺自由和有活力，也能加深彼此的承諾。

活力的泉源一旦流動，將成為一股難以對抗的力量。需要對抗的是我們的自滿心態，逐漸減弱的好奇心，萎靡不振的互動，沮喪的放棄感，還有無聊平淡的家常生活。家庭生活了無生氣，對想像力而言是一場危機，而婚外情正是想像力充盈的產物。許多性愛關係良好的夫妻，都會直接從外遇攻略本中汲取靈感以提振他們的婚姻策略，這絕非是偶然的行為。

引用及摘文出處

第1章

1 Susan H. Eaves and Misty Robertson-Smith, "The Relationship Between Self-Worth and Marital Infidelity: A Pilot Study," *The Family Journal* 15(4): 382-386.

2 National Opinion Research Center General Social Survey, cited in Frank Bass, "Cheating Wives Narrowed the Infidelity Gap over Two Decades," July 2, 2013, *Bloomberg News*, https://www.bloomberg.com/news/articles/2013-07-02/cheating-wives-narrowed-infidelity-gap-over-two-decades.

3、4 Rebecca J. Brand, Charlotte M. Markey, Ana Mills, and Sara D. Hodges, "Sex Differences in Self-Reported Infidelity and Its Correlates," *Sex Roles* 57(1): 101-109.

5 Aziz Ansari and Eric Klinenberg, *Modern Romance* (New York: Penguin Books, 2015), 31.

6 Al Cooper, *Sex and the Internet* (New York: Routledge, 2002), 140.

7 Shirley Glass, whose "three red flags" inspired the line of thinking that led to my own triad.

8 Julia Keller, "Your Cheatin' Art: The Literature of Infidelity," *Chicago Tribune*, August 17, 2008, http://articles.chicagotribune.com/2008-08-17/news/0808150473_1_scarlet-letter-anna-karenina-adultery.

9 Marcel Proust, *In Search of Lost Time*, Vol. VI (Modern Library, 2000).

10 Cheryl Strayed, *Tiny Beautiful Things* (New York: Vintage, 2012), 136.

11 Francesca Gentille, in private correspondence with the author.

12 Aaron Ben-Ze'ev, *Love Online: Emotions on the Internet* (Cambridge, UK: Cambridge University Press, 2012), 2.

第三章

13 Stephanie Coontz, personal correspondence with the author, March 2017.

14 Statistic Brain Research Institute, 2016, http://www.statisticbrain.com/arranged-marriage-statistics/.

15 Anthony Giddens, *The Transformation of Intimacy: Sexuality, Love, and Eroticism in Modern Societies* (Palo Alto, CA: Stanford University Press, 1993), 14.

16 Robert A. Johnson, *We: Understanding the Psychology of Romantic Love* (San Francisco: HarperOne, 2009), xi.

17 William Doherty, *Take Back Your Marriage: Sticking Together in a World That Pulls Us Apart, 2nd ed.* (New York: Guilford Press, 2013), 34.

18 Alain de Botton, "Marriage, Sex and Adultery," *The Independent*, May 23, 2012, http://www.independent.ie/style/sex-relationships/marriage-sex-and-adultery-26856694.html, accessed November 2016.

19 Pamela Druckerman, *Lust in Translation: Infidelity from Tokyo to Tennessee* (New York: Penguin Books, 2008), 273.

20 "Knot Yet: The Benefits and Costs of Delayed Marriage in America," In Brief, http://twentysomethingmarriage.org/in-brief/.

21 Hugo Schwyzer, "How Marital Infidelity Became America's Last Taboo," *The Atlantic*, May 2013, http://www.theatlantic.com/sexes/archive/2013/05/how-marital-infidelity-became-americas-lastsexual-taboo/276341/.

22 Janis Abrahms Spring, *After the Affair: Healing the Pain and Rebuilding Trust When a Partner Has Been Unfaithful, 2nd ed.* (New York: William Morrow, 2012), 14.

第四章

23 Michele Scheinkman, "Beyond the Trauma of Betrayal: Reconsidering Affairs in Couples Therapy," *Family Process* 44(2): 227-244.

24 Peter Fraenkel, private correspondence with the author, January 2017.

25 Anna Fels, "Great Betrayals," *New York Times*, October 5, 2013, http://www.nytimes.com/2013/10/06/opinion/sunday/great-betrayals.html.

26 Jessa Crispin, "An Interview with Eva Illouz," *Bookslut*, July 2012, http://www.bookslut.com/features/2012_07_019157.php.

27 Julie Fitness, "Betrayal and Rejection, Revenge and Forgiveness: An Interpersonal Script Approach" in ed. M. Leary, *Interpersonal Rejection* (New York: Oxford University Press, 2006), 73-103.

28 Maria Popova, "Philosopher Martha Nussbaum on Anger, Forgiveness, the Emotional Machinery of Trust, and the Only Fruit-ful Response to Betrayal in Intimate Relationships," *Brain Pickings*, https://www.brainpickings.org/2016/05/03/martha-nussbaum-anger-and-forgiveness/.

29 Janis Abrahms Spring, *How Can I Forgive You?: The Courage to Forgive, the Freedom Not To* (New York: William Morrow, 2005), 123.

30 Steven Stosny, *Living and Loving After Betrayal: How to Heal from Emotional Abuse, Deceit, Infidelity, and Chronic Resentment* (Oakland, CA: New Harbinger Publications, 2013).

31 Viktor Frankl, *Man's Search for Meaning* (New York: Touchstone, 1984), 74-75.

第五章

32 Brené Brown speaking at the Emerging Women Live conference, San Francisco, October 2015.

第六章

33 Helen Fisher, "Jealousy: The Monster," *O Magazine*, September 2009, http://www.oprah.com/relationships/Understanding-Jealousy-Helen-Fisher-PhD-on-Relationships#ixzz3lwnRswS9.

34 M. Scheinkman and D. Werneck (2010), "Disarming Jealousy in Couples Relationships: A Multidimensional Approach," *Family Process* 49(4): 486-502.

35 Ibid.

36 Giulia Sissa, *La Jalousie: Une passion inavouable [Jealousy: An Inadmissible Passion]* (Paris: Les Editions Odile Jacob, 2015). Translated from the French by the author.

37 Ayala Malach Pines, *Romantic Jealousy: Causes, Symptoms, Cures* (New York: Routledge, 2013), 123.

38 Giulia Sissa, "Jaloux, deux souffrances pour le prix d'une," *Liberation*, http://www.liberation.fr/livres/2015/03/11/jaloux-deuxsouffrances-pour-le-prix-d-une_1218772, translated from the French by the author.

39 Adam Phillips, *Monogamy* (New York: Vintage, 1999), 95.

40 Roland Barthes, *A Lover's Discourse: Fragments* (New York: Macmillan, 1978), 146.

41 William C. Carter, *Proust In Love* (Yale University Press, 2006), 56.

42 Pines, *Romantic Jealousy*, 200.

43 Sissa, *Liberation*.

44 Jack Morin, *The Erotic Mind: Unlocking the Inner Sources of Passion and Fulfillment* (New York: HarperPerennial, 1996), 60.

45 François de La Rochefoucauld, *Maxims* (New York: Penguin Classics, 1982), 41.

46 Annie Ernaux, *L'occupation* [*Occupation*] (Paris: Editions Gallimard, 2003). Translated from the French by the author.

47 Helen Fisher, TED Talk, "The Brain in Love," http://www.ted.com/talks/helen_fisher_studies_the_brain_in_love/transcript?language=en.

48 David Buss, *Evolutionary Psychology: The New Science of the Mind, 5th ed.* (Psychology Press, 2015), 51.

第七章

49 Ayala Malach Pines, *Romantic Jealousy: Causes, Symptoms, Cures* (Taylor and Francis, 2013, kindle edition), loc. 2622-2625.

50 Steven Stosny, *Living and Loving After Betrayal: How to Heal from Emotional Abuse, Deceit, Infidelity, and Chronic Resentment* (Oakland, CA: New Harbinger Publications, 2013), 10.

第八章

51 Michele Scheinkman, "Beyond the Trauma of Betrayal: Reconsidering Affairs in Couples Therapy," *Family Process* 44(2): 227-244.

52 Evan Imber-Black, *The Secret Life of Families* (New York: Bantam Books, 1999), xv.

53 Stephen Levine, *Demystifying Love: Plain Talk for the Mental Health Professional* (New York: Routledge, 2006),

102.

54 Debra Ollivier, *What French Women Know: About Love, Sex, and Other Matters of the Heart and Mind* (New York: Berkley, 2010), 50.

55 Pamela Druckerman, *Lust in Translation: Infidelity from Tokyo to Tennessee* (New York: Penguin Books, 2008), 124.

56 Ibid., 125.

57 Harriet Lerner, personal correspondence with the author, March 2017.

58 Dan Ariely, *The (Honest) Truth About Dishonesty: How We Lie to Everyone—Especially Ourselves* (New York: Harper, 2012), 244.

59 Marty Klein, "After the Affair... What?" *Sexual Intelligence*, Issue 164, October 2013, http://www.sexualintelligence.org/newsletters/issue164.html.

第九章

60 Octavio Paz, *The Double Flame: Essays on Love and Eroticism* (New York: Houghton Mifflin Harcourt, 1996), 15.

61 Lise VanderVoort and Steve Duck, "Sex, Lies, and... Transformation," in ed. Jean Duncombe, Kaeren Harrison, Graham Allan, and Dennis Marsden, *The State of Affairs: Explorations in Infidelity and Commitment* (Mahwah, NJ: Lawrence Erlbaum, 2004), 1-14.

62 Anna Pulley, "The Only Way to Love a Married Woman," Salon.com, July 21, 2015, http://www.salon.com/2015/07/21/the_only_way_to_love_a_married_woman/.

63 Francesco Alberoni, *L'erotisme* (Pocket, 1994), 192. Translated from the French by the author.

64 Jack Morin, *The Erotic Mind: Unlocking the Inner Sources of Passion and Fulfillment* (New York: Harper Perennial,

1996), 81-82.

65 Ibid., 56.

66 Ibid., 39.

67 Zygmunt Bauman, *Liquid Love: On the Frailty of Human Bonds* (Polity, 2003), 55.

第十章

68 Francesco Alberoni, *L'erotisme* (Pocket, 1994), 192.

69 Stephen Mitchell, *Can Love Last?* (New York: W. W. Norton, 2002).

70 Ibid., 51.

71 Pamela Haag, *Marriage Confidential: Love in the Post-Romantic Age* (New York: HarperCollins, 2011), 15.

72 Laura Kipnis, "Adultery," *Critical Inquiry* 24(2): 289-327.

73 Lise VanderVoort and Steve Duck, "Sex, Lies, and... Transformation," in ed. Jean Duncombe, Kaeren Harrison, Graham Allan, and Dennis Marsden, *The State of Affairs* (Mahwah, NJ: Lawrence Erlbaum, 2004), 6.

74 M. Meana, "*Putting the Fun Back in Female Sexual Function: Reclaiming Pleasure and Satisfaction.*" Paper presented at the annual meeting of the Society for the Scientific Study of Sexuality, Las Vegas, Nevada (November 2006).

75 Dalma Heyn, *The Erotic Silence of the American Wife* (New York: Plume, 1997), xv.

76 Heyn, *The Erotic Silence of the American Wife*, 188.

77 K. Sims and M. Meana, "Why Did Passion Wane? A Qualitative Study of Married Women's Attributions for Declines

in Desire," *Journal of Sex & Marital Therapy* 36(4): 360-380.

78 Ibid., 97.

第十一章

79 Jack Morin, *The Erotic Mind: Unlocking the Inner Sources of Passion and Fulfillment* (New York: Harper Perennial, 1996) 180.

80 Terry Real, in conversation with the author, February 2016.

81 Irma Kurtz, *Mantalk: A Book for Women Only* (Sag Harbor, NY: Beech Tree Books, 1987), 56.

82 Ethel Person, "Male Sexuality and Power," *Psychoanalytic Inquiry* 6(1): 3-25.

83 Daphne Merkin, "Behind Closed Doors: The Last Taboo," *New York Times Magazine*, December 3, 2000. http://www.nytimes.com/2000/12/03/magazine/behind-closed-doors-the-last-taboo.html.

84 Janis Abrahms Spring, *After the Affair: Healing the Pain and Rebuilding Trust When a Partner Has Been Unfaithful, 2nd ed.* (New York: William Morrow, 2012), 6.

第十二章

85 Eleanor Barkhorn, "Cheating on Your Spouse Is Bad; Divorcing Your Spouse Is Not," *The Atlantic*, May 23, 2013, http://www.theatlantic.com/sexes/archive/2013/05/cheating-on-your-spouse-is-bad-divorcingyour-spouse-is-not/276162/.

86 David Schnarch, "Normal Marital Sadism," *Psychology Today* blog, May 2015, https://www.psychologytoday.com/blog/intimacy-and-desire/201205/normal-marital-sadism.

87 Seth Stephens-Davidowitz, "Searching for Sex," *New York Times*, January 25, 2015, http://www.nytimes.com/2015/01/25/opinion/sunday/seth-stephens-davidowitz-searching-for-sex.html?ref=topics&_r=0.

88 Irwin Hirsch, "Imperfect Love, Imperfect Lives: Making Love, Making Sex, Making Moral Judgments," *Studies in Gender and Sexuality* 8(4): 355-371.

89 Martin Richards and Janet Reibstein, *Sexual Arrangements: Marriage and Affairs* (Portsmouth, NH: William Heinemann, 1992), 79.

90 Pamela Haag, *Marriage Confidential: Love in the Post-Romantic Age* (New York: HarperCollins, 2011), 23.

第十三章

91 Susan Cheever, interviewed on Dear Sugar episode 52, WBUR, April 24, 2016, http://www.wbur.org/dearsugar/2016/04/24/dear-sugar-episode-fifty-two.

第十四章

92 Meg-John Barker, "Rewriting the Rules," http://rewriting-the-rules.com/love-commitment/monogamy/.

93 Katherine Frank and John DeLamater, "Deconstructing Monogamy: Boundaries, Identities, and Fluidities Across Relationships," in ed. Meg Barker and Darren Langdridge, *Understanding Non-Monogamies* (New York: Routledge, 2009), 9.

94 Pascal Bruckner, *The Paradox of Love* (Princeton, NJ: Princeton University Press, 2012), 3.

95 Shalanda Phillips, "There Were Three in the Bed: Discursive Desire and the Sex Lives of Swingers," in ed. Barker and Langdridge, *Understanding Non-Monogamies*, 85.

96 M. L. Haupert et al., "Prevalence of Experiences with Consensual Nonmonogamous Relationships: Findings from Two National Samples of Single Americans," *Journal of Sex & Marital Therapy*, April 20, 2016, 1-17.

97 Stephen Levine, *Demystifying Love: Plain Talk for the Mental Health Professional* (New York: Routledge, 2006), 116.

98 Tammy Nelson, "The New Monogamy," *Psychotherapy Networker,* July/August 2012, https://www.psychotherapynetworker.org/magazine/article/428/the-new-monogamy.

99 Dee McDonald, "Swinging: Pushing the Boundaries of Monogamy?" in ed. Barker and Langdridge, *Understanding Non-Monogamies,* 71-72.

100 Ibid., 71-78.

101 Aaron Ben-Ze'ev, "Can Uniqueness Replace Exclusivity in Romantic Love?" *Psychology Today*, July 19, 2008, https://www.psychologytoday.com/blog/in-the-name-love/200807/can-uniqueness-replace-exclusivity-in-romantic-love.

102 Jamie Heckert, "Love Without Borders? Intimacy, Identity and the State of Compulsory Monogamy," in ed. Barker and Langdridge, *Understanding Non-Monogamies*, 255.

103 Tristan Taormino, *Opening Up: A Guide to Creating and Sustaining Open Relationships* (New York: Simon & Schuster, 2008), 147.

104 Bruckner, *The Paradox of Love*, 5.

105 Monica Hesse, "Pairs with Spares: For Polyamorists with a Whole Lotta Love, Three, or More, Is Never a Crowd." *Washington Post*, February 13, 2008.

106 Diana Adams, in conversation with the author, September 2016.

107 Michael Shernoff, "Resisting Conservative Social and Sexual Trends: Sexual Nonexclusivity and Male Couples in the United States," unpublished paper shared by author.

第十五章

108 Lewis B. Smedes, *Forgive and Forget* (New York: HarperCollins), 133.

109 Marguerite Yourcenar, *Memoirs of Hadrian* (New York: Macmillan, 2005), 209.

110 Khaled Hosseini, *The Kite Runner* (New York: Riverhead Books, 2003), 313.

111 Katherine Frank and John DeLamater, "Deconstructing Monogamy: Boundaries, Identities, and Fluidities Across Relationships," in ed. Meg Barker and Darren Langdridge, *Understanding Non-Monogamies* (New York: Routledge, 2009).

112 John O'Donohue, *Divine Beauty: The Invisible Embrace* (New York: Harper Perennial, 2005), 155.

113 Rachel Botsman, TED Talk, "We've stopped trusting institutions and started trusting strangers," June 2016, https://www.ted.com/talks/rachel_botsman_we_ve_stopped_trusting_institutions_and_started_trusting_strangers.

114 Adam Phillips, *Monogamy* (New York: Vintage, 1999), 58.

人生顧問 554

第三者的誕生：出軌行為的再思

The State of Affairs: Rethinking Infidelity

作　者—埃絲特．沛瑞爾（Esther Perel）
譯　者—洪保鎮
美術設計—兒日設計
主　編—李國祥
企　畫—吳美瑤

董事長—趙政岷
出版者—時報文化出版企業股份有限公司
108019台北市和平西路三段二四〇號三樓
發行專線—（〇二）二三〇六—六八四二
讀者服務專線—〇八〇〇—二三一—七〇五
（〇二）二三〇四—七一〇三
讀者服務傳真—（〇二）二三〇四—六八五八
郵撥—一九三四四七二四時報文化出版公司
信箱—10899台北華江橋郵局第九九信箱

時報悅讀網—http://www.readingtimes.com.tw
電子郵件信箱—genre@readingtimes.com.tw
法律顧問—理律法律事務所　陳長文律師、李念祖律師
印　刷—家佑印刷有限公司
二版一刷—二〇二五年五月九日
定　價—新台幣四八〇元

時報文化出版公司成立於一九七五年，
並於一九九九年股票上櫃公開發行，於二〇〇八年脫離中時集團非屬旺中，
以「尊重智慧與創意的文化事業」為信念。

第三者的誕生：出軌行為的再思 / 埃絲特.沛瑞爾(Esther Perel)著
; 洪保鎮譯. -- 二版. -- 台北市：時報文化出版企業股份有限公司,
2025.04
面； 公分. -- (人生顧問 ; 554)
譯自 : The state of affairs : rethinking infidelity.
ISBN 978-626-419-401-3(平裝)

1.外遇 2.婚姻 3.兩性關係

544.382　　114003883

ISBN 978-626-419-401-3
Printed in Taiwan